U0518081

2011年度中央财政支持地方高校发展专项资金
——陇右文化学科建设项目成果

陇右文化研究丛书

主　编　雍际春　副主编　霍志军

LAIMU DE SHENGCUN

来母的生存

——见母、来母古或同组

马建东◆著

中国社会科学出版社

图书在版编目（CIP）数据

来母的生存：见母、来母古或同纽／马建东著．—北京：中国社会科学出版社，2015.2

（陇右文化研究丛书）

ISBN 978－7－5161－5003－0

Ⅰ.①来…　Ⅱ.①马…　Ⅲ.①汉语—上古音—韵母—研究　Ⅳ.①H111

中国版本图书馆 CIP 数据核字(2014)第 254792 号

出 版 人　赵剑英
责任编辑　张　林
责任校对　周　昊
责任印制　戴　宽

出　　版　中国社会科学出版社
社　　址　北京鼓楼西大街甲 158 号（邮编 100720）
网　　址　http://www.csspw.cn
　　　　　中文域名:中国社科网　　010－64070619
发 行 部　010－84083685
门 市 部　010－84029450
经　　销　新华书店及其他书店

印　　刷　北京君升印刷有限公司
装　　订　廊坊市广阳区广增装订厂
版　　次　2015 年 2 月第 1 版
印　　次　2015 年 2 月第 1 次印刷

开　　本　710×1000　1/16
印　　张　21.5
插　　页　2
字　　数　353 千字
定　　价　66.00 元

陇右文化研究丛书编委会
及主编名单

总 序

大千世界，万象竞呈。因区域自然和人文社会环境的差异性，在中国广袤无垠的土地上孕育了丰富多彩的地域文化，彰显着各地人们的文化气质。燕赵、齐鲁、巴蜀、三秦、荆楚、吴越等文化已广为人知。这其中，陇右文化更是因其所处的农牧交错、华戎交汇与南北过渡的区位优势，成为我国地域文化百花园中绽放的一朵奇葩，具有迷人的风采，散发着瑰丽的芬芳。

陇右文化源远流长。若从原始人类遗迹来看，从陇东华池县赵家岔、辛家沟和泾川大岭上发现的旧石器时代早期石器，到旧石器时代晚期距今3.8万年前的“武山人”遗迹的发现，已昭示着陇右远古文化的曙光即将来临。进入新石器时代，以天水地区大地湾、西山坪、师赵村等遗址为代表的新石器早期遗存，翻开了陇右文化源头的第一页。继之而起的仰韶文化、马家窑文化、齐家文化等文化类型，在多样化农业起源与牧业起源，中国最早的彩陶与地画、文字刻画符号、宫殿式建筑、水泥的发现，最早的冶金术和铜刀、铜镜与金器的出土，礼仪中心的出现，表明等级身份的特殊器具玉器的发现，贫富分化与金字塔式的社会等级的出现等，这一系列与文明起源相关的物质与精神文化成就，既为中华文明起源与形成提供了佐证、增添了异彩，也是黄河上游地区开始迈入文明时代的重要标志。在齐家文化之后的夏商之际，西戎氐羌部族广泛活动于陇右地区，并与中原农耕文化保持频繁的接触与交流，开创了农耕与草原文化相互介入、渗透和交融创新的文明模式。与此同时，周人起于陇东，秦人西迁并兴起于天水，陇右成为周秦早期文化的诞生地，并奠定了陇右以华戎交汇、农牧结合为特征的第一抹文化底色。自秦汉至于明清，陇右地区民族交融不断，中西交流不绝，在悠久的历史积淀中形成了兼容并蓄、多元互补、尚武刚毅、生生不息的地域文化特质。这种独具特色的地域文化元素，成为华夏文化中最具活力的基因和重要组成部分，在华夏文明的传承中发挥了不可估量的作用。

然而，在国内各地域文化研究如火如荼、成果层出不穷，地域文化与旅游开发日益升温的形势下，陇右文化的研究却相对冷寂，只是在近年来才引起人们的重视。这其中，天水师范学院陇右文化研究中心的同仁们做了不少有益的工作。2001 年，在学校领导的支持和学校陇右文化研究爱好者共同的努力下，国内唯一的陇右地域文化研究学术机构——陇右文化研究中心成立。中心以开放的管理方式，以学校内部的学术力量为基础，广泛联系省内外的科研院所和相关文博专家，同气相求，共同承担起陇右文化学术研究和文化旅游资源开发的重任。以期中心的研究成果庶几能为甘肃区域经济社会和文化事业的发展提供智力支持和决策参考。

中心成立至今，已经走过了 12 个春秋。12 年里，我校的陇右文化研究与学科建设取得长足的进步。一是通过理论研究和实践探索，初步构建了陇右文化的学科体系和课程体系，为陇右文化研究和知识普及奠定了坚实的基础。二是催生和形成了一个省级重点学科，将科研团队建设与人才培养有机结合，使陇右文化研究工作迈上可持续发展有了基础保障。三是 2010 年中心被确定为甘肃省人文社科重点研究基地，为陇右文化学科建设与科学研究搭建了平台。四是汇聚和成长起一支富有既充满活力又富有潜力的学术研究队伍。五是通过在《天水师范学院学报》长期开办“陇右文化研究”名牌栏目，编印《陇右文化论丛》连续出版物和出版天水师范学院“陇右文化研究丛书”，为研究和宣传陇右文化营造了一块探索交流的学术阵地。在此基础上，产生一批高质量的科研成果，在推进学科建设，服务甘肃文化大省建设，促进区域经济社会文化事业的发展等方面发挥了积极作用。

在 2010 年，学校为了进一步加大对陇右文化学科建设与科学研究的扶持力度，将陇右文化重点学科建设作为重大项目，申报中央财政支持地方高校专项经费，并得到资助，这为陇右文化研究基地的建设与发展提供了坚实的经费保障。由此我们研究条件大为改善，先后启动了项目研究、著作出版和资料购置等计划。现在展现在读者面前的这套“陇右文化研究丛书”，即是著作出版计划的一部分。我们深知，陇右文化内涵丰富，博大精深，但许多领域的研究几近空白，基础研究工作亟待加强。所以，对于“丛书”的编写，我们秉持创新的理念，科学的精神，求实的态度，提倡作者以陇右地域文化为研究范围，立足各自的研究领域和学术特长，自拟选题自由探讨。只要有所创新，成一家之言，不限题材和篇幅，经申报评审获得立项后，即可入编“丛书”。

经过各位作者一年多的辛勤努力和创造性劳动，“丛书”按计划已基本完成。入编“丛书”的著作，涉及陇右文化研究的各方面，主要包括始祖文化、关陇文化、陇右文学、杜甫陇右诗、陇右旅游文化、陇右石窟艺术、陇右史地、陇右方言和放马滩木板地图等主题。各书的作者均是我校从事陇右文化研究和学科建设的骨干，其中既有多年从事陇右文化研究的知名学者，也有近年来成长起来的中青年才俊。因此，“丛书”的出版，无疑是我校陇右文化研究与学科建设最新进展与成果的一次整体亮相；也必将对深化陇右文化的研究产生积极的影响。我们深知学海无涯，探索永无止境，“丛书”所展示的成果也只是作者在陇右文化研究探索道路上的阶段性总结，可能还有这样那样的不足与欠缺。作为引玉之砖，我们希望并欢迎学界同仁和读者多提批评指导意见，激励我们做得更好，以推动陇右文化研究不断走向深入。

“丛书”出版之际，正值甘肃省华夏文明传承创新区建设启动实施之时。这一发展战略确定了围绕“一带”，建设“三区”，打造“十三板块”（简称“1313 工程”）的工作布局。“一带”就是丝绸之路文化发展带；“三区”为以始祖文化为核心的陇东南文化历史区、以敦煌文化为核心的河西走廊文化生态区和以黄河文化为核心的兰州都市圈文化产业区；“十三板块”即十三类文化发展与资源保护开发工作，分别为文物保护、大遗址保护、非物质文化遗产保护传承、历史文化名城名镇名村保护利用、民族文化传承、古籍整理出版、红色文化弘扬、城乡文化一体化发展、文化与旅游深度融合、文化产业发展、文化品牌打造、文化人才队伍建设、节庆赛事会展举办等。这一战略以华夏文明传承创新区为平台，对加快甘肃文化大省建设，探索一条在经济欠发达但文化资源富集的地区实现科学发展的新路子，都具有重要的现实意义。

由此可见，甘肃省华夏文明传承创新区建设战略及其实施重点，也就是我们陇右文化研究与学科建设的主旨所在。人才培养、科学研究、文化传承与服务社会是高校所肩负的神圣职责。甘肃省华夏文明传承创新区建设战略的实施，为高校与地方经济社会文化发展的深度融合提供了契机，也为我院陇右文化研究学科提供了前所未有的发展机遇。我们将以此为新的起点，充分利用陇右文化研究基地这一平台，发挥人才和学术优势，积极参与华夏文明传承创新区建设，为甘肃省文化大省建设和文化产业的发展建言献策、奉献智慧。我们相信，我校的陇右文化研究与学科建设，无疑将在这一战略实施中大显身手，发挥排头兵的作用；也必将在华夏文明传承创新区建设战略的实施中进一步深化合作，不断提升服务社会的能力，并开拓新的发展空间和学科生长点。

祝愿本套丛书的出版为甘肃省华夏文明传承创新区建设增光添彩！

雍际春

2013 年春于天水师范学院陇右文化研究中心

凡　例

一、本书所引《说文解字》，主要依据的是中华书局影印的“大徐本”《说文》（1963年12月第1版，1983年8月印刷）。部分内容酌参清·段玉裁《说文解字注》、朱骏声《说文通训定声》等古代《说文》大家的著作。

二、中华书局影印的《说文解字》（大徐本）没有标点符号，故引用时以现行标点符号点读，并将原小篆字头改为楷体。

三、由于《说文解字》用字情况复杂，为避免引起不必要的麻烦及理解上的混乱，故凡是涉及许慎说解的内容均照原文收录，字形一仍其旧，以保存原貌，不苟求强改为简体字形。例如：“驗，馬名。从馬，僉聲。”“儼，昂頭也。从人，嚴聲。一曰好皃。”至于徐铉反切注音部分，由于其不涉及字形分析、字形比较等，一般改为通行简体字形。例如：“噞”，徐铉作“魚檢切”，今简化作“鱼检切”；“鋙”徐铉作“魚舉切”，今简化作“鱼举切”。正文其他部分用字也尽量使用现行规范用字。

四、本书记音符号采用的是通行的国际音标（大体上接近宽式音标），音标外一般加“[ ]”。例如：“癞蛤蟆”[kai^{55} xuo^{35} mA] / [lai^{55} xuo^{35} mA]、“牛”[tɕiəu^{35}]。有时为了节省篇幅，国际音标符号集中陈列时不加“[ ]”。例如：k、k‘、x、tɕ、tɕ‘、ɕ、ȵ、ŋ、s、z。

五、引用或参考其他文献材料时，一般在引文后以脚注方式标注所自文献的作者、名称、出版信息、页码等；脚注号码以带圈数字排列，每页重新编号。当页第一次出注时标明书名、出版信息等情况后，再引用时只标明书名、页码。如标：“樊志民：《秦农业历史研究》，三秦出版社1992年版，第70页。”当页再次引用该书时，仅标：“樊志民：《秦农业历史研究》，第90页。”

六、关于部分汉字古代音读的拟测，由于前贤们的观点多有参差，故本书尽量择善而从。另外，本书对于所征引的拟测音读，有时会在记音符号的左上角加注“*”。例如：降*grəng、隆*rjəng、瓜*rwrag 等。

目　　录

前　　言

当我们对上古——其实是秦汉为主——见、来二母进行考察后，我们基本上形成了一个观点：即上古时代见母、来母或同纽。但是说实在的，总体上，还有许多问题没有解决，比如来母与非见系声母相谐的情况，我们就没有一个更好的解释，而只是从对它们进行多个方面的对比，以及发现它们与甘谷话这个现活鲜活的方言实际相乖违，便得出结论，指认为是一种韵母相近而谐或偶然现象，或者是当时有些不同声母可能听起来比现在更相像造成的，因为那时毕竟没有现在这样的审音能力，也没有更加直接的材料。

我们通过对古代谐声关系的考察，并结合了现代甘谷方言的特殊材料进行了研究和梳理，认为上古时代可能浊音比较多，后来在清音化运动中逐渐失去优势，终于形成了今天这样清声母占优势的汉语状况。在不同声母相谐的认识上，比较倾向于认为上古没有复辅音。这一点我们更加相信王力先生的观点。王力先生在《汉语语音史》中认为："上古有没有复辅音？这是尚未解决的问题。从谐声系统上看，似乎有复辅音，但是，现代汉语为什么没有复辅音的痕迹。人们常常举'不律为笔'为例，但是，'不律为笔'只是一种合音，正如'如是为尔'、'而已为耳'、'不可为叵'一样，我们不能以此证明'笔'的上古音就是［pliet］。一般拟测上古的复辅音，都是靠谐声偏旁作为证据的。"

我们在考察时，除了注意到谐声关系的广泛现象外，还特别关注了这些谐声关系的字所集中的声纽、及其相互间的字数比例（亦即音节数比例），认为存在于有些声母中的少数谐声，完全可能是偶入或者声音听起来相近造成的，而见系与来母之间却可能是特别的，他们之间有着更为密切的关系。在论证时我们除使用了现代甘谷话中的语音标本，还参考了中古时代最初的守温字母将来母与见系归在一起的做法。

在音理上，则认为上古浊音多，后代逐渐清音化，所以认为见系与来母之音的关系，可能是按下面的过程逐渐形成的：

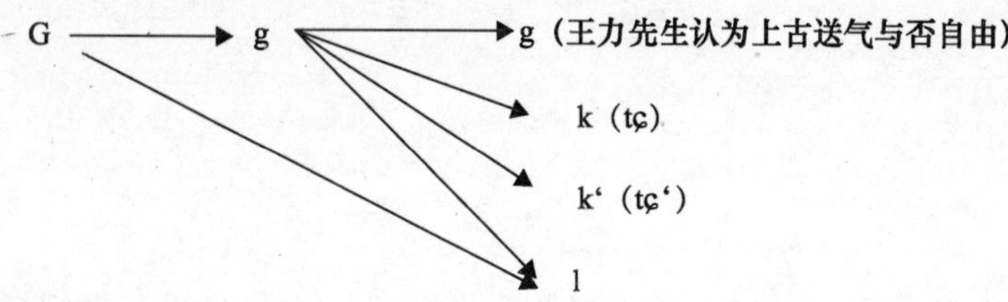

（G 是原始的一个浊声母，g 是上古声母。）

对于相关于来母的谐声字，我们也关注了高本汉的搜检结果，并注意了王力先生的复核结果。我们特别注意了王力先生《汉语语音史》中对高本汉复辅音拟测所列如下材料：

（1）gl——吕侣间旅娄搂楼屡缕阑兰练烂倮裸羸滥蓝览揽猃敛廉镰倞亮谅凉掠烙络酪雒骆路赂露鬲翏镠飕戮修勠蓼寥醪乐轹栎砾林琳婪惏立笠粒苙拉隆癃

（2）kl——莒笛屦柬谏拣果裹裸监鉴剑兼京景憬各胳阁格骼觡胶楞禁襟斛窌

（3）g‘l——嫌鼠兼俭勍鲸黥貉狢翮璆啉

（4）k‘l——课口兼慊歉谦恪客泣

（5）ŋl——验各頁乐

（6）xl——险山佥嘐

（7）t‘l——瘳离魑螭摅宠

（8）sl——数孪率逹蟀帅酾多丽洒史使

（9）çl——烁铄

（10）bl——䜌峦栾銮鸾脔娈恋挛禀懔临

（11）Pl——变笔禀

（12）P‘l——品

（13）ml——埋霾薶缪谬卯茆昴贸蛮灭

除了涉及来母的这十三个，另外还有六个没有涉及来母的复辅音。我们可以看到，这十三个复辅音声母，来母与见系的字数占绝大多数。其他类型的只占了极少数。这与我们的考察结果一致。

我们也注意到了天水方言中的一些零散材料，如“癞蛤蟆”，本地原本读作［$kal^{55}xuo^{35}mA$］，现在两读，作［$kaI^{55}xuo^{35}mA$］、［$laI^{55}xuo^{35}mA$］，是见母与来母关系紧密的材料，而且是很不容易才保留下来的，因为今天的天水话，已经基本没有读“癞”为［kal^{55}］的音，只是在引用古谚时才被记起来，如“癞蛤蟆支桌子”。（“蛤”读作［xuo^{35}］是现代天水话的基本读法，其他作如此读的，还有“禾”“喝”“河”等，韵母都作［uo］，不作［ɣ］、［ə］一类）。

我们也注意到了今甘谷话中的另外一种现象：［k］、［l］交替使用，有复辅音退变之形。如“埂”有［$ken^{55}len/lan$］、［$len^{35}ken$］二音，（甘谷话韵母韵尾前后鼻音不区别）很容易让人联想到甘谷话曾经可能存在kl－一类的复辅音。否则怎么会有这样的变化？其他也还有“壳”［k‘$ang^{214}lang$］、“角”［$ke^{214}Iao$］、“孔”［k‘$u^{214}long$］、“轮”［$ku^{214}lu$］/［$kun^{214}lun$］、“滚”［$kang^{214}lang$］等，但是这样的用例实在太少，不能作为一个结论性观点——上古可能存在复辅音声母——的证据，倒是这些例子却能表明见、来二母关系特别密切。

但是，复辅音也罢，单音素声母也罢，大家的一个共同结论，是这些材料证明，如果从汉字的角度来看，现在的来母字和见母字，在上古可能是属于同一个类的（我们称为古见母，拟为［G］），只不过这个声母的音质，存在着它是一个单音素声母还是复辅音、单音词还是复音词的争论（古代汉语的单音词，后来转变成复音词，是很常见的，只不过这一些词恰好与我们所说的见、来二母的关系之争有形式上的类似，例如民—人民，前—前进、前后、前面，河—黄河，江—长江，等等，我们并不能由此怀疑这些复音词是曾经的复辅音的遗留）。

甘谷话是一种很有特点的方言。有一些材料极其难得。例如有关合口呼与撮口呼的关系一类：

例字	像山镇	磐安镇	礼辛镇
醋	［tɕ‘jv^{55}］	［ts‘u^{55}］	［tɕ‘y^{55}］

续表

例字	像山镇	磐安镇	礼辛镇
粗	[tɕ ‘jv^{214}]	[ts ‘u^{214}]	[tɕ ‘y^{214}]
促	[tɕ ‘jv^{214}]	[tɕ ‘u^{214}] / [tsu^{214}]	[tɕ ‘y^{214}]
素	[ɕjv^{55}]	[su^{55}]	[ɕy^{55}]
俗	[ɕjv^{35}]	[ɕy^{35}]	[ɕy^{35}]
酥	[ɕjv^{51}]	[su^{51}]	[ɕy^{51}]
苏	[ɕjv^{214}]	[su^{214}]	[ɕy^{214}]
宿	[ɕjv^{214}]	[ɕy^{214}]	[ɕy^{214}]
诉	[ɕjv^{55}]	[su^{55}]	[ɕy^{55}]
速	[ɕjv^{214}]	[su^{214}]	[ɕy^{214}]
卒	[tɕjv^{35}]	[tsu^{35}]	[tɕy^{35}]
足	[tɕjv^{214}]	[tsu^{214}]	[tɕy^{214}]

研究证明，中古合口呼介音［u］前出现了［i］，才促成了三四等韵。“现在我们将这一观点倒过来，来理解现代汉语的 ü［y］”，其形成过程应该解释为［i + u］的逐渐结合。李无未先生认为：“据古代等韵学家的研究，古代汉语中的韵母只有［i］、［u］两种韵头，而没有［y］韵头，但是在古音里，［i］和［u］可以同时作韵头。由于语音演变，以［i］［u］同为韵头的合口韵，就演变为撮口呼。”（见李无未《汉语音韵学通论》，高等教育出版社）如果这种观点是可靠的，甘谷话上述用例就是十分难得的例语：在同一个语言平面上，在一个方言小区域里的不同城镇，对同一个概念同一个词（字）用不同的音（韵母）来标志，可贵的是这些不同，竟然与汉语历史上不同时代的语言特征相互印证——磐安话可能最早，保留着宋以前的读音，像山镇——实际上就是县城周围——保留着唐宋时代的读音，而礼辛镇则说着宋以后的读音。据高本汉的调查和研究，如“祝”（祈祷），在公元 500 年左右时读作［tɕîuk］（见高本汉《汉语的本质和历史》，商务印书馆）。高本汉氏对西北方言极为熟悉，我因此很怀疑这一拟测是他受到类似甘谷方言“祝”读法（甘谷话读作［tɕjv^{214}］）的启发而成。我们觉得高本汉的这种推断，现在在甘谷话中有对应的保留标本。从音质上看，上表中这些读音，读作［u］介音的应该

是比较早期的，而［jv］（亦即［iu］介音的变化形式）的应该是中期的，而介音［y］当然是很后面的成果。从进程上看，［jv］似乎是从［u］向［y］介音形成的过程性状态。唯一不一样的是，这些现象，在甘谷话中主要存在于一二等韵。

这是很有意义的。

甘谷话中还有很多保留自很早时代的语音现象，例如甘谷话称代此人为［$tsɿ^{51}kuai^{214}ʐen$］当是"之个人"。"之"为近指代词，在《庄子》中"之二虫又何知"里得到确认，显然，甘谷话是对古语的继承，只是在甘谷话中［tʂ］、［ts］不分，所以这样读。"嚣，语声"（见《说文解字》），甘谷话至今仍然以此为应答语声。这也是不多见的。词汇方面的更多，因为不是我们的研究主旨，我们在此不再细述。

总之，我们的意思，是想通过这些现象，指出在语言发展历史上，一些存在于社会经济发展比较缓慢的地区，可能存在着（因为缓慢而存在着、保留着）比较古老的材料。甘谷境内的朱圉山是这一区域——也即是秦始皇先祖最早所到的区域地标，它是秦汉语言可能较好地保留此地的一个地理性标志：首先，秦先祖在这里生活过；其次，甘谷境内有著名的西山坪遗址，那里有极其珍贵的文物证明，这个区域是中国历史上秦汉时期尤其是秦早期富有高度文明的区域，保存古老的语言标本，没有什么可奇怪的。这片神奇的土地，就是古冀戎的地方，也就是秦武公征服后命名为冀县的地方，它和礼县大堡子山所证明的文明，和天水"木版地图"共同支撑起了古秦文明的核心。

我们潜意识里还想说明的是，我们基本确认，甘谷话来母字分读为［tɕ］与［l］两个声母的情况，应该是确认秦早期文明区域的标杆之一——这是一个判断标准，这也是汉代《白虎通义》给予我们的启示和证据。

我们还设想，在经过认真调研之后，设立一个秦早期文明区域认定的语言学标准体系，前期主要是语音方面的。比如在这个区域里存在的［tɕjv］（租竹）、［tɕ‘iv］（出粗）、［ɕjv］（书酥）、［jv］（如耳）（这些音素还可以继续组成更长的音节，如［tɕjvaŋ］（庄壮）、［tɕ‘ivaŋ］（创撞）等），就可能作为判断是否是古代某个时期语言的共同区域的标准或依据，也就是由此确认古代一种文明现象的共同创造区，比如秦早期文明区域。

最后，还是要回到我们的主题上来：我们应该对古代一种语言现象做更加微观而系统的研究，以更加详细地了解这个语言现象在长时间的存在过程中的生存状况，例如我们所研究的来母的生存状况。这样的研究，可以通过不同区域的语言研究者为古代汉语整体研究提供更加完备的现代方言标本。因为有很多方言材料可能很有价值，但可能没有人了解，甚至过了些时间它在这个方言里也消失了。那是极其可惜的。这种情况也是很常见的。比如天水话称“癞蛤蟆”为［$kaI^{55}xuo^{35}mA$］就是如此，现在已经很少有年轻人知道了。

我们的研究，就是在这样的基本态度上进行的：首先，用甘谷话现有的语音材料作为证据，来证明秦汉时期一些特殊语音现象，有很强的可信度；其次，甘谷话在一系列语音现象上，保持着十分规整的队形，与汉、唐（宋）语音的对比中，表现出很强烈的规律性，这为我们的研究提供了很好的证据和认识角度；再次，甘谷话中还有大量的古代语音材料供我们深挖细磨。

我们也十分重视先贤们的研究及其成果，我们努力吸收他们的成果。所以，我们的这个研究，其中有大量的前人贡献为我们作支撑。前人的争论，因此很自然地对我们的研究产生深刻影响。可是我们还是努力用事实去说话，用事实来证明我们的认识，这一点坚定地贯穿于全过程。我们认为，本成果（如果是个成果）最大贡献，还是在一些材料的挖掘上和保存上。我甚至想，将来也许有学者会彻底推翻我们的成果，但我们所提供的材料，却肯定对他有利。如果是这样，它就有贡献。

在我们自己看来，本成果有三个方面可以作为贡献：

一是提供（保存）了一批珍贵的方言材料。这些地区的方言变化很快，尤其是在当前这样一个快节奏的时代车轮下，它们的生存越来越困难；

二是对一些相关的问题进行探讨时，从材料的角度进行了比较和梳理，这让这些材料从散乱变得有规律，而这样的一些材料上的归队，可以为其他学者提供一些相对容易得到的半成品，作为论据为别的研究作出贡献；

三是围绕这个研究，带动了对其他问题的研究，新研究肯定会因为这次的研究取得方法上、材料上的支持，也自然会因此产生更加全面的研究和努力，我们已经为此进行了具体安排，希望能取得更进一步的收获。

但是，我们却仍然十分紧张。因为我们知道，自己的能力和水平都不够，还不能在驾驭这样一个研究时具有充分的把握和自信。因为我们知道其中有很多不足和错误，包括语言表达上，都还有很需要精雕细琢的努力。可是，这些都关乎能力和水平，而我们却有很多不足和欠缺，便只有等待方家的指导和批评，以期在今后的工作做得更好。

作者

2013 年 10 月

第一章　来母问题的提出

关于古来母的问题，一直是个问题。

自从有了来母这个概念，问题就已经存在。“现在我国能看到的一本较早的梵文书叫《悉昙字记》，是唐德宗贞元年间照藏文字母的体系，给汉字创制了字母”。[①] 20世纪初在敦煌发现的《守温韵学残卷》，其中有三十字母，据20世纪20年代北大教授刘复先生从法国抄回来的材料[②]，这三十个字母是：

唇音　不芳并明

舌音　端透淀泥是舌头音

　　　知彻澄日是舌上音

牙音　见溪群来疑等字是也[③]

齿音　精清从是齿头音

　　　审穿禅照是正齿音

喉音　心邪晓是喉中音，清

　　　匣喻影亦是喉中音，浊

这三十字母是学者们认可的、最早的有关汉语声母（尽管可以有纽、音纽和声纽不同的名称）的材料。到了宋代，有人对此进行了增补，形成了所谓三十六字母。与三十字母相比，三十六字母有一些明显不同：(1) 牙音中的“来”母独立出去作为半舌音。(2) 齿音中齿头音增加

---

① 唐作藩《音韵学教程》论及声母问题，认为直到唐代末年，才有人参照印度梵文的体文来给汉语创制了表示声母的字母。第32页。

② 这些材料收在刘复先生《敦煌掇琐》中。转引自唐作藩先生《音韵学教程》。第32页。

③ 王力先生《汉语音韵》引作“见溪群疑来”；李无未先生《汉语音韵学通论》引例，齿音在前，牙音在后。因不干扰我们的讨论，我们只在此予以说明而不予讨论。

“心”“邪”母，同时从喉音中剔除此二纽；正齿音中增加“床”母。(3) 唇音分为重唇和轻唇，即“帮、滂、并、明”与“非、敷、奉、微”，代替了“不、芳、并、明”。(4) 舌音中舌上音增加了“娘”母，同时将“日”母独立成半齿音。

这里出现了我们的第一个问题：守温为什么将“来”母放在“见、溪、群、疑”一组中？是审音不细，还是它们在当时声母关系更密切？后来的人将“来”母分离出去，又有什么依据呢？或者，会不会在守温的语音系统（方言的）中“见”与“来”密切，而增补者的语音系统（方言的）中二者关系疏远呢？

第二，以音训出名的《白虎通》明确说：“吕，拒也”，见母直接为来母训；早前的《孟子》：“塗有饿莩而不知检”，后人训为“检，敛也”，则来母为见母训。这种情况与第一个问题有关联吗？后人知道来母可与多种非来母相谐，可为什么守温没让来母与其他声纽同位，而只与见组同位？

第三个问题是，古来母字在今甘谷话中分为［tɕ］、［l］两类，也就是近似于见、来二母，这和前两个问题有关系吗？（而这一现象是这一问题研究的新材料）。

我们觉得，这些问题，应该是值得关注的问题。

这些问题的核心是来母，它们反映出来母的生存问题。于是，我们就专门来考察来母的生存状况，并希望在考察其生存状况的过程中，能对有些现象做出探讨。

对来母的关注不始于我们，前人对来母有各式各样的关注。第一个关注者当然是那个“不知道什么人又在三十字母的基础上增补三十六个”①的宋代人，我们似乎感受到了他对来母的关注，他似乎将他归入的每一个来母字放在嘴里咀嚼了一遍，然后认为来母至少不该是牙音，又不完全像舌音，于是，他创立出一个半舌音，并将来母安置其中。也许，他还在某个方言中找到了回应和验证。于是，从此以后，没有人对此再有过怀疑。

① 从王力，到唐作藩、李无未诸先生，都是这样的判断，连语句都一样，参见《汉语音韵》《音韵学教程》《汉语音韵学通论》。

多少年来，来母就一直是半舌音。但从理论上看，这一次变动可能掩盖了一个事实：来母在古代可能真属于见组——牙音，并由此形成了一个误导，人们再也不会从同部位的角度去看待来母和见母的关系，而是站在独立的半舌音来母的角度，将来母与见母的关系等同于和帮母、端母的关系。所以我们再也没有发现“见溪群来疑”这样的排列。

这大概要算来母出生以来的第一个大事件，它使来母开始了孤寂的生存。而此后对来母的关注，就一直以此为前提。

第一节　复辅音视域中的上古来母观

一　董同龢与高本汉的观点

20 世纪 40 年代，董同龢先生的《上古音韵表稿》刊出，再一次对上古声母进行系统的研究[①]，而且其研究成果形成了一套上古声母系统。在他的声母系统拟测中，依次分为唇音、舌尖音与舌面音、喻于两母的来源、舌根音、喉塞音、带 l 的复声母问题、其他复声母问题和声母的总结 8 个方面。显然，有关来母在上古的生存情况，在“带 l 的复声母的问题”之中予以了关注。他说：“以 l－母的谐声关系印证于‘不律为笔’等古语，再加上同族诸语言的启示，学者自然会想到古代汉语中有复声母如 pl－，tl－，kl－者之存在。关于这一点，讨论的人已经是够多了，我无须乎再来说话。不过在这儿，我也得指明一句，就是说，现在所有的论证还不过是若干的可能而已。”之后，他列举了高本汉在 W. F. 中提出标写带 l－声母的三种可能的型式：A. 各 klâk：洛 lâk

B. 各 kâk：洛 klâk

C. 各 klâk：洛 glâk

对高本汉中意的 C 式，他说：“只要在 Grammata 中检查一遍，就会发现其中确是有些问题。

① 在此之前，已经有钱大昕、章太炎、曾运乾诸君做大量工作，且都曾陆续有所贡献。因为我们只想考察来母生存状况，因此只选取几个带有对前人研究成果有总结性质的点来说明问题，不再做啰唆的一一介绍。下面所说的复声母最早也是由高本汉提出来的，见赵元任译《高本汉的谐声说》（清华研究院《国学论丛》第二期），既已公认，且我们又引高本汉的另一著作说明，故兹不赘述。

“第一，有一部分 l－母字是同时并谐两个或两个以上声母系统的。他们的情形原不像‘洛’只谐 k－系‘离’只谐 t－系或‘录’只谐 p－系那么简单。

“第二，如果碰到 l－母字跟喻母字谐声的例，C 式也是不能用的。

“第三，把 C 式用得太过了，又会抹杀许多可能性更大的事实。如各 k－:路 l－：露 l－ 一类的例高氏写作　各 kl－:路 gl－：露 gl－没有什么不可以。但是我们看里面 l－母的“露”字实在是简简单单的从本母的‘路’字得声，跟‘路’字原来所从的 k－母‘各’字可以是风马牛不相及。如此，又何必毫无把握的也给他加上一个 g 呢？这个字极可能本来就有个单声母 l－。他跟‘路’以 gl－：l－的关系相谐。

“单就谐声字看，我倒觉得 A 式是可以无往而不利的（C 式既如上述；B 式不宜于‘翏，龙’一类的情形也显而易见）。但是在这儿，我还不愿意暂取 A 式以范围一切。因为现在已经明明有一些谐声之外的材料在指示着某些例确是用 C 式比较合乎事实。并且就是依谐声，有些例也还有 B 式或 C 式的可能，不能与以歧视。

“因有这些缘由，我竟没有能够在音韵表的声母栏中把这一类的任何一个音列出来，为表明他们，我只能暂时采取前述处置‘羊欲’等字的办法。① 凡是到中古读 l－的字是寄在 l－的地位，到中古读 p－，t－，k－谐音的也分别寄在 p－，t－，k－诸母的位置里，每个字的后面再分注 p－，t－，k－等或 l－以资鉴别。”

在“其他复声母的问题”一节里，董氏补充说：“如果古代的确是有那样的复声母，决定他们的型式与出现的范围在目前又是一件极困难的事情。谈到带 l－的复声母，我们还是处在两个比较清楚的地位：（1）l 总应当是那些复声母的第二个成分，不至于是他在另一个辅音的前面；（2）

---

① 董氏在“喻于两母的来源”一节里，曾认为，“当高本汉拟定他的 z－的时候，他所举的例证是‘羊’iang 与‘祥’ziang 的相谐。其实这个例证的本身已经是问题了。”于是他提出“所以最合理想的办法必定是把喻母字假定为 gd 之外还得假定其他两者之一也是一种复辅音。如

羊 gd－：姜 k－：祥 gz－　　欲 gd－：谷 k－：俗 gz－

遗 gd－：贵 k－：隤 gt′－　　或者：

羊 gd－：姜 kz－：祥 z－　　欲 gd－：谷 kz－：俗 z－

遗 gd－：贵 kt′－：隤 t′－　　gd－后来全部消失；另一种则消失了他们的一部分。”第31页。

在配合的双方，一面固然是有许多可能的音如 p－t－k－等，又一面则不过是一个 l，配合的总数究竟有限。现在到上述情况之下，p－t－k－谐音之孰先孰后既然毫无把握去决定，而配合的双方在数量方面又是同样多。倘若用数学方法推算起来，可能的配合就实在多得可观了。所以，这一个问题[①]所须待事实上的进一步的证明又比带 l－复声母的问题多得多。"

"在音韵表里，我仍用处置'羊''欲'诸字的办法来处置这些字。无论这些字到日后是证明为有复声母，或是他们确是一些谐声或假借的例外，如此的表现法总不会磨灭了他们的关系。"

这便是董氏对待来母的基本观点：（1）上古有独立的来母[②]；（2）上古可能有带 l 的复声母；（3）上古谐声系统中来母字与非来母字相谐也可能只是"假借的'例外'"；（4）上古来母向中古声母过渡关系，主体还是来母到来母[③]；（5）来母不再隶属见系[④]。

这表示董氏在解释谐声现象时采用了复辅音，但仍然比较谨慎。而他之所以采用复声母，是因为"在现代藏语中，如此拼合的复声母确实是有的，可以作为参考"。（P31）这与高本汉氏一脉相承。

高本汉《汉语的本质和历史》（商务印书馆 2010 年 7 月第一版）在"音韵"一章中说，"很明显，如果能构拟出汉字在上古、中古和近古的音读，并能搞清楚这个大语种在过去约三千年的语音史，那我们就大大地充实了作为普通心理学一个分支的普通演化语言学的内容。""问题还有历史学的一面，这从科学的立场来看同样重要。在东南亚、西藏、喜马拉

---

① 这里指 k－系与 t－系字、k－系字跟 ts－系字、k－系字跟 p－系字、t－系字与 p－系字、t－系字跟 ts－系字、ts－系字跟 p－系字相谐的情况。

② 董氏在"声母总结"一部分对上古单声母系统的归纳有独立的 l。参见第 43 页。

③ 董氏上古声母跟中古声母的关系是：p，p'，b'，m →p，p'，b'，m；

m→x/t，t'，d'，n ↗一四等韵 → t̂，t̂'，d̂，n；λ→o；
↘二三等韵 → t，t'，d'，n'

l→l /ts，ts'，dz'，s，z ↗一三四等韵 →ts，ts'，dz'，s，z
↘二等韵 →ṭs，ṭs'，ḍz'，ṣ，（ẓ）/

t̂，t̂'，d̂'，ń，ś，ź ↘
k̂，k̂'，ĝ'，gn，x́，j ↗ →tś，tś'，dź'，ńź，ś，ź，/k，k'，g'，ng，x→k，k'，

g'，ng，x，g→○；ɣ ↗一二四等韵→ɣ
↘三等韵→j。第 44 页。

④ 同上。

雅地区、缅甸、泰国、越南和中国西南部一些地方，有着许多种族和语言。确切地说，最有趣的应是考察东亚的上古史及其部族在此地逐渐发展的详情，寻找这些不同文化区域之间的历史亲缘关系，以及测定导致当前状况的民族迁徙和文化传播过程。语言科学在这里是主要工具之一。这些民族中哪些有语言亲缘关系，哪些没有，这是东亚居民史研究的焦点。”“我们有理由相信，藏语和泰语都同汉语有亲属关系，但是在这两种语言中，足以证明这种亲缘关系的现代汉语对应词实在微乎其微。这三种语言各自沿不同道路发展的时间太长，因而产生了极大的分歧。在这种情况下，最重要的显然是应该掌握语言还没有形成这样大分歧时的古代语音。”“‘蓝’在北京话中是 lan，在泰语中是 khram，它们的相似之处太微不足道了，以至人们简直不敢猜测它们会是同一个词。可是我们一旦看到，泰语的这个词在 12 世纪是 gram，它先是发展为 lam，后来又成了现代的 lan，那么我们马上就有可靠的根据了。具有‘蓝草’这样又特殊又清楚的意义的词，在中古泰语中读作 gram，在上古汉语中读作 glam，肯定是同一个词。像这样的一大批例子将为我们奠定一个基础，在这个基础上我们可以尝试着证明汉语、藏语和泰语是关系很近的语言，并揭示讲这些语言的民族之间的早期历史亲缘。同此，对于普通历史学和文化史学来说，中古和上古汉语音韵的构拟也是十分必要的。”（第 21－22 页）而且高本汉氏正是这样构拟的，甚至，一直影响到后来的古汉语音韵系统的构拟。

二 严学宭与喻世长的观点

这种以亲属语言为参考进行的构拟，有一个严重的缺陷，就是以其他语言为依据（特别是复声母的构拟），而没有本民族语言话的例证（如方言）为依据。所以直到 20 世纪 80 年代，这一派（构拟派，或者笼统的审音派）都自觉这方面的不足，所以仍在努力进行辩护。1980 年 10 月在中国音韵学研究大会成立暨首次讨论会上，有一些著名学者在会上交流了音韵学研究论文，其中有严学宭先生的《周秦古音结构体系（稿）》（又见《音韵学研究》第一辑，中华书局 1984 年版），他的声母构拟种类繁多，其中单辅音 21 个：p，p‘，b，m；t，t‘，d，n，l；ts，ts‘，dz，s，z；k，k‘，g，ŋ，x，ɣ；ʔ。其中将 l 归入舌尖音，且认为中古音来母 l 源于上古音 l，也就是承认上古有一个独立的来母，拟为 *l。除单辅音外，又有复辅音，且分为（1）二合复辅音，共八组，最少的一组有七种二合辅音拟测，第八组为带 l 二合辅音声母：pl ，p ‘l，bl，ml，tl，t ‘l，dl，nl，tsl，ts ‘l，sl，kl，k ‘l，gl，xl，ŋl，ɣl，ʔl 共 18 个。(2) 三合辅音，共六组，第六组为带 l 三合辅音声母：btl 庞①，mbl 窌，mdl 读，npl 秜，ndl 隶，ktl 龏，gtl 龚，ŋkl 现，xbl 量，xml 釐，xk‘l 砢，ɣk‘l 隆，ʔpl 笔，ʔKl 虢，stl 髆，sdl 绸，sml 续，zml 赎。（3）四合辅音，共一组：ɣkdl 虆，xknd 裔，xsnt‘ 绥，xsdl 羡。

我们不管这些拟测从何处而来②，单就这种复杂程度而论，等把谐声现象解释明白，早就远离了汉语的基本语音体系。大概自己也觉得过于繁杂，解释说“种类虽繁，若按谐声清浊可以互谐的原则来看，如起首辅音 s 与 z、x 与 ɣ、p 与 b、t 与 d 等便能合并，而数量大减。”同时辩解说：“现为读者便于对比中古读音，暂不合并，使用时或分或合，可灵活掌握。”(第 96 页) 同时，对于复声母构拟过于倚重其他语言的缺陷，严先生也做了弥补的努力。在该文《跋语》中“声母”部分他提出如下的观点：

> 汉语有无复辅音声母，好像成为汉语音韵构拟上的疑难问题。其实，在现代汉语方言里就保存着古复辅音声母的遗迹，除山西文水话保存比较多外，太原话的反语骈词也反映有复辅音声母的迹象，如：
>
> 薄浪 pəʔlaŋ⊃→ 帮 pa ŋ⊃
> 模样 mʔ꜀ləŋ → 蒙꜀məŋ
> 得料 teʔliau⊃→ 吊 tiau⊃
> 突奕 thuəʔ꜀l əm →团꜀thuan
> 疙滥 keʔ꜀lan → 杆꜀kan
> 窟窿 khu əʔ꜀lu ŋ →孔꜀khuŋ
> 黑浪 xəʔ꜀lang→巷꜀xang（今甘谷作 航堂꜂xaŋ t'aŋ → 巷꜀xaŋ）

① 严先生每组拟测后都有例字，二合的容易明白，我们引用时删去例字。三合的比较复杂，我们引用时并例字列出。参《音韵学研究》第一辑，第 95 - 96 页。

② 严先生自己说，“上列复声母主要来自《说文解字》谐声系统、中古又音、古联绵词以及比照汉藏语系各语言常见类型折合构拟的。”第 96 页。

> 其次在汉藏语系的同源词或者借词中也常常反映有复辅音声母。如“二”读 ɣnə，“九”读 ske；彝语的“地”读 ndi˨，“饱”读 mb u̱˧；川滇黔苗语的“歌”读 ŋkou^{2}，“富”读 mpo^{4}；布努谣语的“袜”读 mpa^{4}，“打”读 ntɣu^{8}；水语的“香”读^{n}daŋ^{1}，“比”读^{m}biɛŋ^{5}。又如壮语至今有的方言还有复辅音声母的 pl－、ml－、kl－等，有些与汉语有关的词，汉语念 p－、m－、k－声母，而壮语则分别念 pl－、ml－、kl－。
>
> 高本汉在他所著的《谐声说》一文中，即已提出古汉语中复声母问题，其后林语堂、董同龢、陈独秀诸人皆有论述，而以李方桂、周法高讨论较详。我并已构拟二合、三合甚至四合的复辅音声母体系，这都是主要依据谐声系统不合常谐的异常现象，得出了一系列的复辅音声母。由于谐声字数量多，异常的谐声也繁，因而出现的复辅音类型也多。在汉藏语系中各种语言普遍不同程度地具有构词构形作用的复辅音声母，是各亲属语言共同的本质属性的现象。因此构拟古汉语声母结构体系，除单辅音外，还必须建立复辅音声母结构的体系，也只有建立复辅音声母结构的体系，才便于解释谐声系统错综复杂的互谐情况及其演变为中古音的所以然。

这算是对使用复辅音构拟上古汉语声母系统缘由的回答。

这种倾向从此以后成为非常主流的一种趋势。在同一个会上，周祖谟先生的《汉代竹书和帛书中的通假字与古音的考订》一文，通过对通假字关系在汉代竹书和帛书中的表现所进行的考察，认为“其中有不少可以跟谐声系统相印证”，所构拟的古声类系统中便同样包含有 pl－、ml－、t‘l－、sl－、sn－、kl－、xm－等复声母。①

同样刊登在《音韵学研究》第一辑上喻世长先生的文章《用谐声关系拟测上古声母系统》，以“价值最高的材料”古代谐声字为主要依据。认为“上古谐声字所记载的语言主要是以东周时代齐鲁宋卫地区的口语为基础的书面语。同时，谐声字也反映了东周以前更早时期的语言变化的踪迹，也包含了其他地区方言的因素。这样说，主次的关系就清楚了”。

① 周祖谟先生该文载于《音韵学研究》第一辑，第 78－91 页。

在方法上，“就是我们研究上古语音，无论利用哪一种材料，首先都要赋予它们以《切韵》的读音。在《切韵》读音已经音标化的今天，就是在研究上古语音的材料上先标出《切韵》时代的语音。我们习惯上说的‘由《切韵》上推古音’，具体说来，第一步就是如此。有了《切韵》标音，然后才能根据前人已经得出而为我们所接受的结论，加上自己的研究成果，标出上古的读音，建立上古的语音系统，指出从上古到切韵的音变规则。”“研究上古语音的材料和研究《切韵》语音的材料是同一种语言不同时代的文献，研究古代语音除了使用历史文献外，还使用现代方言口语的材料。这些材料都是可以拿来进行比较，比较以后可以据以构拟古音的。至于如何构拟，那是要以历史比较语言学的基本理论为指导，以其他语言的历史为借鉴的”（第185页）。可以看出，其目标、原则、方法等方面的确定，都未出高本汉氏的基本思想——只是在技术层面比高氏更完善了。在这样的思想指导下，喻先生研究了“谐声系统中谐声关系的多样性”和“四十一声类互谐关系的大势”，最后得出了“上古声母语音系统的分析和拟测”，以及“从上古到《切韵》的声母演变”。喻先生做了大量的、扎实可靠的基础工作：（1）以1930年姜忠奎的《说文声转表》为参考，对其统计数字“稍加分析排比”，仔细分析了四十一声类互谐关系的大势，形成了比较科学的互谐关系统计量表，直观明了地反映了各类主谐、被谐的不同的影响和作用；（2）列出大量的“声母互谐关系举例”；（3）举出相当多的既有上古声母读音，又有上古韵母读音的字，以便观察“声母和韵母的结合”。比如：“同位互谐”中，pɔu → pau 包（帮　幽），b‘ɔk ⇒ b‘ɔk 雹（并　幽）；“曲折同谐”中，puk ⇒ puk 卜（帮　侯），p‘iu ⇒ p‘iu 赴（敷　侯）等，这些工作，为他的研究提供了足够多的支持和帮助，也使其研究成果更为可信。

相同的是，他的上古声母拟测中也有复辅音声母；不同的是，他的复声母数量更多：tsr、tsj、ts‘r、ts‘j、t‘r、t‘j、tr、tj、dz‘r、dz‘j、d‘r、d‘j、sr、sj、xm、mp、pl、ml、st、stj、sd‘、sd‘j、sn、sl、zt、zd‘、nt、tl、ɣj、sgj、sk、sʔ、sg、sŋ、zk、zɖ、zg‘、xŋ、nɖ‘、ŋk、d‘l、kl、ŋl 共43类，虽然比不得严学宭先生，但较之董同龢，已完备得多了。其中有关来母的构拟为：l、sl、tl、pl、ml、kl、d‘l、ŋl。

三 周祖谟与施向东、俞敏的观点

前述这一路的研究，后来又走上了音值研究的新路子。不过，也是出于前人研究的基础。比如周祖谟《汉代竹书和帛书中的通假字与古音的考订》，在考订照组二等字时，指出，“照组二等字即庄初崇山四母。这四母近人已经提出古音读近精清从心。从谐声系统和古书异文可以得到证明。现在竹简和帛书里有一些例子”，举例后他说：“从这些例子我们可以同样确定庄初崇山四母古音读近精清从心，今拟作 tsr、ts‘r、dzr、sr（且自注明确说‘r 为介音’），后代变为 tʃ、tʃ‘、dʒ、ʃ，发展为 tʂ、tʂ‘、dʐ、ʂ”。以 r 来作为上古音的特征，后来卷舌变平舌，平舌为卷舌。但根由在于 r。这个 r 无疑给后人许多启发，并将其引入精组与来组的关系研究中，并由此推导出上古有个介音 r，与来纽关系密切。其中施向东先生的研究便是如此，不过其研究先指出“上古汉语中存在一个 r 介音”，之后才说其启发所自：“精组声纽往往与来纽关系密切。邢公畹先生认为 ts 或 ts‘的更原始形式是 l/r，比如李与子的关系 ** l/rjwəg → * tsjəg。这种主张是极有启发性的。不过我们认为 l/r 与 ts、ts‘顺序犹可商量。”① 在这一文章中，施先生说：“汉字的谐声问题中，来纽与其他声纽互谐的问题最为突出。前辈学者曾提出复辅音说来解释这一问题。”“但是复辅音说引起了不同意见的争论。我们是赞同上古汉语中存在复辅音的看法的。但是在来纽谐声的问题上，我们认为，复辅音说还不足以解决所有的问题。并且，很显然，它带有很大的偶然性和任意性。早期主张复辅音说者并没有指出过 -l- 的分布规律。而一个没有内在规律性的学说是很难令人信服的。针对这种情况，雅洪托夫批评说：‘这种复辅音的构拟并不彻底，人们只是就每一对交替的音、有时是就有交替的每一字族单个地解决复辅音的问题。’② 这种情况是拟音派最突出的缺陷。为此，雅洪托夫提出，中古的二等字在上古都带有 -l- 复辅音。这一主张比早先的复辅音说前进了一步，但仍未能彻底解释来纽的谐声问题，如林与禁谐声，风与

① 见《音韵学研究》第三辑，中华书局，1994 年 4 月版，第 246 页。施向东《上古介音 r 与来纽》。

② 雅洪托夫（C. E. ЯХОНТОВ）《上古汉语中的复辅音》，见《国外语言学》1983 年 4 月，转引自《音韵学研究》第三辑，第 251 页。

岚谐声，林与风都不是二等字。”（第 240 页）正是在这种情况下，施先生提出并力图证明这样一个看法：“上古汉语中存在一个介音 r；r 的分布是有规律性的；介音 r 是与来纽谐声的关键；来纽的音值在上古不是 l，而是 r，只是到后来才逐渐变为 l 的。”显然，这一提法是以复辅音存在于古汉语为前提的，但已比 kl -、pl -、ml 等更具音值描述，可以更进一步地说明其他声纽与来纽相谐的语音实际，而不仅仅是象征性地说明过程。换句话说，如果这种介音 r 是存在的，以上古复辅音声母转换为《切韵》的声母，就更加合理，也更能表达出其继承与变化的内在规律。

其实对于上古汉语一部分字在声母辅音与韵母之间存在一个 r 音的看法，也仍然处于一种争论中，但它最大的优点，在于比 kl -、pl -、ml -等形式更适合说明这种复辅音在向中古汉语过渡时的情形。对于上古汉语中是否存在这个 r①，此前即有多位学者予以讨论，比如李方桂、俞敏先生。施向东先生在他的研究中说：“我们赞同 r 是介音的说法。李方桂为二等韵拟 r 介音，认为这是引起中古知彻澄娘和照二穿二床二审二等声母卷舌化的原因，这是很有说服力的。汉藏语的对比更使我们坚信这一点。在藏语中，r 也使前边的辅音卷舌化。”（第 240 页）并举出一些汉藏语的比较例子来证明其存在。

这样我们看出，虽然 - r - 比 - l - 的形式要更柔软地贴合中古汉语变化原因的描写，但总体上并没有脱离“假定”的本性。但对此，施向东先生认为，“既然上古的 r 与中古的介音 I 之间有着历史的联系，那么我们把 r 看作介音就有了充分的理由。”在这一前提下，施氏开展了进一步的研究：“在研究谐声问题时，我们发现介音 r 与来纽有着异常密切的关系，”“也就是说，与来纽谐声的不是假设中的 l，而是介音 r。这就使我们想到，来纽的音值在上古应当是 r 而不是 l。”施文在这里的标题是“介音 r 是与来母谐声的关键”，正与我们关心的问题相一致。我们即转引其例。引例时只引主干，抛去其他，只为展示与来母谐声的情况：

降 * grəng/隆 * rjəng。藏語（诞生、出生）akhrungs。

巷 * grung/弄 * rung。衖（方言）里巷为弄。

---

① 施向东先生说，“上古汉语一部分字在声母辅音与韵母之间存在一个 r 音，这已经为多数学者所承认。有人把它看成复辅音（复合声母），有人则把它看作介音。”第 240 页。

麦 * mrək/来 * rəg。

革 * krək/勒 * rək。

隔 * krik/鬲 * rik。壮语“锅”rek。

剥 * pruk/录 * rjuk。

柬 * kran/澜 * ran。

监 * kran/蓝 * ram。泰文（蓝）grâm，藏文 rams。

蛮 * mran/綠 * rwan。

卝 * kwran/卵 * rman。

格 * krak/雒 * rak。

以上为二等韵与来纽。

离 * thrjar/離 * rjar。

郦 * drjak/覼 * drjar/丽 * rjar。

坴 * drjuk/陆 * rjuk。藏文（六）drug。

朕 * drjəng/凌 * rjəng。

郴棽綝 * thrjəm/林 * rjəm。

褶 * drjəgw/留 * rjəm。

迟 * drjid/黎 * rjid。

郰 * trjug/娄 * rug。

兩 * drjin/蔺 * rjin。

以上舌上音与来纽。

漦 * dzrjəg/ * rəg/ * thrjəg。

史 * srjəg/吏 * rjəg/治 * drjəg。

率 * srjət/ * rjət。梵语 tu ṣita，汉译“兜率”，“率”对ṣit，ṣ < sr。

数 * srjug/ * sruk/娄 rug。

晒 * srar/麗 * rjar。藏语“晒”：srad。

叟 * sragw/老 * ragw。嫂从叟声，藏语“嫂”正是 sru · ma。

以上照二组与来纽。

京 * krjang/凉 * rjang，藏语“凉”：grang ba。

禀 * prjəm、廪 * rjəm。

品 * phrjəm/临 * rjəm。

禁 * krjəm/林 * rjəm。

泣* khrjəp/立* rjəp。

明* mrjang/朗* rang/亮* rjang。苗语“明亮” mlens [mren]。

饥* krid/耆* grid/黎 rjid。藏语 bkres，义与“饥”字相当；藏语 bgrea，义与“耆”相当。汉译梵词 gridhrakūṭa 作“耆阇崛”，“耆”字对译 grid。

笔* priət/弗* prjət/律* rjət。藏文 bris，义与笔相当。

以上重唇三等与来纽。

风* prjəm/岚* rəm。梵汉“枫摩渝”对“巴利” brāhmayu；“须枫”对 subrahma。

肤* prjag/胪* rjag。藏语“皮”：lpags < * plags 与“肤”正相当。

甫* prjag/吕* rjag。

氾* phrjam/滥 *。“氾”之于“滥”，亦犹“风”之与“岚”。

藏语 phrug，与汉语“副”相当。

藏语 prog，与汉语“鬐”相当。

藏语 phru，与汉语“缶”“稃”“郛”“胞”相应。

以上轻唇音与来纽。

荠* dzid→* dzrid→蒺藜* dzjit rjid。

子杍梓* tsjəg →* tsrjəg/tsrəg →李* rjəg。

祖* tsag 殂* dzag →组阻诅* tsrag 锄龃助* dzrag →落* rag。

捷* dzjap →萐箑* srap →猎* rap。

宗* ts – 崇* dz – →隆* r – 。

以上精组声组与来纽。

瓜* kwrag → 瓜菰* kwrag rwar →菰* rwar。

莒* krjag →凵卢/去篨* khjag rag/rjag →卢/篨* rag/rjag。

欂* briak →欂栌* briak rag →栌（卢）* jag。

命（令）* mring →命令* mring ring →命* mring、令* ring。

婪（从女林声，读若潭）* dram/* thram →贪婪* tham ram →贪* than、婪* ram 。

庌（斥）* thrak →斥卤* thrak/thjak rag →斥* thjak、卤* rag。

* khrjak→* gjak rjak 渠略、蝚蛒。

* brit 弼/* brjət 佛、咈/* phrjət 拂→* brit rit 弼戾/* phrjət rit……拂

戾 等 →＊rit 戾、盭。

以上从谜语看介音 r 与来纽的关系。

经过前述这样的努力，最后施先生对来纽的音值做了描写。他说："来纽字与其他声纽字的密切关系，用简单的叠加方法来构拟复辅音是危险的。"比如"卯丣"相谐，① 要拟一个＊ml－，"丣"与"搈""褶"相谐，又要拟* thl－* dl－，那么丣字就要拟成＊mdl－或* mthl－等字。"䜌"与"變""蠻""彎""彎"等谐声，又《左传》宋景公名"欒"，金文作"宋公䜌"，而《汉书·古今人表》作"兜欒"，《史记·宋世家》作"头曼"，如果把这一切都考虑进去，那么就得拟成* ʔpmstl－，这是不可想象的。合理的解释是，在谐声中，有一个不变的东西在顺应着各种变化的东西：

卯* mrəgw
搈* thrəgw　丣* rjəgw
褶* drəgw

蠻* mran
變* bran
孿* sran　䜌* rwan　等。
彎* ʔran

"在这里，正是介音 r 起着与来纽谐声的关键作用。既然如此，那么来纽的音值在当时自然不能与 r 相去太远。""俞敏先生在《等韵溯源》中提出来纽本是 r，这是符合上古音的实际。"在这些结论后面，作者还举例相当于中国唐代的日本假名中以来纽字充当 r 行假名的材料。说明"在汉字的音读中，也是以 r 行假名拼写来纽字的读音。汉字音传入日本的年代就更早了。不论在吴音汉音中，来纽字都念 r－。日语的 r 音，据描写，音值在［r］与［l］之间，舌部稍一紧张就变为［d］。这似乎反映了汉语某一历史时期来纽音值的特点，同时也很好地保留了来纽音值由［r］变［l］的嬗变之迹。r 容易变成 d，在汉藏语言中是常见的现象。"

施先生的研究表达了清晰的意见：（1）后世不同的声母，如果在先秦属于同一谐声体系，为了表述其上古的相互之间的密切关系，将不同声

---

① 对此，我们也作过简单的考证，认为它们相谐可能是一种误会。

母迭加在一起的办法是“不可想象”的。(2) 来母字与其他声纽字相谐，[r] 是很重要的，至少表明那时的来母音值可能与 [r] 很相近。(3) 日本假名与汉藏语言中很多用例表明，由 [r] 表 [l]，甚至“来纽本是 r，这是符合（汉语）上古音实际的”。

施先生的考察看起来是扎实的。但事实上，一切仍然是假设的，现在的方言没有提供此类的证明。而在甘谷话中，来母与见母、疑母、泥（娘）母关系密切，如来母之脸敛吕旅、疑母之讹饿我疑、泥（娘）母之女尼你捏皆读如见母，而与日母字却毫不相干。所以说上古谐声，来母与其他声母字相谐，关键是 r，是不大可靠的（我们不能将例证放在外族引入汉字汉音时的表现上。以为辅助是可行的，但作为主要证据，是需要慎重的）。但作者对过分的辅音叠加来表现不同声母在上古之间密切关系拟测的批评是对的，用 * pkthmdl - 的拟测来说明问题固然可以一次性表现清楚来母谐声字的关系，但实在与各方言的实际相去太远，是不可取的。

对此，施先生也认真考察了来母字在不同时代的生存状况，并选择性地统计如下：

甲骨文（据高明《古文字类编》）总字数 1067，其中来母 47 字，占 4．4%；

金文（同上）总字数 1981，其中来母 95 字，占 4．8%；

书简及其他刻辞（同上）总字数 1732，其中来母 81 字，占 4．7%；

《说文解字》总字数 9353，其中来母 579 字，占 6．2%；

《广韵》总字数 26194，其中来母 1738 字，占 6．6%；

《集韵》总字数 53525，其中来母 3483 字，占 6．5%。

对此，施先生说：“来纽字在上古时代特别是秦以前是较少的，无论是绝对数量和相对数量都是如此。而东汉以后，来纽字的绝对和相对数量明显地增多。汉代形声字大量产生是来纽字增加的明显原因。除此之外，一些以非来纽字为声符的字读为来纽字也是一个重要原因。”这一推断是实事求是的。但既然承认汉代形声字大量产生是现实，那么，我们讨论谐声关系，可能更多地要立足于汉代，所以，谐声关系说明的，更大可能是汉代的语音实际（所以我们的研究即明确起点于汉代——我们称为许慎（实际上是《说文解字》）时代。而更有趣的是，今甘谷话中有证有据地保留着涉及来母字的汉代读音，就特别珍贵了）。对此，施先生揣测道：

“我们设想，在上古，纯粹的来纽字即使有也是极少的。（这里隐含着一个问题，所谓纯粹的来纽字，从施文来看，约略指后世读为［l］的，如果‘极少的存在’，那自然该是读［l］的。如果是这样，［r］就没有‘由［r］变［l］’的需要，则证明施文的假设根本上是不成立的。照施文的意思，是说彼时其实没有纯粹的来母，也就是没有读［l］的声母，则证明后世的来母没有直接的先祖，而是从某一个别的声母分化出来的，也就是说，后世的来母是从‘声母（必然是非来母）—r—韵母’这样的语音环境中分化出来的（例如为‘见母 + r + 韵母’），这让我们愈加相信上古来母是和另一个声母同纽的。后来读为来纽的那些字，多数还包含在‘声母—r—韵母’的结构之中。由于 r 具有明显的区别性特征，所以它虽然不是声母，却常常在谐声和通假中起着关键的作用，并且渐渐地突出了自己的地位而掩盖了其前头的辅音声母。秦以后，这一趋势继续发展，以致造成 r 之前的辅音声母的脱落，于是，非来纽字变成了来纽字。一些非来纽字具有来纽的又读，也当是同一原因造成的。”

学者们普遍认为，古音拟测的基本作用在于描述古今语音的发展状况和过程，并能说明其原因，描绘出变化、发展的条件。施向东先生的努力，显然是坚守了这一宗旨，并在过程中找到了“声母—r—韵母”的结构方式，应该是一个能够自圆其说、且可以解释大多数来母存在变化现象的成果。但是，施先生的成果，多建筑在与其他语言的对比联系之上，而缺乏本语言、尤其是汉语方言鲜活事实的例证。我们曾一再说明，今甘谷话中的来母分为 tɕ、l 两类，且这一状况至少不晚于汉代（我们有过论证），用 *kl -（或 *tɕl -）拟测固然有不足，但说是从 *tɕr - 发展为 *tɕl -，其实与 *kl - 在根本上没什么不同，因为 *tɕr - 模式脱落了 tɕ 而突出 r，再成为 l，只约略比 *tɕl - 模式脱落 tɕ 而成为 l 为柔软一些（因为 r 不是辅音是元音。这种“辅音——元音”模式更接近于汉语后来的情况），但根本上，*tɕr - 与 *tɕl - 是一样的复辅音性质（虽然施先生认为他的 r 不是声母①），

① 俞敏先生《等韵溯源》（见《音韵学研究》第 1 期，第 402 - 413 页）认为，“梵文的 ṛ · ṛ · ḷ · ḷ 四个元音本来是拿响亮的辅音作音节主要元音。在汉语里很难表示。”但俞先生引例论证了“乙”念 ʔrid，“一”念 ʔyid，证明了商汤名“天乙”，但自称“予小子履”，“乙履一也”。俞先生这一假说一旦成立，便可见分清一串音了。三等字：笔 prid，密 mrid，暨 θkrid，乙 ʔrid，飓 ɣrid”。这便是施先生的援据。

因为r要变成l，r本身仍需辅音化才是可以的，如果没有辅音化性质，那个r与a、i没什么区别，也就没条件转化为l。不过，施先生并没有这么看，他认为，“汉以后来纽字大量增加，是来纽音值由r变为l的原因。统计语言学告诉我们：一个音位要是出现频率太高，人们就容易把它发得马虎点儿，这就容易引起变化或丢失。比起r来，发l音舌部紧张度要小，用力较少，于是来纽渐渐地由r向l转变。”并引俞敏先生的成果，认为南北朝时期“来纽离r已经较远”，不像后汉三国时期“对译梵语r、l两辅音同样用来纽字，看不出在两者之间更倾向哪一个”。施先生的这一结论其实说明，从汉字译梵文佛经的用字看出，r、l都可用来母字。这是事实，但不能由此确定由r转l是一种必然。在l声母已经十分明晰稳定的今天，外语中的r也常用l声母字来译，那只说明二者听起来有相似处，并不能由此说明r变成l了。另外，梵文中的r即便在梵语中是元音，但在汉语为母语的人听来，必然与后来辅音r有相近的感觉，才能与l相连接。这正如元音ʃ听起来像r一样。如果没有这一点，自然，就不可能有转化。但更重要的问题是，如果元音的r——它必须类似于ʃ——变为辅音，决不可能直接变成l，我们设想，如果r是元音，又不得不辅音化，其实只是在它前面加上了一个辅音［ʒ］，成为类似今天的r［ʒʃ］才行。而这种现象在今天的方言中也十分常见，如昂ang—kang，傲au—kau等等。

不过，依照俞敏先生和施向东先生的考证，从佛经翻译的情况证明汉至三国r、l仍然未能转化，那么，同时代产生的“吕，拒也”（见《白虎通》，之类又该如何解释呢！因为二字不出现介音［r］，又怎么转换呢！依照施先生的办法，“吕”拟为＊rjag，而r为元音，可转为l，可又怎么转为tɕ呢？而“吕”在上古为＊rjag，是零声母音节呢，还是带辅音声母音节？的确不可能如此简单。

四　刘忠华的观点

俞敏、施向东先生的观点为古来母谐声问题展示出一种新方向。但其实照我们的说法，说l由介音r转化而来，还不如继续坚持李方桂先生的观点来得稳妥。李方桂先生认为，二等韵在上古有介音r，三等韵有介音j，而且这两个介音常常对声母的变化产生影响，认为“由于辅音为介音所影响，到后来转移了原来的发音部位。”[①] 这一观点的可取之处在于它没有让介音 r 直接转化为 l，而是让它产生影响力，借以改变辅音的发音部位而改变了辅音，这就可以解释 ＊tɕr－变为 ＊l－（如吕—拒）之间的关系，因为让介音直接转变成一个辅音，是一件困难的事情。这一观点在刘忠华先生《来母谐声现象研究》[②] 一文中得到较充分的体现。他说：“带介音 r 和 j 的音节，其声母的发音部位直接转移到 r 和 j 的部位上，就会产生一个读同［l］声母的音节；或者 r 和 j 保持不变，在声母与介音之间插入一个音缀，使原来的一个音节分化为两个音节。”他用图标的方式展示为：

crv→lv 或 cjv→lv

crv→（c＋v′＋rv）→cv′＋lv 或 cjv→（c＋v′＋jv）→cv′＋lv（其中 c 代表辅音声母，v 表示主要元音，crv 和 cjv 代表分化前的音节，lv 表示分化出来的读来母的一个音节。v′表示在声母和介音之间插入的音缀，与辅音声母 c 结合，构成分音词的第一个音节 cv′。）

对自己构拟的两种图标，刘忠华先生解释说：“第二种变化有人称做‘分音词’、‘慢读’或‘嵌 L 词’[③]。其实质是：某个单音节词变成另外一个双音节词，出现同实异名词。”意思是说这种双音节的形式“近乎是一字的分音，相当于不律为笔，不可为叵。”[④] 对此刘氏认为：“分音词主要保留在方言口语之中，一般不专门造字，受‘汉字单音节规则’的制约，汉语书面语中没有一字读两个音节的现象，[⑤] 所以来母字与非来母字谐声的现象与词的分音或慢读无关。”

他认为，“第一种变化导致一词异读，来母字与非来母字‘谐声’，与异读有关：第一，音节结构中有二等介音 r 和三等介音 j 的非来母字所

---

① 见李方桂《上古音研究》（商务印书馆，2003 年版）及《上古音》（《中国语文》1984 年第 2 期）。

② 见《中国音韵学研究——中国音韵学会南京研讨会论文集·2006》，南京大学出版社，第 41－53 页。

③ 刘文自注引用王立达《太原方言词汇的几个特点和若干虚词的用法》（《中国语文》1961 年 2 月号）和张崇《“嵌 L 词”探源》（《中国语文》1993 年第 3 期）的观点。

④ 刘文引自贺魏《获嘉方言研究》（商务印书馆 1989 年版，第 140－141 页）。

⑤ 刘文引自丁邦新《上古汉语的构词问题——评 Laurent Sagzrt：The Roots of Old Chinese》（《语言学论丛》第 26 辑，商务印书馆 2002 年版）。

代表的词的发生音变，分化出一个声母为来母的音节，成为一个异读字（词）；第二，有来母和另外一个或几个读法的异读字以其不同的读音参与谐声，构成不同的谐声组；第三，随着异读现象的消失，后代保留下来的读音如果不是异读字参与谐声时的那个读音，则会出现来母字'谐'非来母字、或者非来母字'谐'来母字的现象。"刘先生举例说，风［pjam］→岚［lam］，"换个角度看，在'岚'未造出以前，'风'有［pjam］、［lam］二音"，但从"风"又名"飞廉""孛缆"① "属分音词现象"看，则是"给风［pjam］的声母 p 与介音 j 之间插入一个音缀"，只是"分音词用了假借字儿没有另外造字"。

他又举例庞［broŋ］→龙［ljong］（当作［ljoŋ］），认为"［broŋ］及其分化音［ljoŋ］形成一词二音。造字时借用表示分化音的龙［ljoŋ］作声符，添加意符'广'，构成一个形声字'庞'，'龙→庞'本是来母谐来母的关系。'庞'又被读作本音，形成一字异读。后来'龙'的分化音消失，只保留下本音，于是造成了来母字谐并母字的误会"。

刘先生再举例"䜌"［ljan］→變［pjan］、彎［kjan］、蠻蠻［mran］、彎［øran］、孿［ʃran］，认为，"［pjan］［kjan］［mran］［øran］［ʃran］音各不同，但其共同特点是音节结构中存在三等或二等介音 j 与 r，它们的分化音读同'䜌'［ljan］，于是借'䜌'为声符"，为这 5 个不同的音节的分化音［ljan］分别造了这些不同的字。而"这几个表示分化音的字又被用来表示本音，出现异读"。后来这些字只读本音，于是造成来母字"谐"非来母字的误会。"实际上，在谐声时，'䜌'与这些字都是来母谐来母的关系"。

显然，刘忠华先生的基本观点是，来母与非来母之间的谐声，其实是由某一个音发生了音变形成异读音，或者原本是由来母和另外的异读字（词）谐声，只是由于后来异读现象消失，后人不知道它们原本同声，于是出现了来母字"谐"非来母字、或者非来母字"谐"来母字的现象。再大胆一点分析，就是同谐声字古必同纽。而造成异读的原因，关键在于介音的影响力。

---

① 刘文自谓引据自俞敏《古汉语"风"字确实有过象"孛缆"的音》一文。见《民族语文》1982 年第 5 期。

刘忠华文与施向东文的共同点在于，它们从来母与非来母字谐声，基本集中于非来母字的二等和三等音这一规律出发，将观察点集中于体现二、三等音特征的介音 r 和 j 上，而得出结论。但二者的结论，却明显不同。

刘先生的观点，照顾了二等、三等不同的介音 r 与 j，而施先生只说了 r，从这一点上看，刘文要保守沉稳一些。不过，从解决问题深层安排上看，施文则更能切中要害。刘文只“考察来母与非来母谐声的基本特点”及成因，几乎未能涉及前人今人对古来母问题的研究进展及成果。而施文则不然，施文以整个汉字谐声问题的研究为基点，充分照顾到了前辈学者的工作进展，然后从复辅音说的出现，逐步关注于 * kl - 为标志的来纽谐声问题，再以雅洪托夫（С. Е. ЯХОНТОВ）中古二等字上古都带有 -l- 复辅音为诱发，提出了自己的看法：“上古汉语中存在一个介音 r；r 的分布是有规律性的；介音 r 是与来纽谐声的关键；来纽的音值在上古不是 l，而是 r，只是到后来才逐渐变为 l 的。”

可以说，以复辅音的拟测方式描述来母与非来母的谐声关系，并以此展示从上古至中古甚至今天汉语之间的继承和发展关系，到这两篇文章的出现，应该说是更加靠近人们的期望，因为尽管这些拟测都只是一种科学的假设，但能够尽可能给予音值方面的描述，这一假设的科学性才更科学。

可是，这些拟测都不了解现存的甘谷方言中的来母字的读音，就自然未能设想用自己的理论去解释这一现象。换句话说，当这些理论不能说明现存的方言现象，它就必然还有缺陷，其音值方面的拟测就还不能完全确立。不过，异读也罢，r 的转化也罢，都隐约地承认同谐声的来母与非来母字，古代可能同纽。

当然，学者们对古汉语介音的存在及种类也争论很多，如 i、u、ï、r、j 等，各人所持不一（如李新魁主张上古音无介音），因为不是我们讨论问题的主旨，略而不论。

第二节　独立存在的上古来母观

我们知道，对来母与非来母谐声现象的研究，不主张复辅音的，也有很多学者。为了减少篇幅，又希望能说明观点，我们首先推出刘又辛先生和张永言先生。

一　刘又辛的观点

1980 年，刘又辛先生写成了《古汉语复辅音说质疑》一文，在文中他注明初稿写于 1956 年。表明了他对这一主张的基本态度。他开宗明义地指出："上古汉语复辅音的假设，是高本汉最先提出的。以后林语堂又有专文提出这一主张。近年来国内外研究汉语上古音的语言学家，多采用这个假设的。我在二十多年前……对这个假设提出了'质疑'。……至今也还值得提出来讨论。"①

在"质疑"过程中，刘先生指出："利用谐声字声符，采用递相联系的归纳法，籍以归纳出上古音的声母系统，再参之以通假字和古今方言的材料，在一般情况下是行之有效的。但是遇到一些特殊的谐声现象，就使人感到为难了；高本汉的复辅音说，正是在这种情况下提出来的。"②"但是这个设想在解释这一类谐声字的语音演变时，并不是很顺利的。高氏也看到了这一点。"刘先生引高本汉原文（译文）："可是这些字也一定不会个个都有一样的声母 kl－，要是的话也就变成一样的音了，怎么会在同样的韵母前有的变 k－，有的变 l－呢？这些地方得想几种可能的说法：

"甲、假设'各'是 klâk，'络'是 lak，就是以 kl－谐 l－。可是咱们研究 A．B．C 三大类的时候，越看越觉得谐声规则的严密；照那种标准，kl－：l－的谐法太不像了。而且假如 kl－可以谐 l－，那么 l－也可以谐 kl－（后来的 k－）；可是古音中只有很少的例 l－母可以谐见母字（象立：泣）。所以咱们有理由说，非但'各'本字，连所有'各'谐的字，在上古也都是有舌根音的。可是这么说也有两种可能：

"乙、各 kâk：络 klâk

"丙、各 klâk：络 klâk。"

对此，刘先生分析道："高氏提出的三种'可能'，如果用中古音的

---

① 刘文收录在《音韵学研究》第一辑，第 175－181 页。

② 刘文自引高氏原意："高氏列举了一些两谐的声符如各、京、东、业、监等，以后加以分析说，这地方无疑的是一个复辅音的痕迹，早年一定有 kl－一类声母，到后来变成单音了。"

反切和今音加以检验，则乙、丙两说就不能成立。因为‘络’字的中古音和今音，都是来母字，没有见母的又读，更没有 klâk 的读法。那就只剩下‘甲’说，即 klâk：lâk 这一种可能了。但这种可能也不符合谐声规则，高氏自己也说：‘kl－：l－的谐法太不像了。’因此，高氏尽管提出了复辅音这个假说，但又只好承认：‘在这种谐声系统里，咱们现在还没有充足的证据来考定上古的声母究竟是什么。咱们只能指出这些字的一部分大概是有个 kl－或 gl－音的；至于准确的音值，或者将来从支那语系的比较研究里可以考察出来。’用同样的方法，高氏还‘猜’出上古有pl－或 bl－的声母。后来高氏在 Grammata Serica 一书中，以及其他著作中，就大量应用这个复辅音假说，而没有进一步地论证了。”之后，刘先生又对林语堂先生《古有辅音音》一文进行了批判。林语堂这篇文章分三部分，“第一部分，阐述了这一问题的几个途径；第二部分提出古有复辅音的论证；第三部分为结论。”“他认为人研究古代复辅音的途径，有四个方面：‘第一，寻求今日俗语中所保存复辅音的痕迹，或寻求书中所载古时俗语之遗迹。第二，由字之读音或借用上推测。第三，由谐声现象研究，如 p、t、k 母与 l－母的字相谐声。第四，由印度支那系中的语言做比较的功夫，求能证实中原音声也有复辅音的材料。最可惜的就是除去一条星罗语中 klong（意为一卷，圆筒）能证明中国语‘孔——窟窿——孔宠’的关系以外，未能多引例证。此外如汉朝经学家直接的证据，也是一条无有。”

对林语堂此文的引例、论证及结论，刘先生做了细致的分析，认为，“第一，关于古今俗语的问题。”“研究上古有无复辅音，利用现代方言材料和古籍中关于方言俗语的书面材料，这当然是很重要的。林氏在这一方面比高氏前进了一步。但是就林氏所举的十七条例证看起来，却还不能充当古有复辅音的证据。”对此，刘先生说，“利用古今方言材料来探讨上古汉语的真貌，这是一条很宽的路子，我们完全同意利用这方面的材料。汉语方言是一个蕴藏丰富的语言宝库，古代汉语各个方面的早期状态，都在方言中保留着痕迹，从近几十年来构拟上古音的全面情况来看，凡是比较经得起考验的假说，大都可以在方言中找得出演变的线索和例证。因此可以设想，如果上古音果然有复辅音声母存在，那么在汉语方言中不可能消失得这样干净。但事实上是：‘现代汉语方言里，我们还没有发现过上面这一类复辅音。'（语见罗常培、王均《普通语音学纲要》）。因此，利用方言材料以证明上古有复辅音，至今还没有真正的进展。"（刘先生此语是我们下决心考察今甘谷话中来母生存状况的直接诱因。我们觉得今甘谷话中来母字分为 tɕ -、l - 两类，只说明二者可能同纽，却不能认为是古复辅音的遗存）。"总之，从汉语方言的材料来看，很难从这一方面说明上古复辅音的存在。"

"第二，关于汉藏语系亲属语言的证据"，刘先生讨论说，"利用亲属语言的材料作历史比较研究，这本来是构拟母语的一种科学方法。过去几十年，一些语言学家曾经利用汉语方言，构拟中古音和上古音，使汉语音韵史的研究大大超过了清代学者，这是大家都承认的。但是利用汉藏语系亲属语言以构拟汉语上古音方面，则还谈不上什么十分可靠的成果。这并不是方法不对头，更不是语言学家没有在这方面下功夫。根本原因还是由于汉语跟亲属语言之间的关系，比较复杂，很不容易找到成批的、可靠地对应材料来做历史比较研究。""拿复辅音的构拟来说，在汉藏语系诸语言中，的确有不少语言是有复辅的……但是和汉语有对应关系的词则为数甚少。即使有少数可资比较的词语，咱们也得做进一步的研究才能做出论断。咱们研究上古汉语，不能不依靠文字材料，汉语具有四千多年的文字记载，藏语到七世纪时才有文字，其他语言的文字更晚。如果我们根据亲属语言的近代语言材料，用以作为构拟了几千年前上古汉语语音的依据，那是十分慎重的。'汉藏语言的诸语言，因为它们分隔了很久，并且分布地区很广，其间的共同点也是不多的。在这种情况下，在词源关系上找不到足够的，确实可靠的证据，把它们加以比较就显得软弱无力，难以令人信服。'（见岑麒祥《普通语言学》第 126 页）这个意见值得我们深思。当然我的意思不是反对在这条路上继续探索下去，而是说还要积累更多更可靠的资料，不要急于下结论。"在这里刘先生举到了武鸣壮语的［pla］（鱼），湘西苗语的［phlæ］（吹），［mla］（笋），通什黎语的［pluŋ］（家），撒尼彝语［dlu］（踢）；傣语"圆筒"叫 klong，"孔"叫 klung 等等。

"第三，关于谐声声符的两谐问题，"刘先生提到高本汉利用谐声字材料提出复辅音说的时候，又对这一假说的不能解释所产生的矛盾："倘若'各'古读为 kok，不应会谐出一个 lok（路）音；倘是以 kok 谐 klok，或以 klok 谐 lok，皆比较说得过去；或两字读 klok，谐声上当无问题，然今日读音不应不同。……此不同所在，一时不易证明。”对此，刘先生总结道：“从高氏提出这个问题到现在，语言学界对这个问题并没有作出满意的答复。”同时，他还提出，谐声声符还有三谐四谐现象。“这一类谐声声符有一大批，如果按照复辅音说的原则办理，就得把这些声母拟为 knl－kbsl－之类的复音群。但是这样一来，不是脱离汉语的实际情况更远了吗？况且，从语音演变上说，象‘各’谐‘络’‘路’，又谐‘格’‘阁’，这样在现代汉语中 k－l－并存的现象，是在其语言中找不到先例的；用复辅音说不能解释这种奇怪的现象。”

在提出了上述质疑之后，刘先生提出了自己的看法，认为“把这类现象说成是古代复音词演化的痕迹，似乎比用复辅音说来解释更为合理些。”他举例阐述了自己的假设，我们简列如下，一看即知：

蒙蒙→（因声母异化）鸿蒙→笼蒙

拘拘→拘挛

块块→魁堆→魁礧。

果果→果蠃（但写字时，“可能只写一个‘果’字，于是这一个‘果’字就兼表两个音节的音，一个是 kuə，一个是 luə。古代多用同音假借的办法，‘菓’‘裹’可以写做‘果’，读的是 kuə 音，‘裸’字也借‘果’字来应用，读的都是 luə 音。后来造出了‘菓’、‘裹’、‘裸’等专用字，于是就形成了谐声声符两谐的现象。”）

监→监临（刘先生认为“监”字最早应为“临”字）……“可见临、监、鉴、镜本是一组古今异体字。临一向读来母，‘监’字则兼读 k－l－二音，因此形成一字两谐的现象。”

由此我们看到，刘又辛先生对古汉语复辅说提出质疑，是做了认真研究的，应该说其质疑是有道理的。但他自己对来母与非来母谐声所做的解释，却也显得太过简单，因为依照他的观点，凡这样的谐声字，都要一字兼有两个读音才可以实现来母与非来母互谐。用（造）一个字兼有二音，特别是一些会意字比较早，也兼有二音，那就等于古人给两个概念造了一个字，这种情况偶然而为是可以的，但出现很多，就不合理了。而且，这种观点，不能解释来母字中没有谐声关系的字，以群的方式分为见母［tɕ］与来母［l］两派的情况。除非上古见母和来母同纽，没有这一前提，刘先生的观点很难成立。

二　张永言的观点

对上古汉语声母拟测，对复辅音拟测提出质疑的另一个著名学者是张永言先生。张先生讨论的是汉字不规则现象中某些鼻音和边音声母字跟清喉擦音声母字 h－（或 x－）通谐的情形。里边涉及来母与非来母通谐。张文名《关于上古汉语的送气流音声母》①，其中涉及 m－～h－，n－～h－，ŋ̊－～h－，ŋ－～h－，l－～h－5 种。对这些现象的研究，张先生回顾道："高本汉把一些跟 m－相谐的 h－母字的上古声母构拟为'擦音＋流音'式的复辅音 xm－②，别的欧美汉学家，如西门华德、卜彼得也持同样的看法。李方桂在早年的研究中就接触到了这个问题，认为这一组字的上古声母也不妨假定为 mx－或m̥－。随后董同龢对此进一步加以论证，否定了高本汉的构拟，在上古汉语的声母体系中正式设定了一个m̥。"对此，张先生评价说："高本汉所主张的复辅音声母 xm－说确乎是不妥当的……而董同龢的拟定……是比较可信的"，"不过，从语音的系统性来看，董氏的整个构拟还是有缺陷的。"

张先生引用林焘先生的评论说："一种语言的语音系统大致都有他自己的一套的规律；象舌跟音有清音的 k－，唇音就大半会有 p－，舌尖音也就大半会有 t－，这是分析一个语言必须有的认识。现在董先生给上古音拟出了一个清的唇鼻音m̥－，可是并没有n̥－、l̥－、ŋ̊－这一类音跟m̥－相配，按一般语言的习惯来说，似乎过于特殊。董先生拟m̥－的旁证是因为李方桂先生所调查的贵州苗语里有m̥－。这些材料还没有发表，可是据我所知道，李先生所调查的苗瑶语里，只要是有m̥－的，一定也有l̥－跟n̥－之类的音，这是不违背一般语言的习惯的；跟上古仅仅有一个m̥－很不相同。这并不是承认高本汉所拟的 xm－是对的，也许到将来会发现上古确实也有l̥－跟n̥－一类的音，那么董先生的拟测岂不更有了先见之明。"对此，张先生认为"林焘的质问提得很中肯。但是笔者（张先生自己）

① 该文作于 1956 年，1980 年提交中国音韵学研究会成立大会暨首次讨论会。载《音韵学研究》第一辑，第 253—258 页。

② 凡所引证，张永言先生文后都做了明注，我们不再引注。

认为这个质问是可以解答的。……这就是说，上古汉语的清化流音声母不仅有m̥－，而且有n̥－、ȵ̥－、ŋ̊－、l̥－跟它相配，形成一个完整的系统，如同苗瑶语一样，并不违背一般语言的习惯”。之后，张举例论证了m－～h－、n－～h－，ȵ－～h－，ŋ－～h－，l－～h－等方式相谐的情况。我们专门引用“关于l－和h－相通，在谐声关系上也有明显的迹象”一节如下：

a）l－～h－，如：

荔珕～胁协　翏～嘐

隶隸～肆　　乐～哷

歛～险

b）h－l－，如：

虍～虜虑盧（膚）　呼评～枰

嫠～犛氂釐　　喙～蠡

噧～厲癘蠇　　虩～蟟

诃抲闁～砢　　歑～瓃

“此外，在古书异文、古文通假和方音对应上也有可供印证的材料”，如：来牟、釐辫，又作喜嫠①；沦胥以铺又作勋胥以痡，沦字又作熏；嫽与好，了与晓互相通转等等。

“可以跟l－和h－通谐起来考察的是l－和s－（ʂ－）通谐的现象”。

a）l－～s－（ʂ－），如：

丽～灑躧纚曬釃鱺覼癧歡籭麓立～飒

婁～數藪籔　率～膟

險歛捡～惍谂媕　䜌～孿

逮隸～肆肆　乐～铄

b）s－（ʂ－）～l－，如：

史～吏　虒～褫

帥～膟

“还有同一字而有l－、s－（ʂ－）两读的，如‘攦’‘率’‘孿’

① 为了节省篇幅，引用时省去了张先生用例出处，如此例原出《左传》《史记》《国语》等。后两例同此。

‘荟’‘猃’等”。

“由以上列举的例证我们可以看到上古汉语一部分 m－、n－，ȵ－，ŋ－，l－跟 h－相通的痕迹，尽管事例多寡不一，而且时有错综。对于这一现象的比较合理的解释是假定上古汉语的声母体系中曾经有过跟 m－、n－，ȵ－，ŋ－，l－相对应的m̥－、n̥－，ȵ̊－，ŋ̊－，l̥－，在语音上具有严整的系统性”。

“关于这一套清化流音声母的性质”，张先生说明道：“在现代汉藏系语言里，m̥－这一类声母通常是一种送气兼清化的流音，清化是送气作用造成的结果，在发音上送气应是主要的因素。可以推想，上古汉语里这一类音的性质也与此类似，即是说，它们的发音是 mh－nh－等，因此在标写上与其写作m̥－n̥－等，不如写作 mh－nh 等更能表现他们的特点。”“其中 l－组的一些跟 s－（ʂ－）通谐的字，情形又较为特殊。它们很自然地使我们联想到现代苗语方言中 l－跟ɬ－（ɬh－）对应的现象。也许可以假定，上古汉语里这一类字的声母是ɬ－（ɬh－）这样的边擦音，也就是取 l－的发音部位和 s－（ʂ－）的发音方法的一种音，而由于强烈的吐气作用，也可能造成辅音清化的结果。高本汉把一部分这类字的上古声母构拟为复辅音 sl－，看来也是未可信从的。”显然，张先生的主张是不同意复辅音的，他所拟的 mh－和 nh，那 h 更强调送气的特征，不是辅音。

张先生的另外一层意思，是认为这些不同声母字之间的通谐，强调的是相近。即由于上古汉语有清化的成系统出现的流音。所以可以实现清音与清音之间的相似性，从而可以通谐。

张先生的这些观点是有道理的，要通谐，至少得相互相似才行。不仅如此，这样的构拟，至少与后来汉语没有复辅音的真实更相吻合，也就是更符合汉语的基本特点。

但是，张先生的这些假设，仍然以非汉语语言为例。于是，从根本上仍然就是一种假设。

小 结

我们从众多的研究者中举出上述两派这几位代表人物及其单篇文章的内容，只是想说明学者对来母关注的情况，以及具有代表性的一些观点。

当然未列入的研究者不少。例如陈鸿先生的《从战国文字的谐声看战国语言的声类》[①] 其中对来母就有较深入的讨论，他在列举了来母与非来母互谐的情况后，提出了他自己的工作方式：“对于这类情况，董同龢相信先秦有 kl－等类型的复声母，同时又说：‘至于我们古语中究竟是哪一种型式，或者是不是三种型式都有，就现有的材料，则无法证明’。[②] 而且战国谐声的情况又有不同，它没有这么多例证，所以，本文采取保守的态度，认为来母比较独立。”所以他明确说的他的“来母即王力所说的上古声母‘来’母”。但同时又说：“如果上古真有复辅音的话，在谐声现象中，明、来互谐，泥、透互谐，泥、书互谐，来、山互谐，来、明互谐，来、见互谐，心、余互谐，心、透互谐等方面是值得关注的”。表现出了内心的犹豫。

到目前为止，来母生存的基本状况，通过学者们的努力，大致得到了可靠的描述。除了前述各位学者对来母与其他声纽之间关系的描述外（我们也在后面的内容里做了大量这种工作），还有学者对来纽字在各时代的绝对和相对数做了统计和比较。如施向东先生就有下表的统计和比较[③]：

数字来源	总字数	来纽字	来纽字占%
甲骨文（据高明《古文字类编》）	1067	47	4．4%
金文（同上）	1981	95	4．8%
书简及其他刻辞（同上）	1732	81	4．7%
《说文解字》	9353	579	6．2%
《广韵》	26194	1738	6．6%
《集韵》	53525	3483	6．5%

施先生对此表作了分析。

显然，从数量上看，来母在汉字发展史上在不断健康壮大着，那当然

① 该文见《中国音韵学·中国音韵学研究会南京研讨会论文集》，2006 年版，第 59－79 页。

② 陈文注明引自董同龢《汉语音韵学》，中华书局 2001 年版。

③ 施向东此表即见于其《上古介音 r 与来纽》一文，见前注及第 15 页前文。

意味着来纽在汉语声母里的地位在不断提高，而从形声字构成中来母谐声状况看，其影响力一直在提升，到了汉代，达到了一个高峰。

但这一切，又是什么原因和动力造成的呢？

这个问题促成了我们对来纽的关注，更由此关注了自己方言（今甘谷话）中来母的存在状况。特别是在我们方言中来母字读 tɕ、l 两类，又与汉代文献资料吻合。如《白虎通》中“吕，拒也”是声训，现在看来就是 tɕ 与 l 同音；《孟子》“检”声训作“敛”，也是 tɕ、l 同音，等等。汉人重现声训，其状态与来纽在汉代突然增加影响力时间一致，而今甘谷话中来母的存在状态又与此一致，就觉得以今甘谷话方言中的来母字读音作为例证，有助于对上古汉语来母的研究，这就促成了本研究的开始。

正是基于以上原因，我们将自己研究的材料，一端放在汉代的《说文解字》，另一端放在现在还在鲜活运用的甘谷方言，并希望以此作为学界对这一研究缺少自己语言例证、多引其他语言为证的一个补充，其他材料，学界研究较多，我们略而不论。

之所以作这样的选择，是我们认为今甘谷话中多有与汉代音相同的特殊材料，因为用它作例证是比较可靠的。如“抽”在甘谷话中读如“由”，与许慎谐声一致；再如在来纽方面，前面举过两例，与汉音完全一致。其他如韵母，有很多特点与汉时相同，如人们一般认为模韵中古合口而上古开口，今甘谷话正读开口等等，这里不一一举例。我们因而觉得用今甘谷话为例讨论《说文解字》中的来母生存状况，是可靠的，至少是可以为据的，倒过来说，我们认为今甘谷话中保留了一批上古汉语语音的标本，应予以重视。

在具体开展这一工作时，我们从《说文解字》的谐声关系和大徐本反切材料中关涉来母的内容去分析，并结合今甘谷话（方言）存在的一系列材料，相互比较，探讨分析，发现上古来母、见母可能同纽，后来，在发展过程中，又分为两类，一类可以称为古见母，另一类可以称为古来母。再后来，古见母发展过程中因受到其他同部位的音，或发音方法相同的影响（不同的方言对“音近”的感觉不同，但都由文字记载，而记录不同方言的文字经过统一整合在一起，使情况变得很复杂，但正是后来看起来错综复杂的关系，既显示了当时语言要素变化的原因和规律，又为后人保留了一大批可供研究的标本材料。我们引用今甘谷方言中来母字音读的意义就在于此），使得其中一部分又散落入其他声母之中，则如溪母、群母、疑母、端母、透母、定母、知母、彻母、澄母，以及照系之中都有散落进来的古见母字。而古来母字也因为同样的原因，一部分散落于泥母、娘母、日母、疑母之中。同时，逆向的吸收也开始出现，即其他声母中的一些字，也因为同样的原因（同部位或同方法等）进入古见母或古来母。于是，到徐铉时代，其发展后的谐声关系可能是：

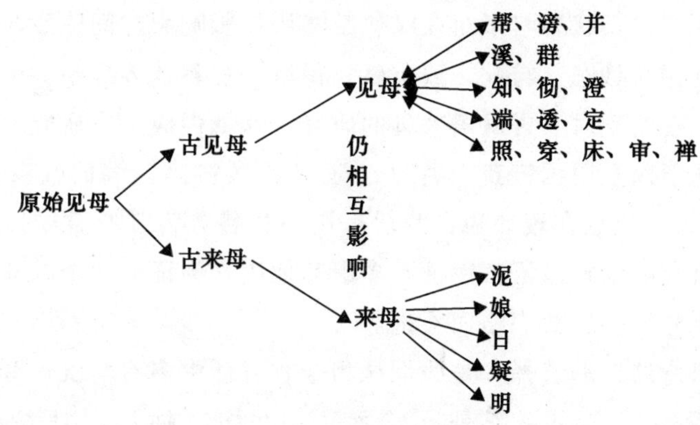

也就是说，见、来母相谐属于自谐，它们曾经同纽；见母与其他非来母相谐，来母与其他非见母相谐是相似而谐。

（从《说文》中来母字相对集中、相对独立的情况看，古见母的分化，大概在许慎之前已经完成了——只是还存留一些未分化时的痕迹，可以供我们考察）。

而这种发展变化的过程，在一个语言时代的横截面上，并不是只有目前的语言现状而不反映以前的语言现象。恰恰相反，事实上，在一个时代的语言横截面上，既有语音发展的最新状况，也可能保留着一些已经完成或者正在变化的过程性状态。甚而至于，还保留着更古老时代的语音。也就是从伦理上看，同一时期的语言横截面上，可能“五世同堂”，祖孙共存。而这一切合起来，才构成了这个时代的语音整体状况，形成于不同时代的语音现象却和谐存在于目前的同一横截面上的存在状态。举例而言，甘谷话作为一种汉语小片区方言，其今天的存在状态，是以时间状态为标记的，而不能以其具体内容来标志语言的目前时代性。因为“目前”的内容，并不是“目前”产生的，有很多是很早就产生、“目前”继承下来的。比如，甘谷话中现在读作［tɕ］声母的字。只表现为，在今天这个时间界面上，你、鸡、检、脸、吕、牛等字都读作［tɕ］。这只是在时间层面上的统一，但究其具体内容，“脸”读作［tɕ］、“吕”读作［tɕ］，可能是上古汉语的沉淀。“你”读作［tɕ］，则可能是泥母与来母之间音近而产生的错误，但这一种错误却合法的存在下来。而只有“鸡”读作［tɕ］可能才是见母字正常发展到今天的产物，因此可以看出，这些统一读作［tɕ］的音（字）在规律性和过程性、历史性地表达上却完全不同。（关于甘谷话保留上古音的状况，我们曾有专文论到。参见《天水师范学院学报》2009 年第 6 期）

这才是我们研究的目的。

而且，也只有这样，才能解释方言之间的不同。至少，这样的认识，才能解释大徐本《说文解字》反切中来母字和《说文解字》非来母谐声关系构成的复杂性。

在这样的认识背景下，我们开展我们的研究。而我们研究的整个工作，将按如下的工作方法和思路予以展开：

一、搜检（尽可能）全部的来母字（以反切为准）。

二、搜检（尽可能）全部的同声符字（同时列出反切）。

三、对凡是有来母字的同声符字（组）进行分析。

四、来母字在甘谷话中的生存状况。

五、确定来母字与见母等非来母字的关系。

六、泥、娘、日、疑诸母字的发展及其在甘谷话中的生存状况。

七、结论与推想。

第二章　来母生存的新考察

第一节　《说文解字》大徐本来母字的存在状况与其在今甘谷话中的生存状况

一　《说文解字》大徐本来母字的生存状况

我们选用中华书局1963年12月第1版，1983年8月印刷本为底本。以许慎明示为形声字或读若某（某为来母字）和徐本依据孙愐《唐韵》所加的反切（反切上字为来母）为依据，分拣好如下来母字（为检拣方便，我们同时标注上了页码，并将同部字归一类，只在首字下标明部首）：

吏（一部·七上）。（共一字）

礼（示部·七下）禄（七下）禷（八上）𥜒（八下）。（共四字）

璙（玉部·一〇上）瑬（一〇上）瑮（一〇下）瑓（一〇下）璐（一〇下）琳（一〇下）珑（一一下）璗（一一下）璢（一一下）瓅（一二上）理（一二上）玲（一二上）瓅（一二下）珞（一三上）珕（一三下）琅（一三下）珋（一三下）灵（一三下）。（共十八字）

𡴀（屮部·一五上）。（共一字）

蓏（艸部·一五上）蓈（一五下）蓼（一六上）芦（一六上）蓝（一六下）兰（一六下）蓠（一六下）菫（一七上）虊（一七上）莀（一七上）蔺（一七下）蒚（一八上）藰（一八下）蒌（一九上）藟（一九上）葎（一九下）蔹（一九下）蔆（一九下）薕（二上）茢（二上）莲（二下）茏（二下）萝（二下）菻（二下）蘲（二一上）莨

（二一下）蓏（二三上）落（二三下）茦（二四上）蘢（二四上）藡（二四下）藾（二四下）莱（二六上）荔（二六上）菉（二六上）苪（二六下）藜（二六下）。（共三十九字）

犣（牛部·二九上）犡（二九上）犖（二九上）犞（二九上）牢（二九下）犛（二九下）。（共六字）

斄（犛部·三0上）。（共一字）

咙（口部·三0下）吝（三四上）唳（三五上）。（共三字）

趗（走部·三七下）趮（三七下）。（共二字）

历（止部·三八上）。（共一字）

逦（辵部·四0下）邌（四0下）遴（四一上）逯（四一上）连（四一上）邋（四一下）迾（四二上）遱（四二上）遼（四二上）逻（四二下）。（共十字）

律（彳部·四三下）。（共一字）

齺（齒部·四五上）齝（四五上）龄（四五下）。（共三字）

路（足部·四八上）蹸（四八上）。（共二字）

协（十部·五一上）。（共一字）

谅（言部·五一上）论（五二上）謰（五四上）謱（五四下）䜌（五四下）謧（五五上）讕（五七上）讄（五七下）诔（五七下）。（共九字）

弄（収部·五九上）。（共一字）

樊（𠬜部·五九下）。（共一字）

鞈（革部·六0下）勒（六一下）。（共二字）

鬲（鬲部·六二上）鬻（六二下）。（共二字）

鬭（鬥部·六三下）。（共一字）

嫠（又部·六四下）。（共一字）

隶（隶部·六五下）。（共一字）

敹（攴部·六八上）敕（六八上）敛（六八上）敹（六八上）敾（六八下）。（共五字）

爻（爻部·七0上）。（共一字）

瞵（目部·七一上）眼（七三上）睐（七三上）睩（七三上）睔（七三上）。（共五字）

鲁（白部·七四上）。（共一字）

翏（羽部·七五下）翎（七五下）。（共二字）

雒（隹部·七六上）闟（六七上）雡（七六下）离（七六下）雞（七六下）。（共五字）

羸（羊部·七八下）。（共一字）

鸾（鸟部·七九下）鹨（七九下）鹠（八0上）鹩（八0下）鸰（八0下）鹭（八0下）鵱（八0下）鸕（八一上）鴗（八一下）鸓（八二上）。（共十字）

㫃（㫃部·八四上）。（共一字）

亂（𠬪部·八四下）𤔔（八四下）寽（八四下）。（共三字）

殏（歺部·八五下）。（共一字）

髅（骨部·八六上）。（共一字）

胪（肉部·八七上）脟（八七下）肋（八七下）脔（八八下）腊（八八下）膢（八八下）膟（八九上）膫（八九上）脷（八九下）臝（九0下）。（共十字）

利（刀部·九一上）列（九一下）劙（九二上）。（共三字）

耒（耒部·九三上）。（共一字）

觻（角部·九三下）。（共一字）

簬（竹部·九五上）籋（就五下）簾（九六上）簍（九六下）筤（九六下）篮（九六下）箬（九六下）簸（九七上）籠（九七上）笼（九七下）簝（九七下）籚（九七下）笠（九七下）笭（九七下）籣（九八上）籟（九八下）。（共十六字）

（《鼓部》："鼖，鼓声也，从鼓隆声。"徐铉作徒冬切。则许慎时属来母、徐铉时为定母。今普通话读 lóng，如来母）（一0二上）。

豊（豊部·一0二下）。（共一字）

盧（皿部·一0四上）。（共一字）

䟐（去部·一0五上）。（共一字）

餾（食部·一0七上）鐮（一0七下）餧（一0八下）。（共三字）

仑（亼部·一0八下）。（共一字）

从（入部·一0九上）。（共一字）

罏（缶部·一0九下）。（共一字）

良（亩部·一一一下）。（共一字）

亩（亩部·一一一下）。（共一字）

来（来部·一一一下）。（共一字）

夌（夂部·一一二下）。（共一字）

棃（木部·一一四下）李（一一四下）（《木部》“枪，母杶也，从木仑声，读若《易》卦《屯》”。徐铉作陟伦切，是许慎前为来母，许慎时为定母，徐铉时为知母，今普通话读作 lún，如来母）（一一五上）。椋（一一五下）藁（一一五下）椽隶（一一六下）枰（一一六下）（《木部》：“枰，木出橐山。从木乎声。”徐铉作他乎切。则许慎时为匣母，徐铉时透母，今普通话读“lú”，如來母）（一一六下）榭（一一六下）柳（一一七上）栾（一一七上）栎（一一七下）楝（一一七下）椤（一一八上）樑（一一八下）桹（一一九上）枌（一一九下）栌（一二0上）栵（一二0下）橑（一二0下）梠（一二0下）楼（一二0下）槀（一二一上）槾（一二一上）柃（一二二上）樞（一二二下）槤（一二二下）橹（一二四上）欙（一二四下）梁（一二四下）棱（一二五上）欚（一二五上）柆（一二五上）枥（一二五下）栊（一二五下）。（共三十三字）（《木部》有杝字，许慎云：“落也，从木也声，读若他。”徐铉作“池尔切”。非来母。今人读 lí，如来母。段玉裁辨析认为，杝，即篱，而又读如陁。古常以他为陁）（一二一上）。

林（林部·一二六上）麓（一二六下）。（共二字）

隆（生部·一二七下）。（共一字）

剌（朿部·一二八下）。（共一字）

囵（囗部·一二九下）。（共一字）

赂（贝部·一三0上）赉（一三0下）赖（一三0下）。（共三字）（《贝部》赁、庸也，从贝任声。”徐铉作尼禁切。许慎‘任声’，在日母；徐铉反切在泥母。今普通话读 lìn，如来母）（一三一上）。

邻（邑部·一三一下）鄻（一三三上）酄（一三三上）鄝（一三四上）郻（一三四上）郦（一三四下）郲（一三四下）郎（一三五下）鄝（一三六下）鄐（一三六下）郦（一三六下）。（共十一字）

𣋍（日部·一三八下）昽（一三九下）曆（一四0下）。（共三字）

旅（㫃部·一四一下）。（共一字）

朗（月部·一四一下）朧（一四一下）。（共二字）

龓（有部·一四一下）。（共一字）

虜（毌部·一四二下）。（共一字）

㮚（卣部·一四三上）。（共一字）

彔（彔部·一四四上）。（共一字）

稑（禾部·一四四上）穛（一四四下）秜（一四五上）秾（一四四下）棃（一四五下）。（共五字）

秝（秝部·一四六下）。（共一字）

黎（黍部·一四七上）。（共一字）

粱（米部·一四七上）粝（一四七上）粒（一四七下）粮（一四七下）（共四字）

㝗（宀部·一五0下）。（共一字）

吕（吕部·一五二上）。（共一字）

寮（穴部·一五二下）。（共一字）

瘻（疒部·一五四下）瘤（一五五上）癃（一五五上）癘（一五五上）痳（一五五上）癃（一五六上）瘰（一五六上）瘌（一五六上）痨（一五六上）。（共九字）

㒳（㒳部·一五七上）兩（一五七上）。（共二字）

罶（网部·一五七下）罹（一五七下）罗（一五七下）詈（一五八上）罹（一五八上·附）。（共五字）

幋（巾部·一五九上）幰（一五九上）帑（一五九下）。（共三字）

僚（人部·一六二下）儠（一六二下）俚（一六三上）（《人部》："伦，辈也。从人仑声。"徐铉作田屯切。则许慎时读来母，徐铉时为定母。今普通话读 lún，如来母）。（一六四上）儽（一六四下）伶（一六五下）俪（一六五下）例（一六七上）偻（一六七上）僇（一六七上）儡（一六七下）侣（一六八上·附）。（共十一字）

量（重部·一六九下）。（共一字）

临（卧部·一七0上）。（共一字）

裹（衣部·一七0下）褛（一七0下）褴（一七一上）裂（一七二下）羸（一七二下）。（共五字）（《衣部》："袘，绔踦也，从衣龙声。"徐铉作丈冢切，则许慎时为来母，徐铉时为澄母。今普通话读 lóng，如来

母）。（一七一下）

老（老部·一七三下）。（共一字）

履（履部·一七五下）屦（一七五下）。（共二字）（《尸部》：徐铉云“娄，数也，今之娄字，本是屡空字。此字后人所加，从尸未详。丘羽切。”是为溪母。今普通话读 lǚ，如来母，一七五上·附）

舻（舟部·一七六上）。（共一字）

覼（见部·一七七下）覶（一七七下）覙（一七七下）觋（一七七下）览（一七七下）覾（一七八上）。（共六字）

歛（欠部·一七九上）。（共一字）

㝮（亮）（旡部·一八一上）。（共一字）

顱（頁部·一八一下）领（一八二上）顲（一八二下）顝（一八三上）頛（一八三下）顲（一八三下）頪（一八三下）。（共七字）

嫠（文部·一八五上）。（共一字）

鬛（髟部·一八五下）鬑（一八五下）鬣（䲣𩭹）（一八六上）鬛（一八六上）。（共四字）

令（卩部·一八七上）。（共一字）

峦（山部·一九0下）巆（一九0下）嵍（一九一上）嶙（一九一下·附）岭（一九一下·附）岚（一九一下·附）崙（一九一下·附）。（共七字）

庐（广部·一九二上）廇（一九二上）廬（一九二上）廉（一九二下）廔（一九三上）廫（一九三上）廊（一九三上·附）廖（一九三下·附）。（共八字）

厉（厂部·一九三下）厱（一九三下）厤（一九三下）厸（一九四上）。（共四字）

磏（石部·一九四下）砾（一九四下）硠（一九五上）磿（一九五上）礨（一九五下）砢（一九五下）磊（一九五下）砺（一九五下·附）碌（一九六上·附）。（共九字）

貍（豸部·一九八上）。（共一字）

驪（马部·一九九上）騮（一九九上）骆（一九九下）駷（二00上）駕（二0一上）驘（二0二上）驴（二0二上）。（共七字）

鹿（鹿部·二0二下）麟（二0二下）麢（二0二下）麠（二0三

上）丽（二0三上）。（共五字）

獜（犬部·二0五上）戾（二0五上）猎（二0五上）獠（二0五下）类（二0五下）狼（二0六上）。（共六字）

鼲（鼠部·二0六下）。（共一字）

尞（火部·二0七上）烈（二0七下）熮（二0七下）閃（二0七下）烂（二0八下）炼（二0九上）燫（二0九上）燎（二0九上）烙（二一0下·附）。（共九字）

粦（炎部·二一0下）粦（二一0下）。（共二字）

黸（黑部·二一一上）。（共一字）

竂（炙部·二一二下）。（共一字）

尥（尣部·二一四下）尳（二一四下）。（共二字）

立（立部·二一六上）竦（二一六上）羸（二一六下）。（共三字）

鹼（卤部·二一六下）。（共一字）

虑（思部·二一七上）。（共一字）

憭（心部·二一七下）惀（二一八下）憀（二一八下）惏（二二一上）懰（二二一下）憗（二二二下）怜（二二三下）懔（二二三下）。（共八字）

浪（水部·二二五下）涝（二二五下）洛（二二五下）潞（二二六上）泠（二二六上）溧（二二六下）溜（二二六下）澧（二二六下）淩（二二七上）泺（二二七上）灅（二二八上）灤（二二八上）涞（二二八下）浏（二二九下）漻（二二九下）澜（二三0上）沦（二三0上）滥（二三0下）洌（二三0下）沴（二三一下）濑（二三二上）灡（二三二下）欒（二三三上）砅（二三三下）潦（二三四上）泷（二三四上）漊（二三四上）溓（二三四下）泐（二三四下）沥（二三六上）漉（二三六上）瀾（二三六上）涼（二三六上）淋（二三七上）滝（二三七上）涑（二三七下）漏（二三七下）瀘（二三八上·附）（共三十八字）（《水部》："滝，涂也。从水从土龙声，读若陇。"徐铉作"又亡红切。"则滝有来母、微母两读）（《土部》重出）

淋（林部·二三九上）。（共一字）

粼（巜部·二三九上）。（共一字）

巤（川部·二三九下）。（共一字）

豂（谷部·二四0上）豅（二四0上）。（共二字）凛（仌部·二四0下）䏝（二四0下）冷（二四0下）溧（二四一上）瀨（二四一上）。（共五字）

雷（雨部·二四一上）靁（二四一上）䨓（二四一下）零（二四一下）霝（二四一下）霖（二四一下）靁（二四一下）扇（二四一下）露（二四二上）。（共九字）

鮝（鱼部·二四二下）鮥（二四三上）鲤（二四三上）鱶（二四三上）鳢（二四三上）鲢（二四三上）鱺（二四三下）鳢（二四四上）鱋（二四四上）鱸（二四四上）鱳（二四四下）鳞（二四四下）鲶（二四五上）。（共十三字）

龙（龙部·二四五下）龘（二四五下）。（共二字）

卤（卤部·二四七上）。（共一字）

闾（门部·二四八上）阆（二四八上）阑（二四八下）闟（二四九上）。（共四字）

联（耳部·二四九下）聊（二四九下）聆（二五0上）聋（二五0上）。（共四字）（本版聋字作“虚红切”，校之他本，则“卢红切”之误）

捡（手部·二五一上）拉（二五一下）擸（二五一上）攋（二五二上）捋（二五二下）撩（二五二下）掄（二五二下）搂（二五四上）攣（二五五上）扐（二五六上）捼（二五六下）护（二五七上）掠（二五八上·附）。（共十三字）（本版“扶，勑粟切”，校之他本，作蔌粟切”。故不录）

嫑（女部·二六0下）嫽（二六0下）孋（二六一上）娽（二六三上）娈（二六三上）嫪（二六三上）婪（二六四上）嬾（二六四上）婁（二六四下）嬚（二六四下）嫠（二六五上·附）。（共十一字）

戮（戈部·二六六下）。（共一字）

匲（匚部·二六七下）。（共一字）

䲢（甾部·二六八下）。（共一字）

瓴（瓦部·二六九上）甋（二六九上）。（共二字）

盭（弦部·二七0下）。（共一字）

绺（糸部·二七一下）纇（二七一下）缭（二七二下）纚（二七二

下）练（二七三上）绫（二七三下）綠（二七三下）綟（二七四上）（《糸部》："纶，青丝绶也。从糸仑声。"徐铉作古还切，则许慎时读来母，徐铉时见母，今普通话读为 lún，guān 二音，如来、见二母，二七四下）缕（二七五上）累（二七五下）縭（二七五下）络（二七六下）纑（二七七上）纑（二七七上）緉（二七七下）。（共十五字）

（《素部》："䋖，素属。从素率声。"徐铉作所律切。则许慎时至徐铉俱属山母，今普通话读作"lù，如来母）（二七八上）。

蝼（虫部・二八0上）䗯（二八0上）蜋（二八0上）蠃（二八0下）蠕（二八0下）蛚（二八一上）蛉（二八一上）蜋（二八一上）蛶（二八一上）蜦（二八一下）蠊（二八一下）蛎（二八二上）蟉（二八二上）蜽（二八二下）。（共十四字）

蠡（䖵部・二八四上）。（共一字）

飙（风部・二八四下）飂（二八四下）颲（二八四下）飕（二八四下）。（共四字）

（《蟲部》："䗻，蟲也，从蟲門声。"徐铉作武巾切，许慎在澄母，徐铉在微母，今普通话读 lìn，如来母）。

卵（卵部・二八五下）。（共一字）

墟（土部・二八六下）垄（二八六下）墤（二八七上）埒（二八七上）墚（二八七上）垒（二八八下）塿（二八九上）垄（二八九上）。（共八字）

里（里部・二九0下）釐（二九0下）。（共二字）

畱（田部・二九0下）疄（二九一上）略（二九一上）留（二九一上）。（共四字）（《田部》："略，经略土地也，从田各声。"徐铉作乌约切，或误。《唐韵》及段本皆作离约切。今普通话读 lüe，如来母）（二九一上）。

力（力部・二九一下）勴（二九二上）勑（二九二上）勠（二九二上）勵（二九二下）劣（二九二下）劳（二九二下）。（共七字）

镣（金部・二九三下）链（二九三下）镂（二九四上）鏐（二九四上）録（二九四上）錬（二九四上）鑸（二九四下）鑪（二九五上）鏞（二九五下）鐮（二九六上）鑢（二九六下）锊（二九六下）铃（二九六下）鏐（二九七下）銮（二九八上）锒（二九八上）鐳（二九八下）

铬（二九八下）镏（二九八下）。（共十九字）

斱（斤部 · 三 00 上）。（共一字）

料（斗部 · 三 00 上）。（共一字）

矝（矛部 · 三 00 下）。（共一字）

輬（车部 · 三 0 一上）辂（三 0 一下）軨（三 0 一下）轑（三 0 二上）轢（三 0 二下）轮（三 0 三上）辇（三 0 三下）辚（三 0 三下 · 附）。（共八字）

陵（𨸏部 · 三 0 四下）阞（三 0 四下）陆（三 0 五上）㵳（三 0 五上）陋（三 0 五上）陇（三 0 六上）隃（三 0 七上）。（共七字）

厽（厽部 · 三 0 七上）絫（三 0 七上）垒（三 0 七上）。（共三字）

六（六部 · 三 0 七下）。（共一字）

离（内部 · 三 0 八上）。（共一字）

乱（乙部 · 三 0 八下）。（共一字）

了（了部 · 三一 0 上）。（共一字）

醽（酉部 · 三一二上）醴（三一二上）醪（三一二上）醂（三一二上）醨（三一三上）酹（三一三下）醇（三一三下）酪（三一三下 · 附）。（共八字）。

据上述统计，大徐本《说文解字》以徐铉所确认情况来看，共有 619 个来母字，涉及 147 个部首。所指的“徐铉所确认”，是指其反切上字为来母的情况。陕西理工学院文学院刘忠华先生统计为 602 个，但注明“统计时不计重文、异体和新附字”。因为我们要讨论来母的发展，所以举凡徐铉所注明反切上字为来母的，即全部收录。

统计时，我们又以普通话声母是 l [1] 为标准，附录了《鼓部》的“鼗（一 0 二上）”一字（此部未计入 147 相关部首数内）；《木部》附入了“枪（一一五上）”，“桴（一一六下）”，“杝（一二一上）”三字；《贝部》“赁（一三一上）”一字；《人部》“伦（一六四上）”一字；《衣部》“裗（一七一下）”一字；《尸部》“屡（一七五上）”一字；《水部》“塗（二三七上）（此字《土部》重现）一字；《糸部》“纶（二七四下）”一字；《素部》“䌛（二七八上）”一字（此部未计入 147 相关部首数内）；《䖵部》“䗊（二八四上）”一字（此部未计入相关部首数内）；《田部》“略（二九一上）”一字。共计 11 部 13 字。这些字徐铉反切不作为来母字，而普通话读如来母，故附入。

来母字的存在，在大徐本《说文解字》中，显示出十分重要的地位：在汉代（许慎时代），来母字处于汉语表意体系中最重要的内容和责任单位之一：619 字占全部 9353 字的 6.62%，占十五分之一弱。按后人的研究，以古声三十二声母（王力）情况来看，一个声母占有如此高的比例（说明只是有记录的文字符号数而不是有声语言中的计算，目前还没有技术复原古语音），至少表明，来母字在许慎时代的使用频率（整体的）很高。如果按古声十九纽来统计，情况就更加突出。因为对语义表达的作用巨大，对汉语语音的影响和作用巨大。但同时，由于来母字数量大，因而与其他声母和语音各要素的接触面和接触机会更大更多，从而受到生存影响和冲击的可能性也就更大。

二　从许慎时代到徐铉时代来母字的生存和发展变化

为了对来母字从许慎时代到徐铉时代（此后举凡徐铉时代我们径直称徐铉，犹如称许慎时代为许慎。称徐铉大致指《唐韵》至徐铉生活时期）的变化给予具体分析，我们以来母字为核心，将同声符的字全部汇集起来进行纵横对比，这样，我们可以理论地提出同一时代同一声符的声母区别状况，也可以类比不同时代同声符字的声母区别与同一的状况。我们这里所说的不同时代，其实是极其概括的三个点：一是许慎《说文解字》时代；二是徐铉《说文解字》反切音注时代；三是当前甘谷话音读时代。当然，我们明白这种点状的研究，绝不能代替来母字整体的历史发展状况。因为语音这东西，除了时代不同而不同，还有区域不同而不同。纵向数千至数万年，横向大小不同的区域众多，所以我们的三点式研究的确不能指称为“来母字的历史和现状”。但是，这样的研究，由于建筑在确实的文字材料存在和当前现存鲜活的甘谷话基础之上，因而在自己的研究本身，却是可靠的。

另外，为了能对许慎时代（其实还可能包括了自汉字成系统以来的很长时期）和徐铉时代（其实还包括了唐代——徐铉是据“孙愐《唐韵》加注反切于每字之下”的）的不同进行比较（徐铉用《唐韵》给《说文解字》每字加注，因此，“与汉人读音不符”，[1] 因为不符，便可据以分析不同），我们假设：凡《说文解字》析为形声字中声符相同的，我们假定为在许慎时代（包括以前）是完全同音的，即声、韵俱同。（我们知道汉代已可能决非如此，但先假定为完全同音，同声符的字才有权利汇集为一个类，而且这样假设后并不破坏许慎时汉字声母的原貌（因为整体存在于自己的原位），但却方便于描述这些同声符字在徐铉时代声母的不同。从工作重心上看，我们以《说文解字》许慎说为绝对核心和重点，以徐铉音注为次重点，以今甘谷话读音为佐证开展考察。这样，即使我们采集的今甘谷话音，又出现一些与许慎、徐铉原义（意）不相吻合的情况，也就不致影响基本质量，也可以免去仅用一个县域方言为证所带来的负面影响。

最后我们还有一个规定，即规定许慎《说文解字》时某字的声母，可以按后人的研究成果确认。因为我们的工作不是确认某字归属于某个声母。而是用既有成果来认定许慎时的声母后，再与徐铉时代和甘谷话今天的读音进行比较，由此希望能对一些同声符现象予以解释，并展示来母字的生存状况研究为目的。

下面我们据此进行归类和分析，并对它们在甘谷话中的读音予以描述。

《说文解字》大徐本来母字同声符字集的声母分析如下：

（一）史：《史部》“史，记事者也，从又持中。中，正也。”山母（依王力先生划分）。

“史”谐声之字二级二类共5字（我们将谐声之字分为不同层级，一方面是想让同声类字的发展顺序有一个明确展示，级数越高，必然证明其越晚出，另一方面也便于分析不同层次上的声母存在状况。分级的依据，是许慎明确指出“x声”“x亦声”的字的归类）：

一级一类2字：

史，疏土切；

吏“从一，从史，史亦声。”力置切。

事，“从史，之省声，”钼史切。

---

① 殷韵初：《说文解字》1963年影印本《前言》。

二级一类 4 字：

吏（见上）

使“从人吏声。”疏土切；

驶（新附字）“从马，吏声，”疏吏切。

䶘“从𡿺，吏声。”疏吏切（“吏”字在二级中重出，只是为了确定二级字声符的地位。三级、四级类此。后同不赘）。

其中“史使驶䶘”四字，徐为山（审二）母；“吏”字，徐为来母。今甘谷话读（作“今甘谷话”的原因，是想强调甘谷话是处于历史变化中的概念，即有古甘谷话，今甘谷话之意味。而作“甘谷话今读 xx”者，则将甘谷话作为一个固定不变的概念，与语言事实不符。后即由此作“今甘谷话读作”为辞）“史使驶”三字为［sɿ⁵¹］，与山（审二）母字其他字的语言继承规律吻合。“䶘，列也”，今甘谷话不用，无此字。“吏”甘谷话读作［li⁵⁵］，与其他来母字同。

由是，“吏”谐音之字，后分为山（审二）母和来母。其中作为山（审二）母的，应该是“史”类字的本音无疑，“吏”之为来母，虽然在形式上“史”类字为山、来二母，但因为只有一字，我们不能认为是“史”类由上古的一个声母（我们假定为山（审二）母）从音质的角度分化为山（审二）母和来母。对此，我们认为，有一种可能是存在的，即“史”作为从声音相同的角度（我们先假定为相同，而不是声音相近）去帮助制造新字时，古人可能更看重（感觉到）于韵母，而可能会忽略声母的相同。因为从两者声音像不像的角度考虑，韵母是优先的，声母却可以是允许有模糊感的。具体而言，史，疏士切，于徐铉看来，是属于之部的；吏，力置切，是属于志部的，感觉上可能是比较远的。可是，在许慎看来，史和吏声音是极像的（据后人的研究，在上古音中，史属于之部，置吏属于职部，是阴入相配的位置）。而这极像的原因，首要和优先的因素是韵的相同感。因为最简单和直接的理由是，声音相同才能成为声符。

所以，我们的一个工作原则是：一个声符大类里，三个以下的字同声符不作为声母分化的依据，（因为有声母与声符字脱节（无关）的可能）而只作为一种选字现象予以考虑。

对于这一现象，崔枢华先生具体而微地指出：“‘吏’以‘史’为声符，说明造字时它们在声音上没有明显的变化，也就是说，在声音上没有任何证据能够证明它们之间有什么区别，相反却有足够充分的理由可以说明它们当时的读音是完全相同或非常接近的。”[①] 这是正确的。但是，我们知道，形声这一造字法，就是用声音相同或相近的字帮助造新字的。但在选用这个声符时，由于那时的汉字，本字数量有限，找完全同音的字虽然理想但却难以保证。因此只能选一些相近的。什么是相近的？绝大多数情况下是韵母相同（因为同韵字多，现在人们知道，一个字可以没有音质学上的声母，尤其是辅音声母，但却必须有韵母），而声母却是类似（部位或方法相同即可）的字，所以，“史”作为“吏”的声符，一开始就存在二字声母并不相同的可能性。

这种认识十分重要，因为随着我们具体分析的不断展开，声母与声符之间的统一性和不相谐性的同时存在，只能用声符谐韵不谐声去解释才行。如果一味坚持造字时声母的同一性，一个后代声母的来源表述便是一件可怕又荒唐的事情，也显然是不可靠的事情，比如来母字，如果一定要坚持造字时声符与本字声母的绝对一致，则唐宋时来母字就必须来源于几乎所有其他声母的分化！这肯定不符合语言发展事实。因此，在后面的工作中，我们对一个声符体系分析时，会专门对来母字的数量与反切及韵母（为了说明造字时韵母的作用，我们标注了上古韵部归类）进行标注，以表示上述观点。

“史”类（指声母类别，下同）至徐铉时，分为2类：

山（审二）母：史使驶䭸（之部）

来母：吏（职部）

之所以标注上古韵部而不标注中古韵归属，是因为古人用谐声造字十分重视韵母的一致。标注出该字的上古韵部，有利于我们对声母在谐声字中所起作用的判断。中古韵归属已无此作用，故不标。

“史”类字今甘谷话读为两类：（由于我们讨论的主题是声类，所以我们用辞只以“类”字，而不再赘用“声母”“声组”字，后同）

[s]：[$sʅ^{51}$] 史使驶。

[l]：[li^{55}] 吏

① 《〈说文解字〉声训研究》，崔枢华，华东师范大学出版社2009年版。

“史”类字来母字只有一个，因此不作为来母的声母来源类，而只认为来母字中有一字来源于“史”类，原因是谐声时音韵母轻声母，作来母是一种偶然。换句话说，“史”类字的存在现状，不能说明山母与来母同源。故不以为例。

（二）豊《豆部》“豊，行礼之器也，从豆，象形”。来母。

“豊”谐声之字一级一类共6字：

豊，“象形，读與禮同”，卢启切；

禮，“从示、从豊，豊亦声”，灵启切；

澧，“从水，豊声”，卢启切；

鱧，“从鱼，豊声”，卢启切；

醴，“从酉，豊声”，卢启切；

體，“从骨，豊声”（《释名》：“禮，體也”。刘熙，汉代人，则彼时“體”或亦读如“禮”。“禮”读如“體”），他礼切。

“豊”类字至徐铉分为两类：

来母：豊澧醴禮鱧（脂部）；

透（彻）母：體（之部）。

（我们知道徐铉引用为《唐韵》，属于中古音。但为了便于观察，自许慎到徐铉时声母的变化与稳定状况，我们利用后人的研究成果，将徐铉声母换算成上古音（但方家们仍然一目了然地看出徐铉时声母）来表述，后同）。

豊类字今甘谷话读为两类：

［l］：［li^{51}］豊澧醴，［li^{51}］禮鱧。

［tɕʻ］：［$tɕʻi^{51}$］體。

豊类字以来母为主，只有一个透母字，循例，不能由此认为来母、透母同源，故不以为例（凡是一个谐声字组俱属来母没有分歧，或者有不同声母出现，但用例不足3个，我们都不当作讨论来母与非来母关系的用例，对此，我们以“不以为例”“不予讨论”“不存在讨论对象”为辞。下同）。

（三）录《录部》“录，刻木录录也。”来母。

“录”谐声之字一级一类共16字：

录，“象形”，卢谷切；

禄，“从示，录声”，卢谷切；

菉，“从艸，录声”，力玉切；

箓，“簏，或从录，”作箓，卢谷切；

䕡，“麓，古文从录”，作䕡，卢谷切；

渌，“漉，或从录”，作渌，卢谷切；

趢，“从走，录声”，力玉切；

逯，“从辵，录声”，卢谷切；

睩，“从目，录声，读若鹿”，卢谷切；

碌，“从石，录声”，卢谷切（新附字）；

覼，“从见，录声”，力玉切；

娽，“从女，录声”，力玉切；

録，“从金，录声”，力玉切；

绿，“从糸，录声”，力玉切；

剥，“从刀，从录”，“ 录亦声”，北角切；

髴，“从髟，录声”，芳未切。

“录”类字至徐铉分为3类：

来母：录禄箓䕡渌睩碌覼菉趢娽録绿逯（屋部）；

帮（非）母：剥（屋部）；

滂（敷）母；髴（物部）。

“录”类字今甘谷话读为2类：

［1］：［lv^{214}］/［$lʋ^{214}$］录緑（又读［$liou^{214}$］）碌録禄逯（其余诸字今甘谷话不用）。

［p］［$pɤ^{214}$］：剥。（今甘谷话髴字不用）。

录类字以来母为主，帮（非）、滂（敷）母字各一，循例不能认为来母与帮（非）、滂（敷）母同源，故不以为例。

（四）頪《頁部》“頪，难晓也。从頁，米。一曰鲜白皃，从粉省”。来母。

“頪”谐声之字二级二类共4字。

一级一类共3字：

頪，“从頁、米”，卢对切；

類，“从犬，頪声”，力遂切；

纇，“从糸，頪声”，卢对切；

二级一类共2字：

類，见上；

禷，“从示，類声”，力遂切；

“類”类字至徐铉读为1类：来母：頪纇禷（物部）。

“頪”类字今甘谷话读为1类：

[l]：[luai55] 類，其余诸字今甘谷话不用。

類类字俱属来母，不存在不同声母间的比较与联系。

（五）丣　后世楷书“卯”字实分为三字，一为卯（卯），“冒也”，十二地支中“卯”即此，“昴”从此音，属明母。一为卯（卯），“事之制也”，“卿”从此音，属溪母。一为丣（卯），“就也”，即“酉”古文所从，余（喻四）母，“柳”字从此音。此处用丣（卯），而《说文》无此字。

“丣（卯）”谐声之字二级四类共21字。

一级一类共7字：

丣（酉），“象古文酉之形”，与久切；

珋，“从玉，丣声”，力求切；

茆，“从艸，丣声”，力久切；

柳，“从木，丣声。丣，古文酉”，力九切；

劉，《金部》鐂字下：“徐锴曰：‘《说文》无劉字，此字又史、传所不见，疑此即劉字也。从金从丣，刀字屈曲，传写误作田尔’。”力求切。（因反切与留字同、与柳字近。疑劉字从丣声。故列入此）。

留，“从田，丣声”，力求切（《诗·秦风·小戎》有“骐駵”，駵正从马丣声）。

貿，“从貝，丣声”，莫候切（“貿”字大徐本从丣，而段注本从卯，即从卯声。但大徐本如此，又幽、候部近，故列此）。

二级一类共13字：

畱，见上。

褶，“从示，畱声”，力求切；

鷚，“从鳥，畱声”，力求切；

瘤，“从疒，畱声”，力求切；

騮，“从马，畱声”，力求切；

鼦，“从鼠，畱省声”，力求切；

鐂，见“劉”字，力求切；

罶，“从网、畱，畱亦声”，力九切；

餾，“从食，畱声”，力救切；

廇，“从广，畱声”，力救切；

溜，“从水，畱声”，力救切；

霤，“从雨，畱声”，力救切；

擂，“从手，畱声”，敕鸠切。（擂，或作抽、搊）

二级二类 3 字：

劉，见上。

篘，“从竹，劉声”，力求切；

瀏，“从水，劉声”，力久切。

二级三类 2 字：

貿，见上；

鄮，“从邑，貿声”，莫候切。

附一级一类 5 字：

酉，见前；

酒，“从水、从酉，酉亦声”，子酉切；

槱，“从木、从火，酉声”，余救切；

醜，“从鬼，酉声”，昌九切；

庮，“从广，酉声”，与久切；

“丣”类字至徐铉分为 6 类：

来母：珋畱鶹瘤騮鼦鐂劉篘柳擂餾廇溜霤罶（幽部）茆瀏（之部）；

余（喻四）母：酉庮（之部）槱（幽部）；

明母：貿鄮（侯部）；

精母：酒（酒在幽部，久在之部）；

彻母：擂（幽部）；

昌（穿三）母：醜（幽部）。

“丣”类字今甘谷话分读为 5 类：

[1]：[liou^{35}] 畱劉，[liou^{55}] 瘤騮餾溜霤，[liou^{51}] 柳；

[j]：[jou^{51}] 酉，[jou^{214}] 擂（抽）；

[m]：[mau^{55}] 貿；

[tɕ]：[tɕiəu^{51}] 酒；

[tʂ‘]：[tʂ‘əu^{51}] 醜。

其余各字甘谷话今不用。

丣类字共区分为来母、余（喻四）母、明母、精母、透（彻）母、昌（穿三）母。其中余母用例有3字，来母18字，具备参与比较的预设条件，其余用例均不足3个。与此相应的考察标准还有：第一，进行对比联系的不同声母字组应以是否处于同一层次为先后顺序，处于同层级者优先；第二，发音部位相同者，可以合并考虑，后同。由此，则来母与余母有存在紧密关系的潜质。但由于几个声母用字以不在同一层级为主，因此，这种可能性遭到严重削弱。

在此，我们讨论一下"擂"在甘谷话中有关读音的一些问题。

许慎在《手部》讨论"擂"字时说，"引也，从手畱声。抽，擂或从由。抙，擂或从秀。"简单地看到，在许慎看来，同字不同谐声，则畱、由、秀三字应该是同音。现在我们分别予以讨论。

1. "畱"类。我们已在前面做了讨论。

2. 由类。

邮，"从邑，由声"，徒历切（后人以"邮"字代"郵"，"邮，左冯翊高陵，从邑，由声。"形声字，是地名；"郵，境上行书舍。从邑，垂。垂，边也"，羽求切。一为喻三母，一为定母，本不同纽，音义相异）；

油，"从水，由声"，以周切；

柚，"从木，由声"，余救切；

鼬，"从鼠，由声"，余救切；

苖，"从艸，由声"，徒历切，又他六切；

迪，"从辵，由声"，徒历切；

䌷，"从彳，由声"，徒历切；

笛，"从竹，由声"，徒历切；（徐锴曰：当从胄省乃得声）；

軸，"从車，由声"，直六切（徐锴曰：当从胄者）；

䛆，"从言，由声"，直又切；

胄，"从肉，由声"，直又切；

胄，“从月，由声”，直又切；

宙，“从宀，由声”，直又切；

袖，“俗褏，从由”，似又切；

岫，“从山，由声”，似又切。

“由”谐声之字的上述分布表明，至徐铉时分为5类：

定母：邮苖迪䌷笛（锡部）；

余（喻四）母：油柚鼬（幽部）；

澄母：軸（觉部）詘胄胄宙（之部）；

彻母：抽（搯）（幽部）；

邪母：岫袖（之部）。

从这种分布看出，定母和喻四古代声母相同，澄、彻二母近于知母，知母则古可通于定母；邪母一字或与喻母近所致。《说文》无“由”字，《广韵》作以周切，喻母四等，依后人研究成果，喻四与定母古通，定母又与澄母古通，故“抽”有可能读如澄母如［tʂ‘ou^{214}］，也可能读如喻母如［jou^{214}］。“由”类字今甘谷话分读为4类：

［tɕ‘］：［tɕ‘i^{35}］笛；［tɕ‘jv^{35}］轴；

［j］：［jou^{214}］抽；［jou^{35}］油；

［ɕ］：［ɕiəu^{35}］袖；

［tʂ］：［tʂəu^{55}］宙胄。

其余诸字今不用。由此，甘谷话读“抽”如“油柚”，深合古意。

3. 秀类。

秀，象形，息救切；

琇，“从玉，莠声”，息救切；

透，“从辵，秀声”，他候切，新附字；

莠，“从艸，秀声，读若酉”，与久切；

搊，敕鸠切。

“秀”类字至徐铉时，分为4类：

心母：秀琇（幽部）；

余（喻四）母：莠（之部）；

透母：透（候部）；

彻母：搊（搯）（幽部）。

如果用喻四、定母、知母古属同组的观点来看，也与“由”类大致相同。亦知甘谷话今读“抽”如“由”，是古音的保留。

“秀”类字今甘谷话分读为 3 类：

[j]：[jou^{214}] 琇（抽）

[tʻ]：[tʻou^{51}] 透

[ç]：[çiəu^{55}] 秀莠，“琇”字今不用。

（六）林《林部》“林，平土有丛木曰林。从二木。”来母。

“林”谐声之字二级一类共 13 字。

一级一类 12 字：

林，“从二木”，力寻切；

禁，“从示，林声”，居荫切；

琳，“从玉，林声”，力寻切；

痳，“从疒，林声”，力寻切；

淋，“从水，林声”，力寻切；

霖，“从雨，林声”，力寻切；

菻，“从艸，林声”，力稔切；

惏，“从心，林声”，卢含切；

綝，“从糸，林声”，丑林切；

郴，“从邑，林声”，丑林切；

婪，“从女，林声”，“读若潭”，卢含切；

罧，“从网，林声”，所吟切。

二级一类 2 字：

禁，见前；

噤，“从口，禁声”，巨禁切。

“林”类字至徐铉时分为 4 类：

来母：林琳痳淋霖菻惏婪（侵部）；其中“婪”许慎明言“读若潭”，潭则为定母、侵部。则是许慎认为“婪”虽然“从林声”，但声母与“林”不同，故特别指出“读若潭”？如是，则许慎之形声字，更注重韵母的一致，但倒过来，没有特别强调者，是否意味着声、韵完全一致？具体而论，“婪”在许慎时“读若潭”，是不是只强调同韵而不计声母？

见母：禁噤（侵部。徐铉作“巨禁切”，在群母）；

透（彻）母：綝郴（侵部）；

山（审二）母：罧（侵部）。

“林”类字至徐铉，虽声母有区别，韵母却保持了一致。

“林”类字甘谷话今读分3类：

[l]：[lin^{35}] 林琳；[lin^{55}] 淋霖；[lan^{35}] 婪；

[tʂ ‘]：[tʂ ‘$ən^{55}$] 郴；

[tɕ]：[$tɕin^{55}$] 禁。

其余诸字今甘谷话不用。

林类字由来母谐声，分为来母、见母、透（彻）母、山（审二）母，但除了来母，其余用例皆不足3例，故不作同源可能性的比较。但其中“婪”字来母，而许慎明谓“读若潭”是定母、来母同字（或此字谐声韵母如“潭”）。

（七）尞《火部》“尞，柴祭天也。从火从昚。昚，古文慎字，祭天，所以慎也。”来母。

“尞”谐声之字二级二类共22字。

一级一类21字：

尞，“从火从尞”，力照切；

璙，“从玉，尞声”，洛箫切；

遼，“从辵，尞声”，洛箫切；

鷯，“从鳥，尞声”，洛箫切；

膫，“从肉，尞声”，“膋，膫或从劳省声”，洛萧切；

簝，“从竹，尞声”，洛萧切；

獠，“从犬，尞声”，力昭切；

撩，“从手，尞声”，洛萧切；

嫽，“从女，尞声”，洛萧切；

墽，“从土，尞声”，力沼切；

鐐，“从金，尞声”，洛萧切；

僚，“从人，尞声”，力小切；

燎，“从火，尞声”，力小切；

繚，“从炙，尞声，读若䰗燎”，力照切；

憭，“从心，尞声”，力小切；

繚，“从糸，尞声”，卢鸟切；

療，“𤻲，从疒，樂声。療，𤻲或从尞”，力照切；

寮，“从穴，尞声”，洛萧切；

橑，“从木，尞声”，卢浩切；

潦，“从水，尞声”，卢皓切；

轑，“从車，尞声”，卢皓切；

二级一类 2 字：

橑，见前；

𧅬，“从艸，橑声”，“蓼，𧅬或从潦”，卢皓切。

“尞”类字至徐铉时俱属来母：

来母：尞潦燎僚遼繚鷯墽鐐憭璙簝撩嫽膫療鐐（宵部）橑潦轑（幽部）繚僚遼（宵部、幽部）（萧、箫二字徐铉作苏彫切，是在幽部；彫，都僚切，僚又在宵部。则幽、宵二部关系密切可通）。

“尞”类字今甘谷话读作一类：

[l]：[liau35] 尞遼撩療僚燎繚，[liau51] 燎（两读，又阳平），[liau214] 憭。

尞类字由来母谐声，又俱属来母，无以比较同异和共源。其余字今甘谷话不用。

（八）毄《殳部》“毄，相擊中也。如車相擊，故从殳从軎”见母。

“毄”谐声之字二级二类共 10 字。

一级一类 9 字：

毄，古歷切；

𤫊，“从玉，毄声”，郎击切；

虩，“从虎，毄声”，古覈切；

𦼮，“从艸，毄声”，古历切；

槧，“从木，毄声”，古诣切；

擊，“从手，毄声”，古历切；

繫，“从糸，毄声”，古诣切；

墼，“从土，毄声”，古历切；

轚，“从車，从毄，毄亦声”，古历切。

二级一类 2 字：

繫，见前；

蘻，“从艸，繫声”，古诣切。

“毄”类字至徐铉分为 2 类：

来母：鏧（锡部）；

见母：蔜擊墼罊瞉（锡部）檕繫蘻（脂部）。

“毄”类字今甘谷话只有一类：

［tɕ］：［tɕi^{214}］擊墼；［tɕi^{55}］繫。其余字今甘谷话不用。

毄类字由见母谐声分为见母、来母两类，但来母字只有 1 个，不能作为讨论见来二母之间关系的用例。

（九）來《來部》“來，周所受瑞麥來麰，一來二縫，象芒朿之形。天所來也。故为行來之來。《詩》曰：‘詒我來麰’。”來母。

“來”谐声之字二级二类共 14 字。

一級一类 12 字：

來，洛哀切；

婡，“从玉，來声”，落哀切；

萊，“从艸，來声”，洛哀切；

犛，“从犛省，來声”，洛哀切；

秾，“从禾，來声”，洛哀切；

騋，“从馬，來声”，洛哀切；

淶，“从水，來声”，洛哀切；

睞，“从目，來声”，洛代切；

賚，“从貝，來声”，洛带切；

覙，“从見，來声”，洛代切；

勑，“从力，来声”，洛代切；

猌，“从犬，來声，读又若银”，鱼僅切。

二级一类 3 字：

猌，见上；

憖，“从心，猌声”，魚覲切；

鰲，“从魚，猌声”，力珍切；

“來”类字至徐铉分为 2 类：

来母：來婡萊犛秾騋淶（之部/微部）、賚（月部）、睞（之/职部）、覙勑（职部）；綦（真部）（“带”在月部，则賚又可在月部，“賚”字王力归之部；來萊二字王力归之部，哀字又在微部）；

疑母：粖憖（文部）。

“來”类今甘谷话分读2类：

[l]：[laI[35]] 來萊勑；

[j]：[jin[51]] 粖。

其余诸字甘谷话今不用。

“來”类字上述发展过程中存在的问题，是作为之部的“來”为声符的“粖”，声、韵俱变。来母与疑母关系密切（后详论），而之部与文部则相去甚远，或彼时已有方言前后鼻音不分，故将阴阳对转后当转入蒸部的字转读入文部中去了。來类字由来母谐声，分为来、疑二母，但疑母只有2字，不能作为讨论来、疑二母关系的用例。

（十）剌《朿部》“剌，戾也。从朿从刀。刀者，剌之也。”来母。

“剌”谐声之字二級二类共12字。

一级一类6字：

剌，卢达切；

瑓，“从玉，剌声”，卢达切；

楋，“从木，剌声”，卢达切；

瘌，“从疒，剌声”，卢达切；

帠，“从巾，剌声”，卢达切；

賴，“从貝，剌声”，洛带切。

二级一类7字：

賴，見上；

籟，“从竹，賴声”，洛带切；

瀨，“从水，賴声”，洛带切；

瀨，“从仌，賴声”，洛带切；

獺，“从犬，賴声”，他达切；

嬾，“从女，賴声”，洛旱切；

鱱，“从鱼，賴声”，洛带切。

“剌”类字至徐铉分为2类：

來母：剌瑓楋瘌帠（月部）賴籟瀨瀨鱱（月部），嬾（元部）；

透（彻）母：獭（月部）。

“剌”类字今甘谷话分读为2类：

［l］：［la^{214}］剌；［laI^{55}］瘌赖籁；［lan^{51}］嬾；

［t ‘］：［t ‘a^{214}］獭。

剌类字由来母谐声，共分为透（彻）母、来母二类，但透（彻）母只有1字，不能作为讨论来母透（彻）母之间关系的用例。

（十一）吕《吕部》：“吕，脊骨也。象形。昔太岳为禹心吕之臣，故封吕侯，”“膂，篆文吕从肉从旅”。来母。

“吕”谐声之字一级一类共6字。

吕，力举切；

梠，“从木，吕声”，力举切；

侣，“从人，吕声”，力举切（新附字）；

閭，“从門，吕声”，力居切；

筥，“从竹，吕声”，居许切；

莒，“从艸，吕声”，居许切。

“吕”类字至徐铉时分为2类：

來母：吕梠侣閭（鱼部）；

見母：筥莒（鱼部）。

“吕”类字今甘谷话仅读为一类：

［tɕ］：［$tɕy^{51}$］吕侣閭莒。其余诸字今不用。

我们已撰文认为，从甘谷话和一些上古文献资料来看，古见母、来母可能有通用的时期，如果可能的话，“吕”类还有可能包括一个“躳”字。《吕部》“躳，身也，从身从吕”，即当作“吕亦声”，“吕”与见母字可通。如果这样，“躬躳或从弓”，以“弓”代替“吕”的位置更有理由。而这样一来，“宫，从宀躳省声”亦可作“从宀吕声”，似乎更直接一点（而今甘谷话中“吕”类字都读作［tɕ］（似见母），只有见来同母才能解释）。

问题是，虽然以见母、来母古同纽的观点来看《说文》诸字解释更合理，但它们有可能同纽吗？

吕类字由来母谐声，分为见母、来母二类，但见母只有2字，因此不能作为讨论见、来二母关系的用例。

（十二）翏《羽部》：“高飞也。从羽从㐱”。来母。

“翏”谐声之字二级三类共32字。

一级一类30字：

翏，力救切；

蟉，“从虫，翏声”，力幽切；

𤳹，“从田，翏声”，力求切；

鏐，“从金，翏声”，力幽切；

雡，“从隹，翏声”，力救切；

鷚，“从鳥，翏声”，力救切；

飂，“从風，翏声”，力求切；

瘳，“从疒，翏声”，敕鸠切；钱大昕《声类·释诂》：“瘳，差也”，自注：“上彻下穿”。声纽不同而变转。由此可知，此字“翏声”而“敕鸠切”，属于偶然变化所致；

嘐，“从口，翏声”，古肴切；

膠，“从肉，翏声”，古肴切；

僇，“从人，翏声，读若雡”，力救切；

戮，“从戈，翏声”，力六切；

璆，“球，从玉，求声。璆，球或从翏”，巨鸠切；

蓼，“从艸，翏声”，卢鸟切；

熮，“从火，翏声”，洛萧切；

憀，“从心，翏声”，洛萧切；

漻，“从水，翏声”，洛萧切；

䜍，“从谷，翏声”，洛萧切；

郻，“从邑，翏声”，卢鸟切；

廖，“从广，未详，当是省廫字尔。力救切。”（新附字）（从翏声亦可，故列一级，亦列二级）；

謬，“从言，翏声”，靡幼切；

樛，“从木，翏声”，吉虯切；

摎，“从手，翏声”，居求切；

繆，“从糸，翏声”，武彪切；

闟，“从門，翏声”，力求切；

穋，“稑，从禾，坴聲”，“穋，稑或从翏”，力竹切；

⿰犭翏，“从犬，翏声”，火包切；

勠，“从力，翏声”，力竹切；

醪，“从酉，翏声”，鲁刀切；

嫪，“从女，翏声”，郎到切。

二级一类 2 字：

漻，见前；

⿱漻皿，“从皿，漻声”，古巧切。

二级二类 3 字：

膠，见前；

廖，见前；

廫，“从广，膠声”，“臣铉等曰：‘今别作寥，非是’。洛萧切。（是徐铉时已有“寥”字）。

“翏”类字至徐铉分为 7 类：

来母：翏雡⿰身翏僇廫蟉⿰目翏鏐飂⿵鬥翏熮憀漻⿰彳翏（幽部）；穋勠戮（觉部）廫蓼鄝醪嫪（宵部）；

见母：⿱漻皿嘐膠（宵部）樛摎（幽部）；

透（彻）母：瘳（幽部）；

群母：璆（幽部）；

明（微）母：謬繆（幽部）；

晓母：⿰犭翏（幽部）。

“翏”类字今甘谷话分读为 4 类：

［l］：［liau^{51}］寥（廫），［liau^{35}］廖，［lau^{35}］醪，［ljv^{35}］戮；

［m］：［miəu^{55}］謬；两读。又见下；

［tɕ］：［tɕiau^{214}］膠，［tɕiəu^{55}］謬；

［tɕ‘］：［tɕ‘iəu^{214}］璆。

其余诸字今甘谷话不用。

“翏”类字最显著的特征在于来母与见母字的关系。以“翏”为声符的字，到徐铉时，读来母的 21 字，读见母的 5 字。则就“翏”谐声字而言，徐铉时的见母、来母的关系很可能说明二者在上古同纽。至少在这一类字的声母关系中如此。甘谷话中至今保留的一些古音标本也是有力的佐证（后论）。

（十三）東《東部》："東，動也，从木。官溥说从日在木中。" 端母。

"東"谐声之字四级五类共 54 字。

一级一类 5 字：

東，得红切；

棟，"从木，東声"，多贡切；

涷，"从水，東声"，德红切；

凍，"从仌，東声"，多贡切；

蝀，"从虫，東声"，多贡切；

重，"从壬，東声"，柱用切。

二级一类 12 字：

重，見上；

歱，"从止，重声"，之陇切；

徸，"从彳，重声"，之陇切；

踵，"从足，重声"，之陇切；

腫，"从肉，重声"，之陇切；

種，"从禾，重声"，直容切；

憧，"从心，重声"，直陇切；

湩，"从水，重声"，多贡切；

緟，"从糸，重声"，直容切；

鍾，"从金，重声"，职容切；

動，"从力，重声"，徒总切；

童，"从辛，重省声"，徒红切。

三级一类 2 字：

動，见上；

慟，"从心，動声"，徒弄切（新附字）。

三级二类 17 字：

童，见上；

僮，"从人，童声"，徒红切；

憧，"从心，童声"，尺容切；

潼，"从水，童声"，徒红切；

鐘，“从金，童声”，“銿，鐘或从甬”，职茸切；

撞，“从手，童声”，宅江切；

轒，“从車，童声”，尺容切；

董，“从艸，童声”，多动切；

犝，“从牛，童声”，徒红切；

曈，“从日，童声”，徒红切（新附字）；

橦，“从木，童声”，宅红切；

瘇，“从疒，童声”，時重切；

穜，“从禾，童声”，之用切；

罿，“从网，童声”，尺容切；

疃，“从田，童声”，士短切；

衝，“从行，童声”，昌容切；

龍，“从肉飞之形，童省声”，力钟切。

四级一类 22 字：

龍，见上；

瓏，“从玉，从龍，龍亦声”，力钟切；

蘢，“从艸，龍声”，卢红切；

嚨，“从口，龍声”，卢红切；

籠，“从竹，龍声”，卢红切；

櫳，“从木，龍声”，卢红切；

櫳，“从木，龍声”，卢红切；

曨，“从日，龍声”，卢红切（新附字）；

朧，“从月，龍声”，卢红切（新附字）；

龓，“从有，龍声，读若聾”，卢红切；

襱，“从衣，龍声”，“襩，襱或从賣”，丈冢切；

礱，“从石，龍声”，卢红切；

瀧，“从水，龍声”，力公切；

豅，“从谷，龍声，读若聾”，卢红切；

聾，“从耳，龍声”，卢红切；

蠪，“从虫，龍声”，卢红切；

壟，“从土，龍声”，力嵷切；

隴，“从自，龍声”，力钟切；

龐，“从广，龍声”，薄江切；

龏，“从廾，龍声”，纪庸切；

龔，“从共，龍声”，俱容切；

寵，“从宀，龍声”，丑垄切；

（附：讋，“从言龖省声。傅毅读若慴。”之涉切。“龖”从二龍，徒合切。故许慎如是）。

“東”类字徐铉时分读为 10 类：

端（知）母：東涷棟凍（东部）；

定（澄）母：動童慟僮潼犝曈重種憧緟撞橦襱（东部）；

透（彻）母：寵（东部）；

章（照三）母：蝩徸踵腫鍾鐘穜（东部）；

昌（穿三）母：憧幢罿衝（东部）；

崇（床二）母：疃（元部）；

禅母：瘇（东部）；

见母：龏龔（东部）；

并母：龐（东部）；

來母：龍瓏蘢嚨籠龒櫳曨朧鑨礱瀧襱聾蠪壟隴（东部）。

“東”类字今甘谷话分读为 7 类：

[t]：[tun^{214}] 東，[tun^{55}] 棟凍；

[t ‘]：[t ‘un^{55}] 動慟，[t ‘un^{35}] 童僮潼；

[tɕjv]：[tɕjvən^{51}] 腫種，[tɕjvən^{55}] 種穜，[tɕjvən^{214}] 鐘鍾踵；

[tɕ ‘jv]：[tɕ ‘jvən^{55}] 重憧，[tɕ ‘jvən^{214}] 衝，[tɕ ‘jvən^{51}] 寵；[tɕ ‘jvaŋ^{55}] 撞；

[k]：[kun^{51}] 龔；

[l]：[lun^{35}] 龍瓏朧礱聾壟，[lun^{51}] 籠隴；

[p ‘]：[p ‘aŋ^{35}] 龐。

其余诸字今甘谷话不用。

对于“東”类字，按我们的假设，此 54 字在上古是同声同韵的，但在当时，已经区分为四大类五小类。从后世来看，这四大类已可以简化为 4 类：東类、重类、童类、龍类（其中重类又细分为重类、動类两小类，但这两小类的关系极其直接，细分为两类只显示声符层级，不影响它们的相互认同），此4类大致又可粗略地归为端系、知系和来母系。而从统计学角度看，似乎只有龍类与来母有类。

这样，从许慎对文字梳理的结果看，这4类从声音上看是同源，即它们都源于“東”这个声音；而到了徐铉时代，这些字除了表现出韵母的相互认同（即使如此，也已经出现了元部、東部、冬部—“種”字分属東、冬二部——的不同），而声母层面已剧烈地区别为10种：端母、定母、透母、章母、昌母、崇母、禅母、见母、并母、来母。

如果我们将少于3字用例的声母认为是以韵为主的反切，声母只是随韵出现的或者是按后世读音为主而偶现的，可以看出“東”类字至徐铉时代分读为端母、定母、章母、昌母、来母5类。而这样的分别，如果从東、重、童、龍4个类反观过去，特别是从我们关注的来母角度看过去，则除了龍类，其余各类与来母没有任何关系。这种观察告诉我们，假如“龍”从“童省声”，只是在韵母为主的基础上的话，“龍”类字作为来母字，其生存不受其他任何声母的干扰和影响。反之，则可认为，徐铉时的来母的来源之一，便是古“東”类声母（后来分化为10种）。

（十四）㳅《林部》：“㳅，水行也。从林㐬。㐬，突忽也。流，篆文从水。”来母。

“㳅”谐声之字一级一类共2字：

㳅，见上，力求切；

瑬，“从玉，流声”，力求切。

“㳅”类字至徐铉时为来母（幽部）。

“㳅”类字今甘谷话读为［l］：［liəu^{35}］流瑬。

㳅类字由来母谐声，又俱属来母，没有分岐，不存在讨论的对象。

（十五）畾《说文解字》无“畾”字。《唐韵》作鲁回切，《集韵》作卢回切，又鲁水切。徐铉“瓃”下云：“案，靁字注‘象回转之形’，畾不成字，凡从畾者并当‘从靁省’。”

“畾”谐声之字二级四类共17字。

一級一类9字：

畾，见上；

瓃，“从玉，畾声”，鲁回切；

藟，“从艸，畾声”，力轨切；

鸓，“从鳥，畾省”，力轨切；

櫑，“从木，畾声”，“罍，櫑或从缶；罍，櫑，或从皿”，鲁回切；

儡，“从人，畾声，读若雷”，鲁回切；

靁，“阴阳薄动，靁雨生物者也。从雨，畾，象回轉形”，是徐铉以为“畾”即“靁”形，故即“靁”也。鲁回切；

纍，“从糸，畾声”，力追切；

壘，“从土，畾声”，力委切；

勴，“从力，畾声”，卢对切。

二级一类 2 字：

藟，见前；

虆，“从木，藟声”，力轨切。

二級二类 5 字：

纍，见前；

儽，“从人，纍声”，落猥切；

讄，“从言，纍省声，讄或不省”，力轨切；

樏，“从木，纍声”，力追切；

灅，“从水，纍声”，力追切。

二级三类 3 字：

壘，见前；

鑸，“从金，壘声”，洛猥切；

漯，“从水，壘声”，力轨切。

“畾”类字至徐铉读为一类：

来母：畾（靁）儡瓃櫑儡纍樏灅壘儽鑸（微部），藟鸓虆漯讄（幽部）勴（物部）。其中“轨，居洧切”，轨在幽部，洧在之部；洧，荣美切，洧在之部，美在脂部。可见于韵部亦不严格。正因为如此，我们既不能认定反切韵母的严格统一（被切字与反切下字严格同韵部），也不能认定反切声母的严格一致（被切字与反切上字同组），所以我们有理由认为（假设）从造字角度看，形声字中同声符字（组、系列）当初同音（声、韵俱同），只是后来有了区别。

“畾”类字今甘谷话读作一类：

[l]：[luaI[35]] 靁，[luaI[51]] 儡纍壘。

其余诸字今甘谷话不用。

畾类字由来母谐声，又俱属来母，没有分歧，不存在讨论的对象。

（十六）栗　《卣部》：“栗，木也。从木，其實下垂，故从卣。𣡍，古文栗从西、从二卣。徐巡说木至西方戰栗。”来母。

“栗”谐声之字一级一类共4字：

栗，见上，力质切；

瑮，“从玉，栗声”，力质切；

溧，“从水，栗声”，力质切；

凓，“从仌，栗声”，力质切。

“栗”类字至徐铉读为一类：

来母：栗瑮溧凓（质部）。

“栗”类字今甘谷话读作一类：

[l]：[li[51]] 栗。

“栗”在今甘谷话中属于由文字材料吸收进来的普通话读音，甘谷话本不用。其主要原因在于无此树种或者有此树种而命名不同。甘谷话之“战慄”一词亦属从书面语中吸收而来，故有“慄”字，但由于《说文解字》无此字，今不录。其余诸字今甘谷话不用。

栗类字由来母谐声，又俱属来母，没有分歧，不存在讨论的对象。

（十七）里《里部》：“居也。从田从土”。来母。

“里”谐声之字二级二类共13字。

一级一类11字：

里，见上，良止切；

茟，“从艸，里声”，里之切；

理，“从玉，里声”，良止切；

郲，“从邑，里声”，良止切；

俚，“从人，里声”，良止切；

貍，“从豸，里声”，里之切；

鲤，“从鱼，里声”，良止切；

梩，“枱，臿也。从木吕声。一曰徙土輂，齐人语也。梩，或从里。”“臣鉉等曰：‘今俗作“耜”，详里切’。”故列于此；

裹，“从衣，里声”，良止切；

趩，“从走，里声，读若小儿孩。”戶來切；

悝，“从心，里声”，苦回切。

二级一类 3 字：

貍，见前；

薶，“从艸，貍声”，莫皆切；

霾，“从雨，貍声”，莫皆切。

“里”类字至徐铉分读为 5 类：

來母：里荲理野俚貍鯉裹（之部）；

邪母：梩（枱）（之部）；

匣母：趩（之部）；

溪母：悝（之部。然“苦回切”，王力先生“回”在微部，悝在之部，本字在之部，故尔）；

明（微）母：薶霾（之部，王力以二字在之部，“皆”在脂部。本字如此，故尔）。

“里”类字今甘谷话分读为 3 类：

[l]：[li^{51}] 里理俚鯉裹，[li^{214}] 貍（此字近几年才由媒体宣传词汇“果子貍”进入甘谷话）；

[k ‘]：[k ‘uaI^{35}] 悝；

[m]：[maI^{35}] 霾（此字为甘谷话常用语，意为形容人脸色不展、不够精神，如“霾愣愣的”。而作为“阴霾”字则为书面材料中吸收。或以为形容人之不精神，源于《说文》之“风雨土也”之霾，亦通）薶（《说文》作“瘞也”，甘谷话作“埋”字，是“薶”之俗，“薶”反不用）。

其余诸字今甘谷话不用。

“里”类字至徐铉时的声母分布状况，表明其分化严重，但细分起来，其反切下字的韵母关系更为密切，似乎可以指为其反切以韵同为主，声母（上字）可以从略。但许慎明确指出，“趩，留意也。从走里声。读若小儿孩”，是“趩”“里”“孩”古同音？如是，则匣母、来母古同纽？不过，从我们自定的原则看，除来母外，其余诸声母用字皆不足 3 例，不足以为同纽之证。

（十八）令《卪部》："令，发號也。从亼卪。"来母。

"令"谐声之字二级二类共20字。

一级一类19字：

令，见上，力正切；

玲，"从玉，令声"，郎丁切；

苓，"从艸，令声"，郎丁切；

龄，"从齡，令声"，郎丁切（新附字）；

翎，"从羽，令声"，郎丁切（新附字）；

笭，"从竹，令声"，郎丁切；

柃，"从木，令声"，郎丁切；

囹，"从囗，令声"，郎丁切；

伶，"从人，令声"，郎丁切；

泠，"从水，令声"，郎丁切；

零，"从雨，令声"，郎丁切；

鈴，"从魚，令声"，郎丁切；

聆，"从耳，令声"，郎丁切；

瓴，"从瓦，令声"，郎丁切；

蛉，"从虫，令声"，郎丁切；

鈴，"从金，从令，令亦声"，郎丁切；

軨，"从車，令声。轜，軨或从霝"，郎丁切；

領，"从頁，令声"，良郢切；

冷，"从仌，令声"，鲁打切。

二级一类2字：

領，见前；

嶺，"从山，領声"，良郢切。

"令"类字至徐铉读为一类：

来母：令玲苓龄翎笭柃囹伶泠零鈴聆瓴蛉軨鈴領嶺冷（耕部）。

"令"类字今甘谷话读为一类：

[l]：［lin^{55}］令，［lin^{35}］玲苓龄翎囹伶零聆鈴，［lin^{51}］領嶺，［$lən^{51}$］冷。

其余诸字今甘谷话不用。

“冷”字徐铉作“鲁打切”，“打”字作“都挺切”，是徐铉时“打”为阳声韵（“打”为徐氏“新附字”，明确为“击也，从手丁声”，是与今之“打”同义。而今甘谷话“打”读［ta[51]］，为阴声韵，而“冷”读［lən[51]］，为阳声韵。甘谷话“打”之韵腹舌面前低不圆唇元音［a］，近于［iA］，似“涯”，与“挺”为阴阳对转，在这一点上，比普通话（北京语音）读作［tA[214]］与“挺”的对转关系更默契，更严格，也应当更早一点完成这一对转过程。晋人注《谷梁传》，于宣公十八年“邾人伐鄫子于鄫”，谓“捶打”之“打”，“音顶”，仍是阳声韵。据《经籍纂诂》，《广韵》《集韵》时为阴声韵，由此看来“打”为阴声韵，最早也在徐铉生活的时代之后）。

令类字由来母谐声，又俱属来母，没有分歧，不存在讨论对象。

（十九）力《力部》：“力，筋也。象人肋之形。治功曰力，能圉大灾。”来母。

“力”谐声之字二级二类共 8 字。

一级一类 7 字：

力，见上，林直切；

仂，“从十，力声”，卢则切；

勒，“从革，力声”，卢则切；

朸，“从木，力声”，卢则切；

扐，“从手，力声”，卢则切；

阞，“从阜，力声”，卢则切；

肋，“从肉，力声”，卢则切。

二级一类 2 字：

勒，见前；

塾，“从玉，勒声”，卢则切。

附二级二类 2 字：

阞，见前；

泐，“从水，从阞”，是许氏以为“阞”非声。《阜部》“阞，地理也，”《水部》“泐，水石之理也”，水石之理用“阞”，正形声之所由也，故“泐”字当“从水从阞，阞亦声”。段玉裁注本则直以“从水阞声”，故列于此。又因徐氏反切为“卢则切”，附入此字不影响对来母的讨论，故亦仿例之循。

"力"类字至徐铉读为一类：

来母：力协勒朸扐阞肋墊泐（职部）。

"力"类字今甘谷话读为一类：

[l]：[li^{214}] 力，[laI^{214}] 勒肋。

其余诸字今甘谷话不用。

力类字由来母谐声，又俱为来母，没有分歧，不存在讨论对象。

（二十）樂《木部》："樂，五声八音总名。象鼓鞞。木，虡也。"疑母。

"樂"谐声之字一级一类共13字：

樂，见上，玉角切；

櫟，"从木，樂声"，郎击切；

瓅，"从玉，樂声"，郎击切；

轢，"从車，樂声"，郎击切；

藥，"从疒，樂声。療，藥或从尞"，力照切；

觻，"从角，樂声"，卢谷切；

濼，"从水，樂声"，卢谷切；

爍，"从火，樂声"，書药切（新附字）；

鑠，"从金，樂声"，書药切；

鱳，"从魚，樂声"，卢谷切；

礫，"从石，樂声"，郎击切；

趮，"从走，樂声，读若《春秋传》曰輔趮"，郎击切；

嚛，"从口，樂声"，火沃切。

"樂"类字至徐铉分读为5类：

疑母：樂（药部）；

來母：櫟礫轢趮瓅（五字本字俱在药部，而"擊"字在锡部），藥（宵部），觻濼鱳（屋部）；

書（审三）母：爍鑠（药部）；

晓母：嚛（药部）。

"樂"类字今甘谷话分读为3类：

[l]：[luo^{214}] 樂（哀樂之樂。依段玉裁说，由"五声八音总名"引

申为“哀樂”之樂)；

[j]：[jə²¹⁴] 　樂（声樂音樂之樂）（甘谷话读“角”为［kiə²¹⁴］、［tɕyə］二音，与“樂，玉角切”音合）；

[ʂ]：[ʂɤ²¹⁴] 爍鑠。

其余诸字今甘谷话不用。

疑母字“樂”谐声之字却多数为来母。（今之“樂”亦有疑、来二母，许慎时“樂”字是否有二音，《说文》不列，故不以为据，只作为疑母字）古人造形声字，本字与声符总得是听起来很像，那声符才能有资格做声符。因此总的原则，我们要坚持一个，就是要坚信形声字本字与声符字之间在造字之时“很像”，也就是声母和韵都要“很像”。由于当时可能（事实上是肯定），没有分离出后世所谓的声母和韵母，但发音时口腔中各部位的松紧、移动变化和气流的运动及大小应有所感受，所以这“很像”，在今天看来，可能说是同部位（或近部位）、同方法等方式的表现，所以便有可能同音（声母、韵母和声调——如果有声调——的一致）、近音（声母、韵母可能只有一方面相同，而另一方面不同），而相近音最复杂，可能是同一部位而发音方法不同，也可能发音方法相同而部位靠近。

由此，我们可以相信，许慎（更应说造字时）疑母、来母至少让当时的人感觉很像！而甘谷也保留了大量二者同声母的语言事实，我们在这里指出，留待后面详论（我们在后面专节讨论疑母与来母的关系，也讨论今甘谷话中古疑母字的读音透视的问题）。

樂类字由疑母谐声，其分为疑、来、书（审三）、晓母4类，除来母外，其余3母用例都少于3个，因此不能作为讨论声母之间关系的用例。

（二十一）劦《劦部》：“劦，同力也。从三力。《山海经》曰：‘惟號之山，其風若劦’”。匣母。

“劦”谐声之字二级二类共6字。

一级一类5字：

劦，见上，胡颊切；“珕”字下“臣铉等曰：‘劦亦音丽’。”

珕，“从玉，劦声”，郎计切；

荔，“从艸，劦声”，郎计切；

拹，“从手，劦声”，虚业切；

脅，“从肉，劦声”，虚业切。

二级一类 2 字：

脅，见上；

歙，“从欠，脅声”，虚业切。

“劦”类字至徐铉分读为 3 类：

匣母：劦（叶部）；

來母：珕荔（质部），劦（见前）；

晓母：搚脅歙（叶部）。

“劦”类字今甘谷话分读为 2 类：

［l］：［li⁵¹］荔（此字今甘谷话吸收自书面词“荔枝”，本不用）；

［ɕ］：［ɕiɛ³⁵］脅，［ɕiɛ²¹⁴］歙（许氏云“翕气也”，“翕”字注云“起也”，如是，则“翕气”意为起云气之谓。然段注云：“翕，合也”，则“翕气”为合气之意，甘谷话谓久累而歇息为“［ɕiɛ²¹⁴］缓”，意与此合，兼之，即使甘谷话中非此字，此字今甘谷话不用，于我们讨论来母或甘谷话此类字读［l］的影响不大，故列此。又，或以为甘谷话此意当为“歇”，许氏云：“歇，息也”，段注谓“息者，鼻息也，息之义引伸为休息，故歇之义引伸为止歇”，亦通。不过，甘谷话之“［ɕiɛ²¹⁴］”或“［ɕiɛ²¹⁴］缓”更主要的是语调停歇以调整心律气息，故以为用“歙”尤佳，只是用字上后来多用“歇”而“歙”渐僻而不用了）。

其余字今甘谷话不用。

劦类字由匣母谐声，又或以来母谐声（许慎云：“劦亦音丽”，是当有二音），共分为匣母、来母、晓母 3 母，其中来母、晓母用例均在 3 字以上。由是则来母、晓母之间具有紧密关系的可能性。（我们所指关系密切是指二者之间有可能同源那样一种关系，但仅有一个谐声组不能为凭，因此，在单个谐声组中展示出二者之间可能同源的关系，我们只说关系紧密，后同）。

（二十二）亡《亡部》：“亡，逃也。从入从乚”。明母。

“亡”谐声之字三级三类共 29 字。

一级一类 11 字：

亡，见上，武方切；

盲，“从目，亡声”，武庚切；

芒，“从艸，亡声”，武方切；

良，“从畗省，亡声”，吕张切；

杗，“从木，亡声”，武方切；

邙，“从邑，亡声”，莫郎切；

忘，“从心，从亡，亡亦声”，武方切；

氓，“从民，亡声，读若盲”，武庚切；

妄，“从女，亡声”，巫放切；

蝱，“从䖵，亡声”，武庚切；

甿，“从田，亡声”，武庚切。

二级一类 17 字：

良，见前；

琅，“从玉，良声”，鲁当切；

莨，“从艸，良声”，鲁当切；

眼，“从目，良声”，力让切；

筤，“从竹，良声”，卢党切；

桹，“从木，良声”，鲁当切；

郎，“从邑，良声”，鲁当切；

朗，“从月，良声”，卢党切；

㝗，“从宀，良声”，音良，又力康切；

硠，“从石，良声”，鲁当切；

狼，“从犬，良声”，鲁当切；

浪，“从水，良声”，来宕切；

閬，“从門，良声”，来宕切；

蜋，“从虫，良声”，鲁当切；

鋃，“从金，良声”，鲁当切；

斪，“从斤，良声”，来可切；

矟，“从矛，良声”，鲁当切。

三级一类 3 字：

郎，见前；

蓈，“从艸，郎声”，鲁当切；

廊，“从广，郎声”，鲁当切（新附字）。

“亡”类字至徐铉分读为3类：

明（微）母：亡芒宊忘盲氓妄蝱甿（阳部）；

来母：良琅莨眼筤根郎朗宸碌狼阆蜋鋃稂浪蓈廊（阳部），斲（歌部）。

“亡”类字今甘谷话分读为3类：

[ø]：[uaŋ^{35}] 亡芒（麦芒），[uaŋ^{55}] 忘妄；

[m]：[maŋ^{35}] 芒（光芒）盲氓，[mən^{35}] 氓蝱；

[l]：[liaŋ^{35}] 良，[laŋ^{35}] 郎狼廊，[laŋ^{55}] 琅朗浪。

其余字今甘谷话不用。

“亡”类字中的“斲”为歌部，与阳部字古通（阴阳对转）；“良”字从“亡”声，其余来母字（良类）不直接与“亡声”发生关系。

甘谷话中“氓”“蝱”二字今作一字，读[mən^{35}]，是从普通话书面语中吸引收变化而来，本读[maŋ^{35}]。

亡类字由明（微）母谐声、分为明、来二母。由是则明、来二母关系可能密切，但因二母比较规整地处于不同的层级，因此，大大削弱了二者之间关系紧密的可能性。

（二十三）霝《雨部》：“雨零也，从雨㗊，象霝形。《诗》曰：‘霝雨其濛’。”來母。

“霝”谐声之字一级一类共12字：

霝，见上，郎丁切；

璽，“从玉，霝声”，郎丁切；

藺，“从艸，霝声”，郎丁切；

䉶，“从缶，霝声”，郎丁切；

櫺，“从木，霝声”，郎丁切；

酃，“从邑，霝声”，郎丁切；

䯍，“从頁，霝声”，郎丁切；

麢，“从鹿，霝声”，郎丁切；

龗，“从龍，霝声”，郎丁切；

孁，“从女，霝声”，郎丁切；

蠕，“从虫，霝声”，郎丁切；

轜，“軨，从車，令声。轜，軨或从霝，司马相如说”，郎丁切。

“霝”类字至徐铉读为一类：

來母：霝蘦蘦䨩櫺酃䉹𪈊䨈䨈䨈䨈（耕部）。

“霝”类字今甘谷话读为一类：

［l］：［lin^{35}］䨩（靈）櫺蘦。

其余诸字今甘谷话不用。

“霝”类字中，“䨩”字或作靈，因为不涉及声音，故不单列；甘谷话读“櫺”为［lin^{35}］，吸收自书面语和普通话读音，本已不用。“蘦”今甘谷话谓（形容）极苦味“苦得和蘦䨈（或作蘦輩）一样”，即此字（许慎云：“蘦，大苦也。”），人或不识，以为无字有音。

霝类字由来母谐声，又俱为来母，没有分歧，不存在讨论对象。

（二十四）六《六部》：“易之数。阴变于六，正于八。从入从八。”来母。

“六”谐音之字六级六类共 24 字。

一级一类 2 字：

六，见上，力竹切；

𡿪，“从屮，六声”，力竹切。

二级一类 3 字：

𡿪，见上；

𡕥，“从廾，𡿪声”，余六切；

坴，“从土，𡿪声”，力竹切。

三级一类 5 字：

坴，见上；

鵱，“从鳥，坴声”，力竹切；

稑，“从禾，坴声”，“穋，稑或从翏”，力竹切；

陸，“从𨸏，从坴，坴亦声”，力竹切；

睦，“从目，坴声”，莫卜切。

四级一类 2 字：

𡕥（古文睦），见上；

賣，“𧶠，衒也，从貝𡕥声。𡕥，古文睦。读若育”，余六切。

五级一类 15 字：

賣，见上；

瀆，“从水，賣声”，徒谷切；

遺，“从辵，賣声”，徒谷切；

讀，“从言，賣声”，徒谷切；

讟，“从誩，賣声”，徒谷切；

韇，“从革，賣声”，徒谷切；

殰，“从歺，賣声”，徒谷切；

櫝，“从木，賣声”，徒谷切；

牘，“从片，賣声”，徒谷切；

黷，“从黑，賣声”，徒谷切；

嬻，“从女，賣声”，徒谷切；

匵，“从匸，賣声”，徒谷切；

隫，“从𨸏，賣声。读若瀆。”徒谷切；

贖，“从貝，賣声”，殊六切；

儥，“从人，賣声”，余六切。

六级一类 2 字：

瀆，见前；

犢，“从牛，瀆省声”，徒谷切。

“六”类字至徐铉分读为 5 类：

来母：六圥坴[illegible]稑陸（觉部）；

明（微）母：睦（觉部）；

余母：𢍏賣儥（觉部）；

定（澄）母：瀆遺讀讟韇殰櫝牘黷嬻匵隫（屋部）；

禅母：贖（觉部）。

“六”类字今甘谷话分读为 4 类：

[l]：[ljv^{214}] 六，[ljv^{35}] 陸，[liou^{214}] 六；

[m]：[mjv^{35}] 睦；

[t]：[tjv^{51}] 瀆櫝牘；

[ɕ]：[$\mathrm{ɕjv}^{35}$] 贖。

其余诸字甘谷话不用。

“六”类字中“賣”字容易与买賣之字相讹：楷化后，賣、𧶠二字皆作“賣”，前者为買賣字，不属“六”类。

“六”类字至徐铉分读五类声母，余（喻四）母与定母关系密切，上古同纽，渐成定论，但定母与来母之间不能定为同纽，而且细分析起来，由来母的“坴”作声符而成的“𥉀”（睦）可能只侧重运用了韵母的相同，因而可能本就与声母无关，所以“睦”作明母。同样的道理，“瀆”等字也由此成了定母，而不保持明母。但同声符同一级字各保持相当数量（我们定为三字以上）的不同声母之间，相互之间在上古的关系，却需认真对待。我们看到，“六”类字分作五种声母，其中来母与定母、余母（依前人研究，甚至可以归入定母）系有讨论的条件，但由于来母与定母字各自处于不同的层级，这三者之间关系密切的可能性又大大被削弱。另外，甘谷话中的“贖”字读［ɕjv^{35}］，这种音节或声母还有［tɕjv］（竹）、［tɕ‘jv］（出）、［jv］（如）等，成体系存在，已经凝结而成一种独立的声母。其余辅音与单元音韵母［u］相拼的，则将元音向辅音推进为［v］，近几年随着区域开放程度提高，普通话等域外语言的交际需求和直接渗透，这种推进开始明显减缓，并向普通话读法靠拢。

对甘谷话这种读法我们举例如下：

［pv^{214}］（不）、［p‘v^{214}］（扑）、［mv^{214}］（木）、［fv^{214}］（夫）、［tv^{214}］（都）、［t‘v^{214}］（秃）、［lv^{214}］（鹿）［lv^{51}］（努）（［n］、［l］不分）、［kv^{214}］（姑）、［k‘v^{214}］（哭）、［xv^{35}］（胡）

［tɕv^{214}］（足租竹猪）、［tɕvaŋ^{214}］（庄装）

［tɕ‘v^{214}］（粗促出）、［tɕ‘van^{214}］（川穿）

［ɕv^{214}］（术书速）、［ɕvan^{35}］（船篅）（这些拟音，也可以用 jv 替换 v）

［jv^{214}］（入褥如）、［jvan^{51}］（软）。

（二十五）蓏《艸部》：“蓏，在木曰果，在地曰蓏，从艸，从㼌。”来母。

“蓏”谐声之字仅自身一字。徐铉作郎果切，来母（歌部）。

“蓏”字今甘谷话不用。

（二十六）了《了部》：“了，尦也。从子无臂，象形。”来母。

“了”谐声之字仅自身一字。徐铉作卢鸟切，来母（宵部）。

“了”字今甘谷话读为一类［l］：［liau^{51}］。

（二十七）虍《虍部》：“虍，虎文也。象形。”晓母。

“虍”谐声之字四级十一类共 43 字。

一级一类 8 字：

虍，见上，荒乌切；

䲨，“从甾，虍声”，洛乎切；

虜，“从毌，从力，虍声”，郎古切；

虚，“从丘，虍声”，丘如切，又朽居切（我们看到，在唐韵到徐铉时代，虚、如、居三字可能同韵。学者们认为，古代没有［y］介音，［y］的形成经由［u］→［ɪ+u］→［y］之路而成。而今甘谷话中，同一字在不同乡镇即分读出这三种音。如“醋”，其象山镇读作［tɕ‘jv⁵⁵］，盘安镇读［ts‘u⁵⁵］，礼辛镇读［tɕ‘y⁵⁵］。可与此相印证。）；

雐，“从隹，虍声”，荒乌切；

䖒，“从豆，虍声”，许羁切；

慮，“从思，虍声”，良据切；

鬳，“从鬲，虍声”，牛建切。

二级一类 3 字：

䲨，见前；

盧，“从皿，䲨声”，洛乎切；

膚，“籀文臚”作膚，依例与“盧”造法相同，故列此，力居切。

二级二类 4 字：

虜，见前；

鐪，“从金，虜声”，郎古切；

鱸，“从魚，虜声”，郎古切；

廬，“从广，虜声，读若鹵”，郎古切。

二级三类 3 字：

慮，见前；

勴，“从力、从非，慮声”，良倨切；

鑢，“从金，慮声”，良据切。

二级四类 5 字：

虚，见前；

嘘，“从口，虚声”，朽居切；

墟，“虚，臣铉等曰：‘今俗别作墟，非是’。丘如切，又朽如切”。

则是当时已有形声字“墟”，故列此；

魖，“从鬼，虚声”，朽居切；

歑，“从欠，虚声”，朽居切。

二级五类 2 字：

豦，见前；

戲，“从戈，䖍声”，香义切。

二级六类 3 字：

䖍，见前；

甗，“从瓦，䖍声，读若言，”鱼蹇切；

獻，“从犬，䖍声”，许建切。

二级七类 2 字：

虘，见前；

虧，“从亏，虘声”，去为切。

三级一类 18 字：

盧，见前；

蘆，“从艸，盧声”，落乎切；

鸕，“从鳥，盧声”，洛乎切；

臚，“从肉，盧声”，力居切；

籚，“从竹，盧声”，洛乎切；

櫨，“从木，盧声”，落胡切；

艫，“从舟，盧声”，洛乎切；

顱，“从頁，盧声”，洛乎切；

鬛，“从髟，盧声”，洛乎切；

廬，“从广，盧声”，力居切；

黸，“从黑，盧声”，洛乎切；

瀘，“从水，盧声”，洛乎切（新附字）；

攎，“从手，盧声”，洛乎切；

纑，“从糸，盧声”，洛乎切；

壚，“从土，盧声”，洛乎切；

鑪，“从金，盧声”，洛胡切；

爐，“鏞，‘臣铉等曰：“今俗别作‘爐’，非是”。洛胡切’。”由此知徐铉时有形声字爈，今考其时声音，故列此；

驢，“从馬，盧声”，力居切。

三级二类 3 字：

巘，见前；

櫱，“从木，巘声”，五葛切；

瀎，“从水巘，與灋同意，”鱼列切（此反切为疑母，段注以为此字“会意包形声”，故列入）。

四级一类 2 字：

櫱，见前；

轙，“从車，櫱省声”，五葛切。

“虍”类字至徐铉分读为 4 类：

晓母：虍虐虚墟虤歔嘘（鱼部），虘戲（歌部），巘（元部）；

疑母：鬳甗（元部），櫱瀎轙（月部）；

溪母：虧（歌部）虚（鱼部）。

来母：𧇖虜慮膚盧鐪䲐廬勴鑢蘆𩦺臚籚櫨艫顱鬳慮黸瀘攎壚鑪爐驢纑（鱼部）。

“虍”类字今甘谷话分读为 4 类：

[ɕ]：[ɕy^{214}] 嘘虚墟，[ɕi^{55}] 戲，[ɕiɛn^{55}] 巘；

[k‘]：[k‘ual^{214}] 虧；

[l]：[lv^{35}] 虜盧鑪爐籚艫廬瀘壚顱；

[tɕ]：[tɕy^{55}] 慮，[tɕy^{35}] 驢。

其余诸字今甘谷话不用。

“虍”类字在甘谷话中有一类很特别，即来母的“慮”“驢”二字甘谷话声母作 [tɕ]，读如见母字。疑母、泥母、娘母、来母字多有在甘谷话中读作 [tɕ] 的，今后我们渐次介绍并予以讨论。（我们总的以为，如果我们抛开来母与其他声母的关系，而更多地关注见母和来母字在甘谷话中的生存状态，颇多蕴意）。

虍类由晓母谐声分为晓、疑、溪、来四母。其中晓、疑、来三母可能关系密切，但三母中，晓母主要集中在一级一类和二级四类，疑母也相对独立集中在二级六类和三级二类，四级一类，来母则集中在二级一类、二类、三类及三级一类，三母之间相对独立，又大大削弱了相互间的联系。

（二十八）臽《臽部》：“臽，小阱也。从人在臼上”。匣母。

“臽”谐声之字五级五类共34字。

一级一类4字：

臽，见上，户猞切；

脂，“从肉，臽声，读若陷，”户猞切；

鮨，“从魚，臽声”，户赚切（原文作“尸赚切”，形近而误，当为“户赚切”，段玉裁注本如此）；

陷，“从𨸏，从臽，臽亦声”，户猞切；

蜭，“从虫，臽声”，乎感切；

啗，“从口，臽声，读与含同”，徒滥切；

窞，“从穴，从臽，臽亦声”，徒感切；

欿，“从欠，臽声，读若貪”，他含切；

惂，“从心，臽声”，苦感切；

衉，“从血，臽声”，苦绀切；

掐，“从手，臽声”，苦洽切（新附字）；

燄，“从炎，臽声”，以冉切；

淊，“从水，臽声”，胡感切；

閻，“从門，臽声”，余廉切。

二级一类6字：

閻，见前；

灁，“从水，閻声”，余廉切；

壛，“陷，或从土”，户猞切；

藺，“从艸，閻声”，徒感切；

爓，“从火，閻声”，余廉切；

讇，“从言，閻声”，丑琰切。

三级一类2字：

㑒，见前；

監，“从卧，㑒省声”，古銜切。

四级一类14字：

監，见前；

藍，“从艸，監声”，鲁甘切；

篮，“从竹，監声”，鲁甘切；

𢅅，“从巾，監声”，鲁甘切；

襤，“从衣，監声”，鲁甘切；

鬑，“从髟，監声，读若《春秋》黑肱以濫來奔”，鲁甘切；

覽，“从見、監，監亦声”，卢敢切；

擥，“从手，監声”，卢敢切；

濫，“从水，監声”，卢敢切；

𡟎，“从女，監声”，卢敢切；

醂，“从酉，監声”，卢敢切；

矙，“从目，監声”，古衔切；

檻，“从木，監声”，胡黯切；

鑑，“从金，監声”，革忏切。

五级一类2字：

濫，见前；

藍，“从艸，濫声”，鲁甘切。原本篆文作藍，以为“从艸監声”。段玉裁以为“误”，“今依《广韵》、《集韵》訂”作“从艸濫声”。

“臽”类字至徐铉分读为7类：

匣母：臽脂餡陷蜭壛淊檻（侵部/谈部。猞、咸、黯、感四字在侵部，而陷、檻等字在谈部），（啗，“读如含”，是许慎时属匣母，徐铉作“徒濫切”，属定母）；

定母：啗（见上注）（谈部），窞欿蕳（侵部）；

溪母：惂（侵部），峆（谈部），掐（缉部）；

透（彻）母：欿（侵部），讇（谈部）；

余（喻四）母：餤閻潤爓（谈部）；

见母：監矙鑑（谈部）；

来母：藍篮𢅅襤鬑覽擥濫𡟎醂藍（谈部）。

“臽”类字今甘谷话读为8类：

[s]：[ʂan^{55}] 陷（本音）；

[ç]：[çiɛn^{55}] 陷（文读）；

[ts ‘]：[ts ‘an^{51}] 讇（或作“諂”，许慎云“諂，讇或省”）；

[k ‘]：[k ‘an^{214}] 檻；

［tɕ ‘］：［tɕ ‘ia²¹⁴］掐；

［j］/［ø］：［jɛn³⁵］閻，［jɛn²¹⁴］爓，［jɛn⁵⁵］餤；

［tɕ］：［tɕiɛn²¹⁴］監，［tɕiɛn⁵⁵］鑑；

［l］：［lan³⁵］藍籃襤，［lan⁵¹］覽擥，［lan⁵⁵］濫。

其余诸字今甘谷话不用。

“臽”类字在徐铉时期，基本以侵、谈二韵部为主，尤以谈为最重要。属于缉部的，也可与二部对转或旁对转而通。在声母方面，可以又区别为“臽”与“監”二类。其中“監”类主要区别为见母与来母，而且处于同级内部的对立，最能成为中古来母源于“见母、来母古或同组”区别而成的证明。倒过来，古“監”类字是中古见母、来母的同根字。

“臽”类字今甘谷话中读［ɕ］与［s］的，也洽于古音发展规律；读“諂”为［ts ‘］非［tʂ ‘］，是甘谷话的特点之一。

（二十九）柬《柬部》：“柬，分别简之也。从束从八。八，分别也。”见母。

“柬”谐声之字三级四类共15字。

一级一类8字：

柬，見上，古限切；

諫，“从言，柬声”，古晏切；

煉，“从火，柬声”，郎电切；

楝，“从木，柬声”，郎电切；

湅，“从水，柬声”，郎甸切；

闌，“从門，柬声”，洛干切；

練，“从糸，柬声”，郎甸切；

鍊，“从金，柬声”，郎甸切。

二级一类5字：

闌，见前；

蘭，“从艸，闌声”，落干切；

讕，“从言，闌声”，洛干切；

籣，“从竹，闌声”，洛干切；

瀾，“从水，闌声”，洛干切。

二级二类2字：

湅，见前；

潄，“从攴从湅”，郎电切（段玉裁谓“湅”亦声，故列此）。

三级一类 3 字：

蘭，见前；

瀾，“从水，蘭声”，洛干切；

爤，“从火，蘭声。燗，或从閒”。郎旰切。

“柬”类字至徐铉分读为 2 类：

见母：柬諫（元部）；

来母：煉楝湅闌練鍊蘭讕籣瀾潄瀾爤（元部。但其中反切下字“电”、“甸”在真部）。

“柬”类字今甘谷话读为 2 类：

[tɕ]：[tɕiɛn^214] 柬，[tɕiɛn^51] 諫；

[l]：[liɛn^55] 煉練鍊，[lan^35] 闌蘭瀾，[lan^55] 讕爤瀾。

其余诸字今甘谷话不用。

“柬”类字主要区分为见母和来母两类，虽然见母字只有 2 字，但许慎云“爤”，又作“燗”，从閒声，閒为古限切，亦见母，如果推及魏晋后出现的见母字“揀”，则似可以认为，古“柬”类字后来分化为见母、来母。即徐铉时的见母、来母，从“柬”类字看来，或为同组。

（三十）离《内部》：“离，出神獸也。从禽頭，从厹从屮。歐陽喬說猛獸也”，“臣铉等曰：从屮義，無所取，疑象形。”来母（或以为彻母）。（“醨”下云：“从酉离声，读若離”，離为来声，“读若”者，则“离”“離”不一，当有两读，从“摛”“螭”等字为彻母、故以为“离”本来母、彻母二音）。

“离”谐声之字二级二类共 9 字。

一级一类 8 字：

离，见上，吕支切；

魑，“从鬼，从离，离亦声”，丑知切（新附字）；

摛，“从手，离声”，丑知切；

螭，“从虫，离声”，丑知切；

謧，“从言，离声”，吕之切；

離，“从隹，离声”，吕支切；

縭，“从糸，离声”，力知切；

醨，“从酉，离声，读若離”，吕支切。

二级一类 2 字：

離，见前；

蘺，“从艸，離声”，吕之切。

“离”类字至徐铉分读为 2 类：

来母：離謧離縭醨蘺（歌部。但反切下字“支”“知”在支部，“之”在之部。从本字）；

透（彻）母：魑摛螭（歌部。“知”字在支部，见上）。

“离”类字今甘谷话分读为 2 类：

［l］：［li^{35}］离離（前二字今不区别，为一字）蘺；

［tʂ‘］：［tʂ‘ʅ^{35}］魑螭（二字皆吸收自书面语读法）。

其余诸字今甘谷话不用。

“离”字在许慎或两读，一作来母，一作透（彻）母，“醨”字从“离”声，却强调读若“離”，是许慎认为：（一）“离”有二音如前述；（二）“醨”有二音，其中一音为“读若離”。这也可能说明“醨”字用“离”作声符为字，其音已有（或容易有）讹混或误读，但至少可以推知“离”类字于许慎时已发生了分裂，一类近似于后来的彻母，一类近似于来母。

从统计效果上看，“离”类字分为彻母和来母的字，可能在上古属于同组。

今甘谷话中存在的“离”类字中，“螭”“魑”二字的继承可能于较早时代断裂，如果未曾断裂，就还应该有读作［ts‘η^{35}］的音，比如得到连续继承的一些字如“池”，就有［ts‘η^{35}］、［tʂ‘ʅ^{35}］二音，“吃”（虽然晚出），也有［ts‘η^{214}］（如“吃不进去”指甲物不能插入乙物）、［tʂ‘ʅ^{214}］（吃饭）二音。而“螭”“魑”二字，却只有转自其他方言的可能了。

（三十一）䜌《言部》：“䜌，亂也，一曰治也，一曰不絕也。从言、絲。”来母。

“䜌”谐声之字二级二类共 17 字。

一级一类 15 字：

䜌，见上，吕员切；

變，“从彳，䜌声”，吕员切；

鸞，“从鳥，䜌声”，洛官切；

臠，“从肉，䜌声”，力沇切；

欒，“从木，䜌声”，洛官切；

曫，“从日，䜌声，读若新城䜌中”，洛官切；

𣤶，“从欠，䜌声”，洛官切；

巒，“从山，䜌声”，洛官切；

灓，“从水，䜌声”，洛官切；

攣，“从手，䜌声”，吕员切；

彎，“从弓，䜌声”，乌关切；

孌，“从女，䜌声”，力沇切；

蠻，“从虫，䜌声”，莫还切；

矕，“从目，䜌声”，武版切；

闒，“从門，䜌声，读若闌”，洛干切。

二级一类2字：

攣，见前；

虊，“从艸，攣声”，洛官切。

二级二类2字：

鸞，见前；

鑾，“从金从鸞省”（段玉裁注：“此举会意包形声”。故列此）洛官切。

“䜌”类字至徐铉分读为3类：

来母：䜌變攣鸞臠欒曫𣤶巒灓孌闒虊鑾（元部）；

明（微）母：蠻矕（元部）；

影母：彎（元部）。

“䜌”类字今甘谷话分读为3类：

[l]：[luan³⁵] 攣鸞欒巒孌鑾，[lĭɛn⁵⁵] 臠；

[m]：[man³⁵] 蠻矕（许慎云：“矕，目矕矕也”，段注作“矕，被也”，今甘谷话谓眼睛里布满红血丝正为“矕”，故以列此）；

[ø]：[uan²¹⁴] 彎。

其余诸字今甘谷话不用。

"䜌"类字中读来母的，普通话中分齐齿呼、合口呼两类，而甘谷话仅"臠"字读作齐齿呼，其余俱读合口呼，甚至其他如"戀"，亦读［luan^{35}］，为合口呼（《广韵》作合口，属山摄合口三等）。"臠"之读齐齿呼，而与普通话读合口呼相反，是其特点，不过徐铉引《唐韵》作反切，只有此字与"孌"字作"力沇切"，与他字不同，则今甘谷话读法，或即唐、宋之音。

䜌类字由来母谐声分为来、明（微）、影三母，但除来母外，其余二母用例均不足3例，故不予讨论。

（三十二）戾《犬部》："戾，曲也，从犬出户下。戾者，身曲戾也"。来母。

"戾"谐声之字一级一类共5字。

戾，见上，郎计切；

莀，"从艸，戾声"，郎计切；

唳，"从口，戾声"，郎计切（新附字）；

綟，"从糸，戾声"，郎计切；

蜧，"蜦，从虫，侖声，读若戾艸。蜧，蜦或从戾"，力屯切。

"戾"类字至徐铉时读为一类：

来母：戾莀唳綟（质部），蜧（文部）。

"戾"类字今甘谷话读为一类：

［l］：［li^{51}］戾唳。

其余诸字今甘谷话不用。

"戾"类字中"蜧"字许慎未列入"戾"类，而列入"侖"类字"蜦"之或体，但明言"蜦""读若戾艸（段玉裁以为"莀艸"之訛）"，显然是由于"蜦""莀"二字不同韵，故认为应该读如"莀"，则是"蜦""蜧""莀"许慎以前或同音（这时应强调韵母相同），而许慎时已经不同了。对此，段氏认为是阴、阳二部旁对转之故。由于无关声母，我们不加赘述。

（三十三）𨳿《門部》："𨳿，登也，从門、二。二，古文下字。读若軍敶之敶。"定母。

"𨳿"谐声之字二级二类共5字。

一级一类 4 字：

粦，见上，直刃切；

藺，“从隹，粦省声。藺，籀文不省”。良刃切；

閔，“从火，粦省声，读若粦”，朗刃切；

䖧，“从䖵，粦声”，武巾切；

闖，“从馬在門中，读若郴”。“郴”在透母侵部，“粦”在定母文部，音极相近。疑为“粦”省声，后世“俗语转若椕”（段玉裁注），意即为讹读，似为旁证。因为此字列入与否并不影响我们讨论的问题，故存疑于此。

二级一类 2 字：

藺，见前；

蔺，“从艸，藺声”，良刃切。

“粦”类字至徐铉分读为 3 类：

来母：藺閔蔺（文部或真部。“刃”字在文部，“蔺”“粦”在真部）；

定（澄）母：粦（文部或真部）；

明（微）母：䖧（文部）。

“粦”类字今甘谷话分读为 3 类（或以为 2 类，详情见下）：

[l]：[lin^{55}] 藺；

[tʂ]：[$tʂən^{55}$] 粦；

[ø]：[$uən^{35}$] 䖧（此字许慎谓“蟲也”，“蟲，齧人飞虫”，故以为蚊子之本字，且“武巾切”正与今甘谷话同音。故有此音。如此种不是蚊子，则今甘谷话不用此字。）

其余诸字今甘谷话不用。

“閔”字从粦省声，而许慎明言读若“粦”字，要么是“閔”字在许慎时即有定母、来母二音，此处适读来母“若粦”，要么是“粦”字在许慎时代有定、来二母不同的音。而此处新由“粦”所造之字适读来母。但有一种可能，即在许慎看来，由“粦”作声符的字，在古代可能是同音的，到他自己时代，已经有了明显分化。许慎此意，是否是在暗示，至少，澄母与来母古同纽？还是在暗示，来母字至少有一部分来源于古澄（定）母？

如果是“来”母源于古澄（定）母或别的古声母，则显示出来母在其发展过程中受到何种程度的冲击并在这样的冲击过程中，形成了强大的生存能力并发展成一个影响巨大的汉语声母的！

我们在今后的分析中会继续关注这种状况。

网类字由定（澄）母谐声，分为定（澄）、明（微）、来三母，除来母外，其余三母用例均不足3例，故不予讨论。

（三十四）鬲　《鬲部》：“鬲，鼎属，實五觳。斗二升曰觳。象腹交文，三足。甂，鬲或从瓦。㽁，漢令鬲，从瓦厤聲。”来母。

“鬲”谐声之字一级一类共10字。

鬲，见上，郎激切；

蒚，“从艸，鬲声”，力的切；

醽，“从酉，鬲声”，郎击切；

槅，“从木，鬲声”，古覈切；

隔，“从𨸏，鬲声”，古覈切；

翮，“从羽，鬲声”，下革切；

碣，“从石，鬲声”，下革切；

䰜，“从裘，鬲声，读若击”，楷革切；

䰙，“古文亦鬲字”，郎激切；

搹，“从手，鬲声”，於革切。

“鬲”类字至徐铉分读为5类：

来母：鬲䰙醽（锡部），蒚（药部）；

见母：槅隔（锡部）；

匣母：翮碣（职部）；

溪母：䰜（职部。本字徐本作“褶革切”，误，当为“楷革切”之讹。段玉裁注本径作楷革切，今从之）；

影母：搹（职部）。

“鬲”类字今甘谷话分读为3类：

[l]：[li^{51}] 鬲；

[k]：[kaI^{214}] 隔；

[x]：[$x\tilde{ə}^{35}$] 翮。

其余诸字今甘谷话不用。

“鬲”类至徐铉分为5类声母，于韵皆为入声。且锡部、职部关系密切，如“革”属职部，但徐铉“革，古覈切”，“覈”又属锡部。

“翮”字今甘谷话读［xə̃³⁵］，系新从书面语中吸收而来。作为“羽茎也”的“翮”意义，今甘谷话多转移为“翎”“翎竿（杆）”，翅膀亦作翎膀。

“䵤”字“从裘，鬲声”，许慎明确说“读若击”，“击”为见母，则见、来二母在许慎时可能仍相通，或者留有痕迹。徐铉用唐韵，“楷”为溪母，仍然留有痕迹。

从徐铉反切情况看，“鬲”类字见母、来母、匣母之间关系密切。

（三十五）差《左部》：“差，贰也，差不相值也。从左从𠂹。差，籀文差，从二。”初（穿二）母。（段玉裁注：差，当为左，“左，各本作差，今正”。因不涉声音，我们从旧）。

“差”谐声之字三级三类共19字。

一级一类16字：

差，见上，初芽切，又楚佳切；

槎，“从木，差声”，侧下切；

瘥，“从疒，差声”，楚懈切，又才他切；

䡨，“从車，差省声，读若迟”，士皆切；

瑳，“从五，差声”，七何切；

蹉，“从足，差声”，七何切（新附字）；

𪍠，“从麥，差声”，昨何切；

嵯，“从山，差声”，昨何切；

𪉕，“从鹵，差省声”，昨何切；

㽨，“从田，差声”，昨何切；

鬌，“从髟、差”，千可切。段注：“《广韵》昨何切”。又段注本作“从髟，差声”；

鲝，“从魚，差省声”，侧下切；

溠，“从水，差声”，侧驾切；

羨，“从火，差省声，读若𪉕”，楚宜切；

齹，“从齒，差声”，楚宜切；

縒，“从糸，差声”，楚宜切。

二级一类 2 字：

鲝，见前；

鲁，“从白，鮺省声”，郎古切。

三级一类 3 字：

鲁，见上；

蓾，“从艸，鲁声，𦵧，蓾或从鹵”，郎古切；

橹，“从木鲁声。樐，或从鹵”，郎古切。

“差”类字至徐铉分读为 6 类：

初（穿二）母：差羗𪗨縒瘥鬌（歌部）；

庄（照二）母：溠槎鲝（鱼部）；

从母：瘥槎嵯𪗨嵳（歌部）；

清母：鬌瑳蹉（歌部）；

崇（床二）母：羞（脂部）；

来母：鲁蓾橹（鱼部）。

“差”类字今甘谷话分读为 2 类：

[ts‘]：[ts‘a^{214}] 差瘥，[ts‘ã^{214}] 縒，[ts‘uo^{35}] 蹉（为吸收自普通话书面语读音）；

[l]：[ljv^{51}] 鲁蓾橹。

其余诸字今甘谷话不用。

“差”类三级，只有三级“鲁”小类为来母，应是重韵轻声所由。应该不是同纽的分化。

差类由初（穿二）母谐声，共分为初（穿二）、庄（照二）、从、清、崇（床二）、来六母，除崇母外，其余五母用例均在 3 字以上，相互间有可能关系密切，但其中来母非常独立，与其余五母都不同层级，因此这种可能性被大大削弱。

（三十六）婁　《女部》：“婁，空也，从毌、中、女，空之意也（段注作“从毌，从中女，婁空之意也”），一曰婁務也。”来母。

“婁”谐声之字二级二类共 26 字。

一级一类 24 字：

婁，见上，洛侯切；

蔞，“从艸，婁声”，力朱切；

遱，“从辵，婁声”，洛侯切；

謱，“从言，婁声”，洛侯切；

樓，“从木，婁声”，洛侯切；

僂，“从人，婁声”，力主切；

廔，“从广，婁声”，洛侯切；

鱒，“从魚，婁声”，洛侯切；

瘻，“从疒，婁声”，力豆切；

摟，“从手，婁声”，洛侯切；

螻，“从虫，婁声”，洛侯切；

簍，“从竹，婁声”，洛侯切；

塿，“从土，婁声”，洛侯切；

鏤，“从金，婁声”，卢侯切；

膢，“从肉，婁声”，力俱切；

褸，“从衣，婁声”，力主切；

屢，“从尸，未详”，丘羽切（新附字）；

屨，“从履省，婁声”，九遇切；

漊，“从水，婁声”，力主切；

縷，“从糸，婁声”，力主切；

寠，“从宀，婁声”，其榘切；

數，“从攴，婁声”，所矩切；

鄋，“从邑，婁声”，力朱切；

髏，“从骨，婁声”，洛侯切。

二级一类 3 字：

數，见上；

藪，“从艸，數声”，苏后切；

籔，“从竹，數声”，苏后切。

“婁”类字至徐铉分读为 6 类：

来母：婁蔞遱謱樓僂廔鱒瘻摟螻簍塿鏤膢褸漊縷鄋髏（侯部）；

见母：屨（侯部）；

溪母：屢（侯部）；

山（审二）母：數（鱼部，但本字在侯部）；

群母：寠（侯部）；

心母：藪籔（侯部）。

“婁”类字今甘谷话分读为 3 类：

［l］：［lv^{35}］婁楼僂瘻摟簍髏縷鏤；

［tɕ］：［$tɕy^{51}$］屨屢寠。

［ɕ］：［$ɕjvə^{214}$］藪，［$ɕjv^{55}$］數（书面语分别读［suo^{214}］、［$ɕjv^{55}$］）。

“婁”类字至徐铉，从大类看，分为见系与来母两大类，至甘谷话，读为［l］与［tɕ］，也是来母与见母的传承特征。不过，今甘谷话中的［tɕ］，来源于上古的影母、见母、溪母、群母、泥母、来母、精母、清母、从母、心母等声母的字，比较复杂，但从关系上看，与来母的关系最为特别。现在，我们从来母的角度向外看去，其与见母（见系）的关系最为密切，其他与来母相关联的声母，似是在这一对关系的基础之上展开的，现存的活的语言如甘谷话尤其表现出这种状况。我们后面继续关注。

婁类由来母谐声，共分为见、溪、山（审二）、群、心五母，除来母外，只有见系（见、溪，群各 1 例）用例在 3 例以上，且处于同一层级，因此，见系与来母有可能关系密切。

（三十七）一《一部》：“一，惟初太史，道立於一，造分天地，化成万物”。影母。

“一”谐声之字三级四类共 14 字。

一级一类 3 字：

一，见上，於悉切；

聿，“从聿，一声”，余律切；

寽，“从𠬪，一声。读若律”，吕戌切。

二级一类 2 字：

聿，见前；

律，“从彳，聿声”，吕戌切。

二级二类 10 字：

寽，见上；

鋝，“从金，寽声”，力辍切；

捋，“从手，寽声”，郎括切；

𤛓，“从牛，寽声”，力辍切；

脟，“从肉，寽声”，力輟切；

桴，“从木，寽声”，力辍切；

蛶，“从虫，寽声”，力辍切；

埒，“从土，寽声”，力辍切；

酹，“从酉，寽声”，郎外切；

虢，“从虎，寽声”，古伯切。

三级一类 2 字：

律，见上；

葎，“从艸，律声”，吕戌切。

“一”类字至徐铉分读为 4 类：

影母：一（质部）；

见母：虢（铎部）；

余（喻四）母：聿（物部）；

来母：律葎（物部），寽鋝捋锊脟桴蛶埒酹（月部）。

“一”类字今甘谷话分读为 3 类：

［ø］／［j］：［ji^{214}］一；

［ø］／［ɥ］：［$ɥy^{35}$］聿；

［k］：［kuo^{214}］／［$kuaI^{214}$］虢；

［tɕ］：［$tɕy^{214}$］律葎寽捋；

［l］：［$lual^{51}$］酹，［$liɛn^{55}$］脟。

今甘谷话中，普通话声母是［l］的字有一部分读作［tɕ］，本类字即有明显表现。其余诸字今甘谷话不用。

“一”类字，尤其是以“寽”为代表的二级字，以来母字为主，外带一个见母字，而现活的甘谷话中则以［tɕ］、［k］、［l］为主，也是古见、来二母字。“寽，五指持也”，今甘谷话正用此意，如并拢五指，将麦籽、稻籽从穗子上挤压出来，即云“［$tɕy^{214}$］出来”，因甘谷话常将来母字中韵母是撮口呼的读［tɕ］声母，所以“寽”，“捋”二字本属来母，而甘谷话读作［tɕ］，正如见母。这是见母、来母古或同组的又一证。甘谷话中另有“叒”字，与“寽”字近。（见后）这种现象又一次证明古见母、来母之间的特殊关系。今甘谷话将一批来母字读作［tɕ］应是探讨古见母、来母的重要标本，应予以重视。

（三十八）僉　《亼部》：“僉，皆也。从亼从吅从从。《虞书》曰：‘僉曰伯夷’。”清母。

“僉”谐声之字二级二类共22字。

一级一类20字：

僉，见上，七廉切；

瞼，“从目，僉声”，居奄切（新附字）；

霵，“从雨，僉声”，子廉切；

檢，“从木，僉声”，居奄切；

儉，“从人，僉声”，巨险切；

鹼，“从鹽省，僉声”，鱼欠切；

劍，“从刃，僉声。劒，籀文劍从刀”，居欠切；

憸，“从心，僉声”，息廉切；

嬐，“从女，僉声”，息廉切；

譣，“从言，僉声”，息廉切；

獫，“从犬，僉声”，虚检切；

險，“从𨸏，僉声”，虚检切；

噞，“从口，僉声”，鱼检切（新附字）；

顩，“从頁，僉声”，鱼检切；

驗，“从馬，僉声”，鱼窆切；

醶，“从酉，僉声”，鱼窆切；

厱，“从厂，僉声，读若蓝”，鲁甘切；

薟，“从艸，僉声”，良冉切；

斂，“从攴，僉声”，良冉切；

撿，“从手，僉声”，良冉切。

二级一类3字：

斂，见前；

蘝，“薟，从艸，僉声。蘝，薟或从斂。”良冉切；

籢，“从竹，斂声”，力盐切。

“僉”类字至徐铉分读为8类：

清母：僉（谈部）；

见母：劍檢瞼（谈部）；

群母：儉（谈部）；

疑母：𪘲噞顩驗醶（谈部）；

晓母：獫險（谈部）；

精母：䨘（谈部）；

心母：憸嬐譣（谈部）；

来母：㢘斂蘞撿籢（谈部）。

“僉”类字今甘谷话分读为3类：

［tɕ］：［tɕiɛn51］儉𪘲斂撿；

［ø］/［j］：［jɛn55］驗；

［ɕ］：［ɕiɛn51］險，［ɕiɛn35］獫。

其余诸字今甘谷话不用。

“僉”类字至徐铉虽分读7类，但总体上以见系和来母为主。心母大概与疑母字近而转成。而甘谷话则以［tɕ］为核心（“獫”字为书面语读音），而读［tɕ］的，以普通话读为［l］与［tɕ］两类为主（其实还包括后起的“脸”——甘谷话读作［tɕiɛn］，交通发达的地区已开始向［n］与［l］靠拢——等来母字），亦可见来母与见母（见系）之间异于其他，关系之亲密。来母字与齐齿呼韵母［ian］相拼的字，甘谷话多读如见母，如“脸”“斂”“輦”“攆”等。我们曾在专文中讨论过（参见《天水师范学院学报》2012年第1期）。（其实其他方言中也常见如“撿”徐铉时为来母，现在北京话却读如见母）。

（三十九）夌 《夊部》：“夌，越也，从夊、从兴。兴，高也。一曰夌偛也”。来母。

“夌”谐声之字二级二类共11字。

一级一类10字：

夌，见上，力膺切；

𡋯，“从去，夌声，读若陵”，力膺切；

餕，“从食，夌声”，里甑切；

淩，“从水，夌声”，力膺切；

凌，“朕，从仌，朕声”，“凌，朕或从夌”。力膺切；

掕，“从手，夌声”，里甑切；

綾，“从糸，夌声”，力膺切；

陵，“从𨸏，夌声”，力膺切；

庱，“从广，未详。丑拼切（新附字。从结构上看，此字或当“从广，夌声”。因徐铉作“未详”，故列而不论）；

棱，“从木夌声”，鲁登切。

二级一类2字：

淩，见前；

蔆，“从艸，淩声”，力膺切。

“夌”类字至徐铉读为一类：

来母：夌䔖淩凌綾陵蔆餕掕棱（蒸部）。

（附彻母：庱（蒸部））。

“夌”类字今甘谷话读为一类：

[l]：[lin^{35}] 陵绫凌，[lun^{35}] 淩凌，[lən^{35}] 棱。

其余诸字今甘谷话不用。

“夌”类字的继承与发展步调稳定，变化较少，都属于来母，不存在对比性讨论的问题。

（四十）兼　《秝部》：“兼，并也。从又持秝。兼持二禾，秉持一禾”。见母。

“兼”谐声之字二级二类共31字。

一级一类28字：

兼，见上，古甜切；

蒹，“从艸，兼声”，古恬切；

縑，“从糸，兼声”，古甛切；

𩝺，“从食，兼声。读若風溓溓。”力盐切；

㡘，“从巾，兼声”，力盐切；

鬑，“从髟，兼声。读若慊”，力盐切；

廉，“从广，兼声”，力兼切；

磏，“从石，兼声。读若镰”；力盐切；

熑，“从火，兼声”，力盐切；

溓，“从水，兼声”，力盐切；

𩅾，“从雨，兼声”，力盐切；

蠊，“从虫，兼声。读若嗛。”力盐切；

鎌，“从金，兼声”，力盐切；

謙，“从言，兼声”，苦兼切；

槏，“从木，兼声”，苦减切；

傔，“从人，兼声”，苦念切（新附字）；

歉，“从欠，兼声”，苦簟切；

鰜，“从魚，兼声”，古甛切；

嗛，“从口，兼声”，户监切；

稴，“从禾，兼声。读若风廉之廉。”力兼切；

慊，“从心，兼声”，户兼切；

嫌，“从女，兼声”，户兼切；

獫，“从犬，兼声。读若檻。”胡黯切；

鼸，“从鼠，兼声”，丘检切；

尲，“从尣，兼声”，古咸切；

隒，“从𨸏，兼声。读若俨。”鱼检切；

顩，“从頁，兼声”，五咸切；

齸，“从齒，兼声”，五衔切。

二级一类4字：

廉，见前；

薕，“从艸，廉声”，力盐切；

賺，“从貝，廉声”，佇陷切（新附字）；

簾，“从竹，廉声”，力盐切。

“兼”类字至徐铉分读为6类：

见母：兼蒹縑鰜尲（谈部。不过“咸”在侵部）；

溪母：謙鼸歉（谈部。“簟”在元部），槏傔（侵部）；

疑母：隒齸（谈部），顩（侵部）；

匣母：嗛慊嫌（谈部），獫（侵部）；

来母：鐮螊鬑廉磏熑溓蠊鎌霝稴薕簾（谈部）；

澄母：賺（谈部）。

“兼”类字今甘谷话分读为6类：

[tɕ]：[tɕiɛn^{214}] 兼，[tɕiɛn^{55}] 賺（两读。另一读见下）；

[tɕ‘]：[tɕ‘iɛn^{35}] 謙，[tɕ‘iɛn^{55}] 歉；

[ɕ]:[ɕiɛn³⁵] 嫌嗛;

[X]:[Xan³⁵] 嗛(其意今作“含”字,又作“啣”字,读如上);

[tɕjv]:[tɕjvan⁵⁵] 賺(此声母亦可归入[tɕ],因为特殊,单列于此);

[l]:[liɛn³⁵] 廉磏鎌簾。

其余诸字今甘谷话不用。

由此看来,“兼”类字至徐铉,主要是见母(见系)、疑母、匣母和来母。比较而言,仍呈现出见母(见系)和来母的关系更为密切的倾向。而这一倾向,在今甘谷话中有演变为舌面音与边音的趋势。倒过来说,“兼”类字今甘谷话分读为[tɕ]为代表的舌面音和边音[l],现存方言的这种状况能否说明见母与来母古同纽或其他特殊的关系?

“鬑,读若慊”,来母;“慊”,匣母。“磏,兼声,读若鎌”,“鎌”,来母。“蠊,兼声,读若嗛”,“嗛”,匣母。可见许慎时“兼”为声符字,已自有见母、来母、匣母之分别了。但却强烈表现出中古见、来、匣三母在上古的亲密关系。

(四十一)連《辵部》:“連,員連也。从辵、从車。”来母。

“連”谐声之字一级一类共8字:

連,见上,力延切;

蓮,“从艸,連声”,洛贤切;

謰,“从言,連声”,力延切;

憐,“从心,連声”,力延切。

鰱,“从魚,連声”,力延切;

鏈,“从金,連声”,力延切;

槤,“从木,連声”,里典切;

璉,“槤,臣铉等曰:‘今俗作璉’。”里典切;

“連”类字到徐铉读为一类:

来母:連謰憐鰱鏈(元部),蓮(本字在元部,“賢”字在真部),槤璉(元部,“典”字在文部)。

“連”类字今甘谷话读为一类:

[l]:[liɛn³⁵] 連謰鰱璉蓮,[liɛn⁵⁵] 鏈。

总体上,“連”类字的声音发展变化不大,应该是来母字中比较原始的一类，内部一致，不存在异声母之间比较的问题。

（四十二）羅《网部》："羅，经絲罟鳥也。从网、从維，古者芒氏初作羅。"来母。

"羅"谐音之字一级一类共3字：

羅，见上，鲁何切；

蘿，"从艸，羅声"，鲁何切；

邏，"从辵，羅声"，郎左切（新附字）。

"羅"类字至徐铉读为一类：

来母：羅蘿邏（歌部）。

"羅"类字今甘谷话读为一类：

[l]：[$lɤ^{35}$] 羅蘿邏。

"羅"类字的声音发展稳定，亦当是来母中古老的一类，属于比较原始的一支。羅类字由来母谐音，又俱为来母，没有分歧，不存在讨论对象。

（四十三）勺　《勺部》："勺，挹取也。象形，中有實，與包同意。"禅母。

"勺"谐声之字二级二类共19字。

一级一类18字：

勺，见上，之若切；

鼩，"从鼠，勺声"，之若切；

汋，"从水，勺声"，市若切；

酌，"从酉，勺声"，之若切；

約，"从糸，勺声"，於略切；

礿，"从示，勺声"，以灼切；

䵣，"从素，勺声"，以灼切；

灼，"从火，勺声"，之若切；

妁，"从女，勺声"，市勺切；

尥，"从尣，勺声"，力弔切；

釣，"从金，勺声"，多嘯切；

杓，"从禾，勺声"，都了切；

扚，"从手，勺声"，都了切；

玓，“从玉，勺声”，都历切；

靮，“从革，勺声”，都历切（新附字）；

仢，“从人，勺声”，徒历切（原本作“往历切”，形近而讹，误）；

馰，“从馬，勺声”，都历切（原作“的省声”，据段玉裁注：“旧作的省声。旳声亦勺声也。”则“的”当“旳”之形近而讹，且反切例与“玓”“靮”等字同，又《康熙字典》以为“的”即“旳”，故从段注）；

旳，“从日，勺声”，都历切。

二级一类 2 字：

約，见前；

箹，“从竹，約声”，於角切。

“勺”类字至徐铉分读为 7 类：

章（照三）母：䶂酌灼（药部）；

影母：约（药部。“略”在铎部）；

喻四母：礿葯（药部）；

禅母：汋妁（药部）；

来母：尥（宵部）；

端母：钓（药部），杓扚（宵部），玓靮馰旳（锡部。但“的（旳）”在药部，“勺”系字亦多在药部）；

定母：仢（锡部）。

“勺”类字今甘谷话分读为 5 类：

[tʂ]：[tʂɤ^{214}] 灼酌；

[tɕjv]：[tɕjvə^{214}] 酌；

[j]：[jɛ^{214}] 约；

[l]：[liau^{55}] 尥；

[t]：[tiau] 钓，[ti^{35}] 旳。

其余诸字今甘谷话不用。

显而易见，“尥”读来母，是“勺”从声符重韵轻声的一次偶得，或者倒过来说，来母字中充入“尥”字只是偶然现象，到徐铉时并存的章母、影母、喻母、禅母、端母、定母等与来母之间，无以讨论其亲疏远近的血缘关系。

勺类字由禅母谐声，但只有 1 个来母字，不足以为我们讨论问题的材料。

（四十四）凡 《二部》："凡，最括也。从二。二，偶也。从乃。乃，古文及。"并（奉）母。

"凡"谐声之字二级二类共11字。

一级一类7字：

凡，见上，浮芝切；

梵，"（徐铉曰）出自西域释书，未详意义。扶泛切"又"汎，孚梵切"，近之，姑列此；

汎，"从水，凡声"，孚梵切；

軓，"从車，凡声"，（段玉裁注："大徐但云'音範'，《广韵》'防錽切'。"）；

風，"从虫，凡声"，方戎切；

鳳，"从鳥，凡声"，冯贡切；

芃，"从艸，凡声"，房戎切。

二级一类4字：

風，见前；

楓，"从木，風声"，方戎切；

諷，"从言，風声"，芳奉切；

葻，"从艸，風声。读若婪。"卢含切。

三级一类2字：

葻，见上；

嵐，"从山，葻省声"，卢含切（新附字）。

"凡"类字至徐铉分读为4类：

并（奉）母：凡梵軓（侵部），鳳（东部），芃（冬部）；

滂（敷）母：汎（侵部），諷（东部）；

帮（非）母：風楓（冬部）；

来母：葻嵐（侵部）。

"凡"类字今甘谷话分读为2类：

[f]：[fan^{35}] 凡梵，[fan^{55}] 汎，[fən^{55}] 鳳楓，[fən^{214}] 諷風；

[l]：[lan^{35}] 葻（作人名）嵐（书面语或人名）。"軓"字今甘谷话不用。

“凡”类字至徐铉时基本上以轻唇音为主，但却横生出一些来母字。对此，有人以古双音节词“飞廉”——“風”，“孛缆”——“風”为依据，认为“嵐”［lam］是“風”［pjəm］的分化音，其实质是认为“風”在那时有［pjəm］、［ləm］二音。虽说得委婉，但令读者忍不住要想，“風”的二音之间有什么血肉联系吗？是同一个声母的分化呢，还是真的如今日之同形词（字）而音、义俱不同呢？

有分析而无证据，我们便只能从统计学的角度去看待谁和来母之间关系更密切了。如果去掉新附字“嵐”，许慎时“凡”类唯一的来母字“嵐”的出现，也应该算是古人用形声法造字时重韵轻声而产生的意外后果，只是一种偶然现象。它的出现丰富了来母字，却既不能说明轻唇声母（据说那时没有轻唇，只有重唇，所以人们将“風”拟作［pjəm］。但在唐、宋时已经有了）和来母在过去是同一个声母，也不至于动摇今后来母的发展方向。因为只此一例！

凡类字由并（奉）母谐声，但来母字只有 2 个，不足以为我们讨论问题的材料。

（四十五）各　《口部》：“各，異辭也。从口、夊，夊者，有行而止之，不相聽也。”见母。

“各”谐声之字二级四类共 44 字。

一级一类 33 字（不含 2 个寄列字）：

各，见上，古洛切；

胳，“从肉，各声”，古洛切；

茖，“从艸，各声”，古额切；

骼，“从骨，各声”，古洛切；

辂，“从丰，各声”，古百切；

觡，“从角，各声”，古百切；

格，“从木，各声”，古百切；

閣，“从門，各声”，古洛切；

挌，“从手，各声”，古覈切；

鞈，“从革，各声”，卢各切；

略，“从目，各声”，卢各切；

雒，“从隹，各声”，卢各切；

箬，“从竹，各声”，卢各切；

駱，“从马，各声”，卢各切；

烙，“从火，各声”，卢各切（新附字）；

洛，“从水，各声”，卢各切；

零，“从雨，各声”，卢各切；

鮥，“从魚，各声”，卢各切；

絡，“从糸，各声”，卢各切；

鉻，“从金，各声”，卢各切；

略，“从田，各声”，乌约切（段注作“离约切”）；

賂，“从貝，各声”，洛故切；

輅，“从車，各声”，洛故切；

咎，“从人、各。各者，相違也”，其久切。（此字许慎认为非形声字，徐铉亦以为会意字。但我们想把“咎”得声的字附于“各”类之后——本该单列为一类，但我们私下以为，“咎”字与“各”字声母发音部位相同——见系——总觉得有什么联系，所以将此字寄列于此）；

恪，“駕，从馬加声。恪，籀文駕”，古讶切；

客，“从宀，各声”，苦格切；

鼦，“从鼠，各声”，下各切；

垎，“从土，各声”，胡格切；

路，“从足、从各”，洛故切（许慎不以为形声字。与“咎”下注一样的理由，亦寄列于此）；

詻，“从言，各声”，五陌切；

鵅，“从鳥，各声”，卢谷切；

頟，“从頁，各声”，五陌切；

貉，“从豸，各声”，莫白切；

酪，“从酉，各声”，卢各切（新附字）；

恪，“愙，从心客声。”“臣铉等曰：今俗作‘恪’。”苦各切。

二级一类 2 字：

洛，见前；

落，“从艸，洛声”，卢谷切。

二级二类 2 字：

客，见前；

愙，“从心，客声”，苦各切。

二级三类 2 字：

頟，见前；

額，“頟，从頁，各声。”“臣铉等曰：今俗作‘額’。”五陌切（亦可归于“客”类下，因在“頟”下，附此）。

附一类二级二类共 8 字。

附一级一类 7 字：

路，见前；

輅，“从車，各声”，“臣铉等曰：‘各’非声，当以‘路’省。洛故切”；

賂，“从貝，各声”，“臣铉等曰：当从‘路’省，乃得声。洛故切”；

璐，“从玉，路声”，洛故切；

鷺，“从鳥，路声”，洛故切；

簬，“从竹，路声”，洛故切；

潞，“从水，路声。”洛故切。

附二级一类 2 字：

輅，见前；

簵，“簬，从竹，路声。簵，古文簬，从輅”。洛故切；

附一类一级一类共 4 字：

咎，见前；

綹，“从糸，咎声，读若柳”，力久切；

倃，“从人，咎声”，其久切；

鮥，“从魚，咎声”，其久切；

“各”类字最为复杂有趣，为能有比较地进行，我们把“各”类、“咎”类、“路”类当作同一大类进行声、韵比较，再进行讨论。我们将此三类统称为“各”类。

“各”类字至徐铉分读为 7 类：

见母：各胳骼閣茖鵅觡格（铎部），格（锡部），牫（鱼部）；

溪母：恪客愙（铎部）；

群母：咎倃鮥（幽部。其中“綹，力久切”，“倃鮥”二字亦同部作“其久切”，“綹、咎”二字在幽部，“久”字在之部）；

疑母：諮頟額（铎部）；

匣母：鼦垎（铎部）；

来母：輅略雒箬駱烙洛雺鮥絡鉻賂輅酪落鴼璐鷺潞簬簵（铎部，但反切下字“谷”在屋部，“故”在鱼部），綹（幽部）；

明微母：貉（铎部）。

“各”类字今甘谷话分读为6类：

[k]：[kiə^{214}] 各胳骼閣觡；[keI^{214}] 格頟額；

[tɕ‘]：[tɕ‘iə^{214}] 恪（文读为 [k‘iə^{214}]）；

[k‘]：[k‘iə^{214}] 恪；

[tɕ] [tɕiəu^{55}] 咎；

[l]：[lɤ^{214}] 雒駱烙洛絡鉻落，[lʊ^{55}] 賂路璐鷺，[liau^{55}] 綹；

[x]：[xɤ^{35}] 貉（其他音、义今甘谷话不用。如 [mo^{51}]、[xau^{35}] 等）。

其余诸字今甘谷话不用。

“各”类、“咎”类、“路”类从其韵母来看，基本上都集中于铎部。但独立来看，“咎”类全是幽部，所以可以认为“咎”类与“各”类无关，应是独立的一类，而就其独立性而论，内部又区分为群母和来母，也可以大略区分为见系与来母了。

从反切状况看，“路”类与“各”类基本一致，应可并为一类，从许慎的表达规则上看，即应表述为：“路，从足、从各，各亦声”。

不过即使不是一类，我们将上述三类合并起来分析，也不会影响我们的工作内容的真实性和方向的正确性，因为截至目前，我们所依靠的，仅仅是直观的、统计归类式的比较分析。

从前述情形看，“各”类到徐铉时总体上以见系（见溪、群疑）和来母为主，且处于同一层次之中。现存甘谷话中，也主要以 [k]、[k‘]、[tɕ‘] 和 [l] 为主。显然，就“各”类而言，见系与来母在上古关系特别。在此基础上，又拓展出匣母、疑母来（在甘谷话中，疑母与来母关系密切，留待后论。但一些来母字谐疑母，也证明了由于近似音而产生的拓展方式是存在的）。所以，“各”类字的存在方式，成为我们探讨见系和来母关系的重要标本之一（依我们的考察，见系——包括溪、群与来母关系密切，所以咎从各声可通，路从各声亦通。）。

当然，“各”类字的生存方式，也为我们展示了来母字生存与壮大过程中的复杂而更全面的纵、横影响力，以及这些影响力产生的结果。

（四十六）耒　《耒部》：“耒，手耕曲木也。从木推丰。古者垂作耒耜以振民也。”来母。

“耒”谐声之字一级一类共5字：

耒，见上，卢对切；

誄，“从言，耒声”，力轨切；

耒，“从艸，耒，耒亦声”，卢对切；

耒，“从邑，耒声”，卢对切；

頛，“从頁、从耒。耒，頭傾也。讀又若《春秋》陳夏齧之齧”。卢对切（反切与“耒”与“耒”等同，故当“耒亦声”。段注本作“从頁、耒。耒，傾頭，亦声”）。

“耒”类字至徐铉读为一类：

来母：耒誄耒耒頛（微部。不过“对”字在物部。阴、入可转）。

“耒”类字今甘谷话读为一类：

[l]：[laI^{35}] 耒誄。

其余诸字今甘谷话不用。

“耒”类字当是来母古老、稳定的一类。

耒类字由来母谐声，又都属于来母，没有分歧，不存在讨论对象。

（四十七）麗　《鹿部》：“麗，旅行也。鹿之性，见食急，则必旅行。从鹿，丽声。《禮》‘麗皮納聘’盖鹿皮也。丽，古文。”（《説文》无“丽”字，《康熙字典》以为“丽”，“麗”之古文）。来母。

“麗”谐声之字一级一类共17字：

麗，见上，郎计切；

蘼，“从艸，麗声”，吕支切；

儷，“从人，麗声”，吕支切；

驪，“从馬，麗声”，吕支切；

鱺，“从魚，麗声”，郎兮切；

邐，“从辵，麗声”，力纸切；

𢿲，“从攴，麗声”，力米切；

酈，“从邑，麗声”，郎击切；

𤻶，“从疒，麗声”，“读若隶，”郎计切；

䙰，“从見，麗声，读若池”，郎计切；

灑，“从水，麗声”，山豉切；

籭，“从竹，麗声”，所宜切；

曬，“从日，麗声”，所智切；

釃，“从酉，麗声”，所绮切；

躧，“从足，麗声”，所绮切；

𩏝，“躧，𩏝，或从革。”所绮切；

纚，“从糸，麗声”，所绮切。

“麗”谐声之字至徐铉分读为2类：

来母：麗𤻶䙰䕻儷驪鱺邐𢿲酈（支部。但“击”在锡部，“计”在质部，“米”在脂部）；

山（审二）母：灑曬釃躧𩏝纚（支部。但“绮”在歌部），籭（歌部）。

“麗”类字今甘谷话分读为2类：

［l］：［li^{55}］麗儷［li^{35}］驪；

［s］：［sa^{51}］灑，［saI^{55}］曬。

其余诸字今甘谷话不用。

“麗”类字至徐铉，主要以审母和来母为主，今甘谷话仍然在用的字情况大致相同。这表明“麗”类字发展过程的稳定性较好，而且这种稳定的生存状况大约从许慎时代已经开始，“䙰”字从“麗”声，来母，而许慎则明确指出“读若池”，可惜小徐本无“池”字。但“池”字为定（澄）母，与来母不同却是肯定的。加上“𤻶”字强调“读若隶”，又明显强调读来母，是知许慎时“麗”类已有“池”“隶”两读。只是，我们不知道在许慎时代，“池”与“所”是不是相同或相近呢？

不过，来母读如“池”，在“离”类那里也存在，也许，许慎时这是一种规律，至少，是一种现象存在了。

但是，许慎明言“读若池”的“䙰”是不是“求也”意义上的“䙰”，只可惜此义此字今甘谷话已不用，无法提供证明。可问题是，“读若池”的“覼”，又如何发展到了“即计切”的？徐氏难道不问？“池”字徐铉不注，许慎也未列出，据段玉裁考证并列入，“池，陂也，从水也声”，注：“此篆及解各本无。今补”。而徐铉于“沱”字下云：“臣铉等曰：沱沼之沱通用，此字今别作‘池’，非是”。已经讨论到“非是”了，却没有再深究，也没有替我们用“臣徐铉等曰”的口气多保留一些材料。可惜！

段玉裁注意到了这些问题，先后列举了一些材料：

1. 徐铉“沱”字下注（见上）；

2. 《初学记》引《说文》“池者，陂也。从水，也声。”

3. 《自部》：“陂，...... 一曰池也。”

4. 《衣部》：“褫，读若池。”

由上述材料，段玉裁认为“池与陂为转注。”

5. 《风俗通》云：“池者，陂也。从水，也声。”

由此，段玉裁说：“然则应（劭）所见固有‘池’篆，别于‘沱’篆显然。……逮其后，《说文》佚此，而浅人谓沱、池无二。”也作直离切。

但同样的，我们注意到，段氏注意到了“池”字的存在，并以为直离切，定（澄）母，却只强调韵部（十七部），并不讨论“池”与“郎计切”之间因为“覼”字“麗声”所形成的生存状态和关系。

这样，许慎时明确的定（澄）母（“池”）与来母（“隶”），和徐铉时的山（“所”）母与来母（“郎”）之间是什么关系，以及二者内部（定（澄）母与来母、山母与来母之间）的关系，就都成了问题。

麗类由来母谐声，分为来、山（审二）二母，且用例都在3字以上，又处于同一层级，相互间具有关系密切的可能性。

（四十八）利 《刀部》：“利，銛也。从刀，和然后利。从和省（段玉裁注本作銛也。‘刀和然后利，从刀，和省’”）。《易》曰：“‘利者，義之和也’。”来母。

“利”谐声之字二级二类共11字。

一级一类5字：

利，见上，力致切；

黎，“从黍，秎省声。秎，古文利。”郎奚切；

㜑，“从邑，𥝢声。𥝢，古文利。”郎奚切；

颲，“从風，利声，读若栗。”力质切；

梨，“从木，𥝢声。𥝢，古文利。”力脂切。

二级一类 7 字：

黎，见前；

藜，“从艸，黎声”，郎奚切；

犂，“从牛，黎声”，郎奚切；

邌，“从辵，黎声”，郎奚切；

䴻，“从隹，黎声”，郎兮切；

𢡟，“从心，黎声”，郎尸切；

鑗，“从金，黎声”，郎兮切。

“利”类字至徐铉读为一类：

来母：利黎㜑梨藜犂邌𢡟（脂部），颲（质部），䴻鑗（支部）。（从整体情况看䴻鑗二字或亦当脂部。前几字反切下字“奚”在支部，但本字（被切字）却在脂部，由是知之）。

“利”类字今甘谷话读为一类：

［l］：［li^{55}］利，［li^{35}］黎梨鑗藜。

其余诸字今甘谷话不用。

由此而言，“利”类亦是来母中稳定、古老、变化较少的一类。

利类由来母谐声，属于同一个声母，没有分歧，不存在讨论的对象。

（四十九）京　《京部》：“京，人所为绝高丘也。从高省。丨，象高形。”见母。

“京”谐声之字二级二类共 16 字。

一级一类 14 字：

京，见上，举卿切；

景，“从日，京声”，居影切；

倞，“从人，京声”，渠竟切；

犣，“从牛，京声”，吕张切；

椋，“从木，京声”，吕张切；

涼，“从水，京声”，吕张切；

輬，“从車，京声”，吕张切；

醇，“从酉，京声”，力让切；

諒，“从言，京声”，力让切；

㹁，“从旡，京声”，力让切；

麠，“麠，从鹿，畺声，麖、或从京。”举卿切；

黥，“从黑，京声”，渠京切；

勍，“从力，京声”，渠京切；

掠，“从手，京声，本音亮，《唐韵》或作擽。离灼切。”（新附字）；

二级一类2字：

景，见前；

憬，“从心，景声”，俱永切；

二级二类2字：

涼，见前；

飆，“从凬，涼省声”，吕张切；

“京”类字至徐铉分读为3类：

见母：京景麖（阳部）；

群母：倞黥勍（阳部）；

来母：犉椋涼輬醇諒㹁（阳部），掠（铎部）。

“京”类今甘谷话分读为3类：

［tɕ］：［tɕin²¹⁴］京，［tɕin⁵¹］景；

［l］：［liaŋ⁵⁵］倞諒；［liaŋ³⁵］涼輬；

其余诸字今甘谷话不用。

“京”类字至徐铉时，分读为3类，也可认为分读为见系和来母2大类，今甘谷话也基本保持了唐、宋时的分类。因此，可以看到，“京”类字发展比较稳定，倒过来看，“京”类字的这种存在状态，是否能表明，见母（见系）与来母之间有着特殊密切的关系，甚至可以认为见母、来母古同纽！也就是说，古“京”类字（同一个声母）后来分化为见母（系）和来母。至少，“京”类是今来母字一种较古老的来源。或者可以说，来母从“京”类（见母）吸收了重要营养，受到了见母字的影响，使来母字得以更健康的发展。

（五十）萬《内部》：“萬，蟲也。从厹，象形。”明母。

“萬”谐声之字二级二类共9字。

一级一类6字：

萬，见上，无贩切；

贎，“从貝，萬声”，无贩切；

讃，“从言，萬声”，莫话切；

糲，“从米，萬声”，洛带切；

勱，“读若萬从力，萬声”，莫话切；

蠇，“从虫，萬声。读若賴”，力制切。

二级一类4字：

厲，“从厂，蠆省声”，力制切；

濿，“砅，从水、从石。濿，砅或从砅”，力制切；

犡，“从牛，厲声”，洛带切；

礪，“从石，厲声”，力制切（新附字）。

“萬”类字至徐铉分读为2类：

明（微）母：萬贎（元部）；讃勱（月部）；

来母：厲糲蠇濿犡礪（月部）（此类以“萬”为类之首字，但“萬”字许慎明作从“蠆”省声。但我们以为“蠇”字“从虫，萬省。读若賴”，徐铉亦作“力制切”，故将“厲”字作为“萬”类之二级字。为了减少我们这种臆断的负面影响，我们在下文“蠆”类后将“萬”类并入讨论）。

萬类由明（微）母谐声，共分为明（微）、来二母，且用例各在3例以上，且所处层级基本相同，由此二者之间存在关系密切的可能性。

（五十一）蠆　《虫部》：“蠆，毒虫也。象形。蠤，蠆或从蚰。”透彻母。

“蠆”谐声之字一级一类共6字：

蠆，见上，丑芥切；

厲，见前，力制切；

邁，“从辵，蠆省声”，莫话切；

癘，“从疒，蠆省声”，洛带切；

巁，“从山，蠆声。读若厲”，力制切；

噧，“从口，蠆省声”，诃介切。

从这些字的反切看，应与“萬”声相通，不过为保持原貌，我们也分别讨论如下。

“萬”类字至徐铉分读为 2 类：

明（微）母：邁譪勱（月部）；萬贎（元部）；

来母：糲蠇（月部）。

“蠆”类字至徐铉分读为 3 类：

来母：厲濿犡礪癘蠤（月部）；

透（彻）母：蠆（月部）；

晓母：噧（月部）；

月部、元部阳入对转，古通。故“萬”“蠆”二类似可归入同类。

“萬”类、“蠆”类今甘谷话分读为 3 类：

“萬”类：

[l]：[li⁵⁵] 蠇；

[ø] / [w]：[wan⁵⁵] 萬；

[m]：[maI⁵⁵] 勱（勱力，今甘谷话作“卖力”）。

“蠆”类：

[l]：[li⁵⁵] 厲犡礪。

其余诸字今甘谷话不用。

从反切情况看，“萬”类、“蠆”类似应归为一类。如果视为一类，其声母至徐铉的分布看，主要是古明母和来母。由此看来，古“萬”（包括“蠆”类）类字至徐铉时分化为两大类，即明母（明母又分为明母和微母）、来母。现在的甘谷方言也保持了这一特征。因此，“萬”类是中古以后来母的源泉之一。至于彻母、晓母（各一字），应是古形声字重韵不重声的偶然所得。

蠆类由透（彻）母谐声，由于来母字只有 2 个，不足以作为我们讨论问题的用例。

（五十二）勞　《力部》：“勞，劇也。从力，熒省。熒，火燒冂。用力者勞”。来母。

“勞”谐声之字一级一类共 5 字：

勞，见上，鲁刀切；

澇，“从水，勞声”，鲁刀切；

癆，“从疒，勞声”，郎到切；

荦，“从牛，劳省声”，吕角切；

唠，“从口，劳声”，敕交切。

“劳”类字至徐铉分读为 2 类：

来母：劳涝痨（宵部），荦（药部，不过反切下字“角在屋部”）；

透（彻）母：唠（宵部）。

“劳”类字今甘谷话读为 1 类：

[l]：[lau35] 劳痨唠，[lau55] 涝（其中“唠”字许慎云“唠呶，讙也”，徐铉作“敕交切”，或以为即后世“吵闹”之字。如是，则读 [ts ‘au51]。或以为今甘谷话聊天之意为“[kau51 话]”，[kau51] 即为“唠”，甘谷话中来母、见母可通、故“劳声”之“唠”可读 [kau51] 甚是）。“荦”字今甘谷话不用。

“劳”类字徐铉主要读来母，“唠”字从“劳声”，亦当来母，后世亦读来母，而徐铉读为彻母，不排除其讹误所致。当然，如不误如是，也是古形声字用声重韵轻声的偶得，应该与来母本体的发展变化无关。

至于“劳”类字韵母分为宵、药二部，阴、入本通，没有疑义。

由此看来，“劳”类也是来母古老、稳定的源泉之一。

劳类由来母谐声，分为来、透（彻）二母，由于透（彻）母用例只有一字，因此劳类不作为我们讨论问题的用例。

（五十三）厂　《厂部》：“厂，抴也，明也。象抴引之形。”余（喻四）母。

“厂”谐声之字二级二类共 18 字。

一级一类 2 定：

厂，见上，余制切；

虒，“从虎，厂声”，息移切。

二级一类 17 字：

虒，见上；

禠，“从示，虒声”，息移切；

嗁，“从口，虒声”，杜兮切；

趍，“从走，虒声，读若池”。直离切；

遞，“从辵，虒声”，特计切；

蹏，“从足，虒声”，杜兮切；

鷈，“从龠，虒声”，直离切；

篪，“鷈，或从竹”，直离切；

鷉，“从鳥，虒声”，土鸡切；

觽，“从角，虒声”，敕豖切；

褫，“从衣，虒声，读若池”，直离切；

歋，“从欠，虒声”，以支切；

鼶，“从鼠，虒声”，息移切；

滤，“从水，虒声”，息移切；

縭，“从糸，虒声”，郎兮切；

鎞，“从金，虒声”，杜兮切；

榹，“从木，虒声”，息移切。

“厂”类字至徐铉分读为7类：

余（喻四）母：厂（月部）歋（支部）；

心母：虒褫鼶滤榹（支部）；

定（澄）母：嗁蹏鎞遞（支部。其“遞”切语下字“计”在质部；显示出韵母的变化）；趍鷈篪褫（支部。不过切语下字“离”在歌部，显示出韵母的变化）；

透（彻）母：鷉觽（支部）；

来母：縭（支部）。

“厂”类字今甘谷话分读为4类：

[tɕ‘]：[tɕ‘i^{35}] 嗁蹏；

[t]：[ti^{55}] 遞；

[ts‘]：[ts‘$ɿ^{35}$] 趍（许慎云：“趍鷥，轻薄也”，今甘谷话谓小儿淘气、捣蛋不安稳为“[ts‘$ɿ^{35}$] [tʂʅ]”）或单说“[ts‘$ɿ^{35}$]”，正此。段注以为“趍鷥，周汉人语。”是甘谷语又一上古语也）；

[tʂ‘]：[tʂ‘$ʅ^{55}$] 鷈（书面语读，作“篪”），[tʂ‘$ʅ^{214}$] 褫（书面语读）。

其余诸字今甘谷话不用。

由此看来，“厂”类二级字中出现一个来母字“縭”，是谐声字重韵母轻声母的偶然结果，不能据此讨论来母与“厂”类其他声母之间的关系。

附：杝《木部》："杝，落也。从木，也聲，读若他。"

"杝"字从"也声，读若他，本与来母无关。不过前人多以为"杝"即籬字，段注："玄应书谓杝欐籬三字同，引《通俗文》'柴垣曰杝，木垣曰栅'。按《释名》亦云：'籬，離也，以柴竹作'，……"。故现代汉语中"杝"有四读：1、yí，木名；2、chǐ，顺木纹劈开；3、lí，篱笆；4、duò，船舵。逆而推之，许慎之"落也"之意，依段氏，当是"读如離，又读若他（陁）"之脱文所致，不当直接"读若他"。

即便"杝"上古有来母的读音，因"也"谐声之字只此一个来母字，也不能据以讨论来母与"也"谐声字之间的关系，加之许慎、徐铉俱不以为来母字，故附而不论。

（五十四）牢　《牛部》："牢，閑，養牛馬圈也，从牛、冬省，取其四周帀也。"来母。

"牢"谐声字独自身一字。至徐铉读鲁刀切，来母（幽部。反切下字"刀"在宵部）。

"牢"字今甘谷话读作［l］：［lau^35］。

"牢"字作为来母字，是古老的一类。

牢类由来母谐声，又仅有一字，因此列而不论。

（五十五）率　《率部》："率，捕鳥畢也，象絲罔，上下其竿柄也。"山（审二）母。

"率"谐声之字一级一类共6字：

率，见上，所律切；

嵂，"从口，率声，读若啐"，所劣切；

逹，"从辵，率声"，疏密切；

衛，"从行，率声"，所律切；

繂，"从素，率声"，所律切；

膟，"膂，从肉，帥声。膟，膂或从率"。吕戌切。（由此字，知"率"后世又读来母，或古已如之）。

"率"类字至徐铉分读为2类：

山（审二）母：率衛繂（物部），嵂（月部），逹（质部）；

来母：膟（月部）。

"率"类字今甘谷话分读为3类：

［ɕ］：［ɕjvaɪ²¹⁴］ 率衛，［ɕjvaɪ⁵¹］ 逹；

［s］：［suo³⁵］ 啐；

［tɕ］：［tɕy²¹⁴］ 率。

"䢦"字今甘谷话不用。"逹，先道也"，今甘谷话用作"率"；"衛，将衛也"，今甘谷话亦用作"率"。"利率""效率"字今甘谷话读作［tɕy²¹⁴］，可惜，"血祭"之"膟"今不用。

"率"类字至徐铉分为山、来二母。其中来母一字恐是偶得，与来母的发展规律无关，不过也由此为后世增添了一些来母字，如"率"。"率"类至徐铉分属物、月、质三部，都是入声，可旁通。

因此，来母与"率"类之间，应有吸收、有影响，但"率"类不是来母的本源，进一步讲，"率"类中的山母与来母不具备共源关系，"膟"是声符重韵轻声的结果和偶得。

率类由山（审二）母谐声，分为山（审二）、来母，由于来母用例只有一字，因此不作为我们讨论问题的材料。

（五十六）文　《文部》："文，錯畫也，象交文。"明（微）母。

"文"谐声之字二级四类共12字。

一级一类8字：

文，见上，无分切；

駇，"从馬、从文，文亦声"，无分切；

汶，"从水，文声"，亡运切；

紊，"从糸，文声"，亡运切；

旻，"从日，文声"，武巾切；

閔，"从門，文声"，眉殒切；

吝，"从口，文声"，良刃切；

彣，"彧也，从彡、从文"，无分切。（此字许氏不从文声，只因其反切与"文"同，兼之"吝"字古文作"𠵈"，而"吝"字"文声"，故附列于此）。

二级一类2字：

吝，见前；

麐，"从鹿，吝声"，力珍切。

二级二类3字：

閔，见前；

潣，“从水，閔声”眉殒切；

憫，“閔，从門，文声。”臣铉等曰：“今别作‘憫’，非是。”是徐铉以为当时有“憫”字，眉殒切，只是人们以为“憫”字，“非是”。因此列此，眉殒切。

二级三类2字：

彣，见前；

吝，“吝”之古文，良刃切。

“文（包括“彣”）”类字至徐铉分读为2类：

明（微）母：文駇旻紊汶彣閔潣憫（文部）；

来母：吝吝（文部）麐（真部）。

“文（彣）”类字今甘谷话分读为3类：

[w]：[wən[35]] 文駇，[wən[51]] 紊汶；

[m]：[min[51]] 旻閔憫；

[l]：[lin[55]] 吝。

其余诸字今甘谷话不用。

“文”类字以微母和来母字为主，自唐、宋至今甘谷话基本保持稳定，似乎是表现出中古明（微）母、来母在上古有同纽的倾向。但“文”类字至徐铉读来母的字，与明（微）母字多不在同一层级，所以此处只能存疑。

（五十七）秝　《秝部》：“秝，稀疏適也。从二禾。读若歷。”来母。

“秝”谐声之字三级三类共8字。

一级一类2字：

秝，见上，郎击切；

厤，“从厂，秝声，”郎击切。

二级一类4字：

厤，见上；

歷，“从止，厤声”，郎击切；

曆，“从日，厤声”，郎击切（新附字）；

磿，“从石，厤声”，郎击切。

三级一类4字：

歷，见前；

瀝，“从水，歷声”，郎击切；

屧，“从履省，歷声”，郎击切；

櫪，“从木，歷声”，郎击切。

“秝”类字至徐铉读作一类：

来母：秝厤曆歷磿瀝屧櫪（锡部）。

“秝”类字今甘谷话读作一类：

［l］：［li^{35}］曆歷櫪，［li^{55}］/［$liou^{51}$］瀝（许慎云：“浚也。一曰水下滴瀝，”今甘谷话读［ti^{214}］［$liəu^{51}$］）。

其余诸字今甘谷话不用。

“秝”类字自许慎而徐铉，至于今甘谷话，一直表现得十分稳固稳定，应是来母较古老的来源之一。

秝类由来母谐声，又俱属来母，没有歧义，不存在讨论对象。

（五十八）竦　《立部》：“竦，臨也。从立、从隶。”来母。

“竦”，谐声之字仅自身一字。徐铉作“力至切”，来母（质部）。

“竦”字今甘谷话读作［li^{51}］（或以为此即“莅临”之本字，故如是）。（《经典释文》云：“古无莅字，《说文》作竦”。——转自段玉裁注）。

竦类仅一字，不存在讨论对象。

（五十九）示　《示部》：“天垂象，見吉凶，所以示人也。从二。三垂，日、月、星也。觀乎天文以察時變，示神事也。”船母。

“示”谐声之字三级三类共6字。

一级一类3字：

示，见上，神至切；

柰，“从木，示声”，奴带切；

狋，“从犬，示声”，“读又若银”，语其切（银，从金，艮声。语巾切）。

二级一类3字：

柰，见前；

隸，“从隶，柰声”，郎计切（隸，古文隸）；

渿，“从水，柰声”，奴带切。

三级一类 2 字：

隸，见前；

欚，“从木，隸声”，郎计切（隸，古文隸，见上）。

“示”类字至徐铉分读为 4 类：

船（床三）母：示（脂部。不过“至”在质部）；

疑母：狋（之部，或文部）；

泥部：柰渿（月部）；

来母：隸欚（质部）。

“示”类字今甘谷话分读为 3 类：

[j] / [ø]：[jin⁵⁵] 狋（书面语读）；

[s]：[sɿ⁵⁵] 示；

[l]：[laɪ⁵⁵] 柰，[li⁵⁵] 隸。

其余诸字今甘谷话不用。

“示”类字至徐铉分读为船、疑、泥、来母等四类。今存的甘谷话中，疑母、泥母、娘母、来母等声母的字多有读如来母（[l]）的现象，（我们后面有专论）。徐铉至今甘谷话的这些现象表明：（一）从中古到今天的甘谷话，这些声母读音很接近（音近），所以时常讹混；（二）来母字曾经从这些声母中吸收了一批字体；（三）这些不同声母但同声符的字在上古本属同一个声母。

但无论如何，有一点是肯定的，即自唐宋以来，来母所受疑母、泥母、日母、娘母的冲击是剧烈的，影响是巨大的。而且，这些冲击和影响至今仍然没有停歇的迹象。

示类由船（床三）母谐声，分为船（床三）、疑、泥、来四母，但由于来母用例不足 3 例，因此不作为我们讨论问题的材料。

（六十）粦　《炎部》：“粦，兵死，及牛马之血为粦。粦，鬼火也。从炎、舛。”来母。

“粦”谐声之字二级二类共 16 字。

一级一类 15 字：

粦，见上，良刃切；

遴，“从辵，粦声”，良刃切；

僯，“遴，僯，或从人”，良刃切；

蹸，“从足，粦声”，良忍切；

瞵，“从目，粦声”，力珍切；

鄰，“从邑，粦声”，力珍切；

顲，“从頁，粦声”，良忍切；

麟，“从鹿，粦声”，力珍切；

獜，“从犬，粦声”，力珍切；

憐，“从心，粦声”，落贤切；

粼，“从巜，粦声”，力珍切；

鱗，“从魚，粦声”，力珍切；

疄，“从田，粦声”，良刃切；

轔，“从車，粦声”，力珍切（新附字）；

嶙，“从山，粦声”，力珍切（新附字）。

二级一类2字：

遴，见前；

蕛，“司馬相如说蔆从遴”，作蕛。力膺切。

“粦”类字至徐铉读为一类：

来母：粦遴僯蹸瞵鄰顲麟獜粼鱗疄轔嶙憐（真部。不过，反切下字“刃”“忍”二字在文部），蕛（蒸部）。

“粦”类字今甘谷话读为一类：

[l]：[lin³⁵] 粦遴鄰麟粼鱗轔，[liɛn³⁵] 憐。

其余诸字今甘谷话不用。

由此可见，“粦”类字自始至今保持了极好的稳定性，应该是来母字古源头之一。

另外，“蕛”字从“遴”声，后者为前鼻音韵尾，而前者为后鼻音韵尾，则是上古前、后鼻音韵尾似亦“相近”，故可互为声符。

粦类由来母谐声，又俱属来母，没有分歧，不存在讨论的对象。

（六十一）巤 《囟部》：“巤，毛巤也。象髮在囟上，及毛髮巤巤之形。此與籀文子字同。”来母。

“巤”谐声之字一级一类共9字：

巤，见上，良涉切；

邋，“从辵，巤声”，良涉切；

臘，“从肉，巤声”，卢盍切；

儠，“从人，巤声”，良涉切；

鬣，“从髟，巤声”，良涉切；

𣰷，“鬣，或从毛”，良涉切；

豣，“鬣，或从豕”，良涉切；

獵，“从犬，巤声”，良涉切；

擸，“从手，巤声”，良涉切。

“巤”类字至徐铉读为一类：

来母：巤儠邋鬣𣰷豣獵擸臘（叶部）。

“巤”类字今甘谷话读为一类：

[l]：[liə²¹⁴] 巤獵擸，[la²¹⁴] 邋臘。

“巤”类字保持了从许慎、徐铉至今甘谷话的稳定性，应该是来母的古源头之一。

巤类由来母谐声，又俱属来母，没有分歧，不存在讨论对象。

（六十二）聯　《耳部》：“聯，連也。从耳，耳連於頰也；从絲，絲連不絶也。”来母。

“聯”谐声之字一级一类共 2 字：

聯，见上，力延切；

䶑，“从齒，聯声”，力延切。

“聯”类字至徐铉读为一类：

来母：聯䶑（元部）。

“聯”类今甘谷话读为一类：

[l]：[liɛn³⁵] 聯。

“䶑”字今甘谷话不用。

“聯”谐声之字很少，因此难以看到更多信息，但仅存的两字在发展过程中十分稳定，始终保持为来母。

聯类由来母谐声，只有 2 字，不作为我们讨论问题的材料。

（六十三）侖　《亼部》：“侖，思也。从亼、从冊。”来母。

“侖”谐声之字一级一类共 11 字：

侖，见上，力屯切；

論，“从言，侖声”，卢昆切；

棆，“从木，侖声。读若《易》卦屯”，陟伦切；

倫，“从人，侖声”，田屯切；

崙，“从山，侖声”，卢昆切；

惀，“从心，侖声”，卢昆切；

淪，“从水，侖声”，力迍切；

掄，“从手，侖声，”卢昆切；

蜦，“从虫，侖声。读若戾艸”。力屯切；

輪，“从車，侖声”，力屯切；

陯，“从𠂤，侖声”，卢昆切。

“侖”类字至徐铉分读为3类：

来母：侖輪蜦論崙惀淪掄陯（文部）；

端（知）母：棆（文部）；

定（澄）母：倫（文部。《人部》：“倫，輩也。从人，侖声。一曰道也。”此意今普通话（北京音）读来母（甘谷话亦然）。大徐本作“田屯切”，为定母，段注作“力屯切”，为来母）。

“侖”类字今甘谷话读为一类：

[l]：[lun^{35}] 侖輪崙陯（陯，山𠂤陷也，此义今甘谷话用“淪”）。[lyn^{51}] 淪（“淪，小波为淪”，此义今甘谷话仍之，如谓水面波纹为“一淪一淪”），[lyn^{55}] 論（甘谷话中同一字读撮口、合口两音是一大特点。前已有说明）。“倫”亦读作 [lun^{35}]，与徐铉不同。

其余诸字今甘谷话不用。

许慎云：“棆，从木，侖声。读若《易》卦屯。”究其意，一种可能是指“棆”有“侖（来母的）”，“屯”（知母的）二音。当时知母、定母（屯）相同，到徐铉分流，所以徐铉反切作知母；另一种可能是“侖”有二音如“棆”之有二音，故“棆”读二者之一的“屯”音；第三种可能是当时来母与定（知）母合一，至许慎时已分为三：知母、定母和来母，所以才强调“读若”“屯”，所以“倫”为定母。

但是，从统计学的结果看，“侖”类字中读为端（知）母、定（澄）母的太少，各有一字，不能说明端（知）母和来母、定（澄）母和来母的关系，因此结论仍应该是：“侖”类字中的知母和定母，是形声字重韵不重声的偶然结果，“侖”类是来母的重要源头之一。

（六十四）未　《未部》：“未，味也。六月滋味也。五行，木老於未。象木重枝葉也。”明（微）母。

“未”谐声之字二级三类共17字。

一级一类共8字：

未，见上，无沸切；

味，“从口，未声”，无沸切；

眛，“从目，未声”，莫佩切；

孷，“从攴，从厂，厂之性坼，果孰有味亦坼，故谓之孷。从未声”。许其切；

昧，“从日，未声”。莫佩切；

寐，“从㝱省，未声”，蜜二切；

沬，“从水，未声”，荒内切；

妹，“从女，未声”，莫佩切。

二级一类2字：

味，见前；

菋，“从艸，味声”，无沸切。

二级二类9字：

孷，见前；

犛，“从牛，孷声”，莫交切；

嫠，“从又，孷声”，里之切；

剺，“从刀，孷声”，里之切；

斄，“从文，孷声”，里之切；

憖，“从心，孷声”，力至切；

漦，“从水，孷声”，俟甾切；

嫠，“从女，孷声”，里之切（新附字）；

釐，“从里，孷声”，里之切。

“未”类字至徐铉分读为4类：

明（微）母：眛昧妹寐未味菋（物部。不过反切下字“佩”在之部，“二”在脂部）；犛（宵部）；

晓母：孷（之部），沬（物部）；

崇（床二）母：漦（之部）；

来母：斄犛氂嫠釐（之部），憖（质部）。

“未”类字今甘谷话分读为（原文未写）5类：

［w］/［ø］：［waI^{55}］未味；

［ɥ］/［ø］：［y^{55}］味；

［m］：［maI^{55}］昧妹寐，［mau^{35}］犛（今用“牦”或“牦”）；

［X］：［XuaI^{55}］沫（书面语）；

［l］：［li^{55}］嫠犛，［li^{35}］釐（“犛”字今甘谷话袭用“剥也，划也”之义，如“犛皮”；“憖，楚、颍之间谓忧心曰憖”，今甘谷话书面语读如是，如“憖人”）。

整体来看，“未”部字至二级二类才与来母有关，也就是说，“未”谐声出“𠩺”字只是一种偶然，输出后，“𠩺”字自行谐声，才进入来母。而进入来母的后“𠩺”类，又偶然地向明母、崇母、晓母各输出一字，统计角度看来如此。

如果认定“未”类字既从“未”得声，当然在当时应该同音，那么，中古时的明母、微母、晓母、床母、来母在上古应当同纽，至唐宋时有了分裂，但从统计角度看，这是不可能的。

（六十五）米　《米部》：“米，粟實也。象禾實之形。”明母。

“米”谐声之字二级二类共11字。

一级一类9字：

米，见上，莫礼切；

迷，“从辵，米声”，莫兮切；

寐，“从㝱省，米声”，莫礼切；

罙，“从网，米声”，武移切；

𡨥，“罙，或从宀”，武移切；

麋，“从鹿，米声”，武悲切；

敉，“从攴，米声，读若弭”，绵婢切；

眯，“从目，米声”，莫礼切；

絲，“从糸、从米，米亦声”，莫礼切（原文如此。此版为1983年8月第7次印刷，多有繁简混用的情况，如“無”“无”同用等）。

二级一类2字：

迷，见前；

謎，“从言、迷，迷亦声。莫言切（新附字）”。

二级二类 2 字：

罙（宷），见前；

㪇，“从攴，宷声”，洛箫切。

“米”类字至徐铉分读为 2 类：

明（微）母：米迷寐眯絉謎（脂部。不过反切下字“计”在质部）；罙宷敉（支部），麋（微部）；

来母：㪇（宵部）。

“米”类字今甘谷话分读为 1 类：

[m]：[mi^{51}] 米，[mi^{55}] 寐眯謎，[mi^{35}] 迷麋敉（寐，寐而未厌，今甘谷话用“眯”，与“艸入目中”之“眯”合。“敉，抚也”，今甘谷谓爱抚小儿称“敉敉”）。

其余诸字今甘谷话不用。由此可以看出，“米”类字仅有一个来母字，因此，应该是偶得，不算是来母、明母、微母古同纽而后来分化的结果。但明母和来母经常互相谐声，大约是发音部位相近的原因所致。

倒是“米”类字至徐铉时，其反切下字分属 4 - 5 种，比较罕见。

（六十六）**𤔔**　《𠬪部》：“𤔔，治也，幺子相亂，𠬪治之也。读若亂同。一曰理也。”来母。

“**𤔔**”谐声之字二级二类共 6 字。

一级一类 4 字：

𤔔，见上，郎段切；

敽，“从攴，从**𤔔**，**𤔔**亦声”，郎段切；

𧢄，“从見，**𤔔**声”，洛戈切；

嬭，“从女，**𤔔**声”，力沇切。

附二级一类 2 字：

亂，《亂部》：“亂，治也，从乙。乙，治之也。从**𤔔**。”（今甘谷话谓收拾整顿或收拾小儿使之听话为**𤔔**或亂，读作 [$lyan^{55}$] 或 [$luan^{55}$]，正“治之”之义，亦有“乙治”用法，与此同。）郎段切，（许慎此字不从“**𤔔**”得声，字属会意。因“**𤔔**”“亂”二字同音同义形又有共同体，故附益于此。不过段玉裁以为“亂，不知也”，义属相反。因于音无涉，故不计而列之)；

虇，“从艸，亂声”，五患切。

“𤔔（亂）”类字至徐铉分读为2类：

来母：𤔔𤔔亂嫋（元部），𧢄（歌部）；

疑母：虇（元部）。

“𤔔（亂）”类字今甘谷话读为1类：

[l]：[luan[55]] 𤔔亂𤔔，[lyɛn[55]] 嫋，（“𤔔”“亂”“𤔔”三字今甘谷话同作“亂”。“嫋，顺也”，今甘谷话谓宠物或小孩子可爱依人为“嫋”，正此义）。

其余诸字今甘谷话不用。

“𤔔”“亂”二类除“虇”为疑母外，其余俱属来母，在发展过程中稳定性强，属于来母的古源头之一。“𧢄”为歌部，上古与元部阴阳对转，亦通。

𤔔类由来母谐声，分为来、疑二母，由于疑母只有1例，因此不作为讨论对象。

（六十七）㸚　《㸚部》：“㸚，二爻也。”来母。

“㸚”谐声字只自身一字。徐铉作力几切，来母（脂部）。

“㸚”字今甘谷话不用。

㸚类来母，只一字，不作为讨论对象。

（六十八）立《立部》：“立，住也。从大立一之上。”来母。

“立”谐声这字二级二类共11类。

一级一类9字：

立，见上，力入切；

鴗，“从鳥，立声”，力入切；

笠，“从竹，立声”，力入切；

昱，“从日，立声”，余六切；

粒，“从米，立声”，力入切；

庢，“从厂，立声”，卢荅切；

泣，“从水，立声”，去急切；

拉，“从手，立声”，卢合切；

柆，“从木，立声”，卢合切。

二级一类3字：

昱，见前；

煜，“从火，昱声”，余六切；

喅，“从口，昱声”，余六切。

“立”类字至徐铉分读为3类：

来母：立䳖笠粒拉柆庣（缉部）；

余（喻四）母：昱煜（职部。反切下字“六”在觉部，同为入声）；

溪母：泣（缉部）。

“立”类字今甘谷话分读为3类：

［l］：［li^{214}］立笠，［li^{35}］粒，［la^{214}］拉柆（“柆，析木也”，此意今甘谷话仍之，不过字已讹用为“拉”，如云“把木头柆成板”（指把木头锯成板））；

［ɥ］/［ø］：［y^{55}］昱煜；

［tɕ‘］：［tɕ‘i^{35}］泣。

其余诸字今甘谷话不用。

“立”类字仍属比较稳定的一类，但至徐铉时，其韵母已属缉部、职部，虽同为入声，但区别明显，要之，缉部、职部在上古也许关系密切，“立”类字至徐铉分读为来母、余母、溪母。溪母与来母上古关系密切，或来母见母同纽的延伸。余（喻）母与来母，或只是一种偶然的同声符。结论怎样，仍需待继续考察而论。

立类由来母谐声，分来母、余（喻四）母、溪三母，但余、溪二母用例均不足3例，故不作为讨论对象。

（六十九）旅　《㫃部》：“旅，軍之五百人为旅。从㫃，从从，从，俱也。”来母。

“旅”字谐声之字一级一类3字：

旅，见上，力举切；

㳅，“从玄，旅省声。義当用驢。”洛乎切；

膂，“吕，脅骨也。膂，篆文吕从肉，从旅”，（是当从“旅声”）力举切。

“旅”类字至徐铉读为一类：

来母：旅膂㳅（鱼部）。

“旅”类字今甘谷话读为一类：

［tɕ］：［tɕy^{51}］旅膂。

“旅”字今甘谷话不用。

“旅”类字今甘谷话读为［tɕ］，为见母，则是见母、来母古通之正例，“旅”不用，故三字来母，甘谷话今读见母，可为统计数足够之特例，且按例，今甘谷话如仍用“旅”，亦当读［tɕ］。

旅类由来母谐声，俱属来母，没有分歧，不作为讨论对象。但今甘谷话读音特别，可作佐例。

（七十）叒 《叒部》：“叒，撮也。从叒，从己。”来母。

“叒”谐声仅自身一字，徐铉作“力辍切，”来母（月部）。

“叒”字今甘谷话读二音：［tɕy^{214}］、［ly^{214}］。“叒，撮也”，今甘谷话谓拢起手指从物体滑过为“［tɕy^{214}］”或读（［ly^{214}］），如［tɕy^{214}］麦稈”，“［tɕy^{214}］麻绳”等，正此字，因甘谷话来母字（多是撮口呼字）常读如见母，故有二音，因疑二音之一为自身继承而来如［tɕy^{214}］，一为吸收自其他方言如［ly^{214}］，但正为“叒”字。

此又见母、来母古或同纽之一例。

（七十一）𦝠 《肉部》：“𦝠，或曰嘼名。象形。闕”。来母。

“𦝠”谐声之字三级四类共 15 字。

一级一类 7 字：

𦝠，见上，郎果切；

嬴，“从貝，𦝠声，臣铉等曰：當从嬴省，乃得声。以成切”；

羸，“从馬，𦝠声”，洛戈切；

䯁，“从立，𦝠声”，力卧切；

臝，“从衣，𦝠声。裸，臝或从果”，郎果切；

蠃，“从虫，𦝠声”，郎果切；

羸，“从羊，𦝠声”，力为切。

二级一类 7 字：

嬴，见前；

𣨸，“从歹、从嬴”，（或当从嬴声，且反切相同。故备列于此。段本作“𣨸”，作“从歹，𦝠声”，亦可作为参考。唯不入统计）郎果切；

㼈，“从尣、从嬴”（理由同上，段本直作“从尢，嬴声”，亦可为参考。故列此，不统计），郎果切；

纕，“从糸，羸声”，力卧切；

鑹，“从金，羸声”，鲁戈切；

驘，“羸，或从羸，”作驘，洛戈切；

嬴，“从女，羸声”，以成切。

二级二类 2 字：

嬴，见前；

籯，“从竹，嬴声”，以成切。

三级一类 2 字：

嬴，见前；

瀛，“从水，嬴声”，以成切（新附字）。

“羸”类字至徐铉分读为 2 类：

来母：羸嬴羸殨瘟羸羸羸纕鑹驘（歌部）；

余（喻四）母：嬴嬴籯瀛（耕部）。

“羸”类字今甘谷话分读为 2 类：

[l]：[luaI^35] 羸，[luo^51] 羸（今正作“裸”）[lə̃^35] 羸驘（今作“騾”字）；

[j]：[jing^35] 嬴瀛。

“羸”类字至徐铉分读为来母与余（喻四）母，则是来母与余（喻四）母有古属同纽的可能。

另外，“羸”字亦从“果”声，果属见母，则是许慎时从“果”声之“裸”与从“羸”声之“羸”同声，即见母、来母当时同声。

（七十二）网　《网部》：“网，再也。从冂，闕。《易》曰：‘参天网地。’”来母。

“网”谐声之字二级二类共 6 字。

一级一类 2 字：

网，见上，良奬切；

兩，“从一，网，平分，亦声”，良奖切。

二级一类 5 字：

兩，见上；

脼，“从肉，兩声”，良奖切；

緉，“从糸、从两，两亦声”，力让切；

蜽，“从虫，两声”，良奖切；

魎，“臣铉等曰：（蜽）今俗别作魍魎，非是。良奖切。”

“两”类字至徐铉读为一类：

来母：网两裲緉蜽魎（阳部）。

“网”类字今甘谷话读为一类：

[l]：［liaŋ⁵¹］网两，［liaŋ³⁵］蜽魎（今甘谷话只用“魎”，不用“蜽”）。

其余诸字今甘谷话不用。

由此可见，“网”类字是来母稳定的源头之一，从许慎到徐铉，乃至今天变化（类的）很小。

网类字由来母谐声，又俱属来母，没有分歧，不作为讨论对象。

（七十三）𢑚　《川部》：“𢑚，水流𢑚𢑚也，从川列省声。”“臣铉等曰：列字从𢑚。此疑当从歺省。”《刀部》：“列，分解也。从刀，𢑚声。”由此看来，徐铉说或是。不过因为我们考察的是同声符问题，“𢑚”“列”二字许慎以为互为声符，自是一类。故不改。来母。

“𢑚”谐声之字二级二类共 14 字。

一级一类 2 字：

𢑚，见上，良辥切；

列，见上，良辥切。

二级一类 13 字：

列，见上；

茢，“从艸，列声”，良辥切；

迾，“从辵，列声”，良辥切；

𪗲，“从齒，列声，读若剌”，卢连切；

例，“从人，列声”，力制切；

裂，“从衣，列声”，良辥切；

鴷，“从馬，列声”，力制切；

烈，“从火，列声”，良辥切；

洌，“从水，列声”，良辥切；

蛚，“从虫，列声”，良辥切；

颲，“从風，列声。读若列”，良辥切；

蛚，“从禾，列声”，良辥切；

栵，“从木，列声”，良辥切。

“歺”类字至徐铉读为一类：

来母：歺列茢迾裂烈洌蛚颲蛚栵鮤例鴷（月部）。

“歺”类字今甘谷话读为一类：

［l］：［liɛ²¹⁴］歺列裂烈洌鴷，［li⁵⁵］例。

其余诸字今甘谷话不用。

“歺”类字从许慎至徐铉以来，到今天的甘谷话，保持了基本的一致，应是来母稳定的来源之一。“鮤，读若刺”，王力先生“连”在月部，“刺，卢连切，”是“刺”亦在月部，如是则“鴷”“列”“刺”同音。许氏如是说，则是“列”“刺”二字必不同音，声母固同，是韵母不同耶？韵母不同，或者“刺”不在月部，则形声字少见之。或许慎时“列”“刺”固已不同，有如今日［iɛ］、［A］之不同吗？

歺类字由来母谐声，俱属来母，没有分歧，不作为讨论对象。

（七十四）舍　《亼部》：“舍，市居曰舍。从亼、屮，象屋也。口，象筑也。”书（审三）母。

“舍”谐声之字三级四类共29字。

一级一类5字：

舍，见上，始夜切；

郐，“从邑，舍声”，式车切；

涻，“从水，舍声”，始夜切；

捨，“从手，舍声”，书冶切；

余“从八，舍省声”，以诸切。

“舒”字朱骏声《说文通训定声》以为“舍声”，而大徐本作“予声”，故不录。

二级一类21字：

余，见上；

餘，“从食，余声”，以诸切；

賒，“从貝，余声”，式车切；

畬，“从田，余声”，以诸切；

艅，“从舟，余声”，以诸切（新附字）；

悆，“从心，余声”，羊茹切；

荼，“从艸，余声”，同都切（臣铉等曰：此即今之茶字）；

稌，“从牛，余声，读若塗”，同都切；

筡，“从竹，余声，读若絮”，同都切；

郐，“从邑，余声。鲁东有郐城，读若塗”，同都切；

稌，“从禾，余声”，徒古切；

斜，“从斗，余声，读若荼”，似嗟切；

嵞，“从屾，余声”，同都切；

駼，“从馬，余声”，同都切；

涂，“从水，余声”，同都切；

捈，“从手，余声”，同都切；

除，“从𨸏，余声”，直鱼切；

酴，“从酉，余声，读若盧”，同都切；

徐，“从彳，余声”，似鱼切；

俆，“从人，余声”，似鱼切；

叙，“从攴，余声”，徐吕切。

三级一类 2 字：

涂，见上；

塗，“从土，涂声”，同都切。

三级二类 2 字：

叙，见前；

溆，“从水，叙声”，徐吕切。

三级三类 3 字：

除，见前；

蒢，“从艸，除声”，直鱼切；

篨，“从竹，除声”，直鱼切。

“舍”类字至徐铉分为 4 类：

书（审三）母：舍涻郐捨赊（鱼部。反切下字“夜”在铎部）；

余（喻四）：余餘畬艅悆（鱼部）；

定（澄）母：荼稌筡郐嵞駼涂捈酴塗稌除蒢篨（鱼部）；

邪母：徐俆敘潊（鱼部），斜（歌部）。

“舍”类字至今甘谷话分读为5类：

［ʂ］：［ʂɤ⁵¹］舍捨，［ʂɤ²¹⁴］賒；

［ɥ］/［ø］：［y³⁵］余餘；

［t‘］：［t‘jv³⁵］荼嵞（许慎“一曰九江当嵞也”，则今甘谷语如是读）涂塗；

［tɕ‘jv］：［tɕ‘jv³⁵］除篨；

［ɕ］：［ɕy³⁵］徐俆（许慎“俆，缓行也”，今甘谷话仍其义，字则作“徐”），［ɕy⁵⁵］敘。

其余诸字今甘谷话不用。

“余”类字自徐铉至今甘谷话，与来母无关。从许慎时看来，是变化最大的一类。“酴”字许慎明言“余声，读若廬，”是（一）则酴与廬同音；（二）余有二音，其一为廬同音字，但不论如何，许慎时“余”类是有来母的（前之“嬴，从女，羸声”，徐铉作以成切，亦同此。）至徐铉便踪影全无了。“余”类字中来母的消失，是来母字发展过程中少见的现象。

至于“舍”类字至徐铉时的四种声母，邪母、余（喻四）母古与定母同，已是共识，又“斜，从斗，余声，读若荼”，是为定母、喻四与定母亦同，学者多认可。大徐作似嗟切，则邪母与定母亦同，吾师郭晋稀持此观点。钱玄同有《古音无邪纽证》一文有云：“考《说文》九千三百字中，徐鼎臣所附《唐韵》的反切证邪纽的有一百零五字，连重文一百三十四字。”就其形声字的“声母”（今亦称音符）考察，应归“定”纽者及十分之八，其他应归“群”纽者则不足十分之二，有应归“从”纽者则不足十分之一。从大多数言可以说“邪”纽古归“定”纽。（《钱玄同文集》第四卷P57－72，中国人民大学出版社，1999年4月第一版。）而书（审三）母又集中在一级一类中，不足为怪。

（七十五）鹿　《鹿部》：“鹿，獸也。象頭、角、四足之形。鳥、鹿足相似，从匕。”来母。

“鹿”谐声之字一级一类共5字：

鹿，见上，卢谷切；

簏，“从竹，鹿声”，卢谷切；

麓，“从林，鹿声”，卢谷切；

䍡，“从网，鹿声”，卢谷切；

漉，“从水，鹿声”，卢谷切。

“鹿”类字至徐铉读为一类：

来母：鹿簏麓漉䍡（屋部）。

“鹿”类字今甘谷话读为一类：

[l]：[ljv²¹⁴] 鹿漉，[ljv³⁵] 麓（文读为 [li³⁵]）。

其余二字今甘谷话不用。

“鹿”类字自许慎到徐铉，再到今甘谷话基本上没有变化，尤其是“簏”“麓”“漉”三字各有或体俱从“录”得声，更能证明即在许慎时已经是十分稳定的来母字。因而“鹿”类字是来母稳定的来源之一。

鹿类字由来母谐声，俱属来母，没有分歧，不作为讨论对象。

（七十六）夅 《夊部》：“夅，服也。从夊、㐄相承不敢并也。”匣母。

“夅”谐声之字三级三类共 9 字。

一级一类 6 字：

夅，见上，下江切；

筝，“从竹，夅声”，古送切；

栙，“从木，夅声，读若鸿，”下江切；

洚，“从水，夅声，户工切，又下江切；

絳，“从糸，夅声”，古巷切；

降，“从𨸏，夅声”，古巷切。

二级一类 2 字：

降，见上；

隆，“从生，降声”，力中切。

三级一类 3 字：

隆，见上；

鼕，“从鼓，隆声”，徒冬切；

癃，“从疒，隆声”，力中切。

“夅”类字至徐铉分读为 4 类：

匣母：夅栙洚（冬部，不过反切下字在东部）；

见母：夅（东部），絳降（冬部，不过反切下字“巷”在东部）；

定（澄）母：鼜（冬部）；

来母：隆癃（冬部）。

“夅”类字今甘谷话分读为4类：

[ɕ]：[ɕing35] 夅（许慎云：“夅，服也”，其义今甘谷话仍之，其字则改用“降”）降；

[tɕ]：[tɕing55] 降洚絳；

[l]：[lun214] 隆癃；

[t]：[tun51] 鼜。

其余诸字今甘谷话不用。

“夅”类字至徐铉分读为见母、匣母、定母和来母四类，今甘谷话现存的“夅”类字保持了和徐铉反切的一致性。从这一结果来看，匣母、见母和来母之间的关系显得特别。至于“鼜”字，因为是象声词，“鼓声也”，所以读定母和来母，可能不易固定。不过即是鼓声，一般读作[toŋ51]（今作“通”t‘oŋ51或者“咚”与之类似）亦可读[loŋ35]，而用“隆”声，则定母、来母之间也很可能具有更亲密的关系。

夅类字由匣母谐声，由于来母字只有2例，不作为讨论对象。

（七十七）亩　《亩部》：“亩，穀所振入，宗廟粢盛，倉黄亩而取之，故谓之亩。从入、回，象屋形，中有户牖”。来母。

“亩”谐声之字二级二类共6字。

一级一类3字：

亩，见上，力甚切；

廪，“亩，或从广、从禾”，作廪。力甚切；

㐭，“从炎，亩声，读若桑葚之葚”。力荏切。

二级一类2字：

廪，见前；

懍，“从仌，廩声”，力稔切。

二级二类3字：

㐭，见前；

鄻，“从邑，㐭声，读若淫”，力荏切；

顲，“从頁，㐭声”，卢感切。

“亩”类字至徐铉读为一类：

来母：亩廪畬癝鄙顲（侵部）。

“亩”类字今甘谷话读为一类：

[l]：[lin^{51}] 亩廪癝。

其余诸字今甘谷话不用。

“亩”类字至徐铉，发生了一些十分显眼的变化，面这一变化又集中在两个字上：“鄙”和“畬”。许慎十分清楚地说，“鄙”“读若淫”，“淫”在余（喻四）母，倘若当时（古读）读如定母，则意味着“鄙”在许慎时读如定（余）母，而至徐铉时，（一）此字声母分裂为二，一是定母，一是来母；（二）此字此义在徐铉时或已借作另外一义，故读作“力荏切”（来母）了。

“畬”，许慎明言“读若桑葚之葚”“葚”属船（床三）母，而至徐铉时作“力荏切”，来母，则（一）此字声母至徐铉分裂为二，一为船母，一为来母；（二）此字此义在徐铉时被借作另外一个不相干的词，读为“力荏切”了。

十分可惜，徐铉没有说明他所作的反切与许慎所云“读”若“葚”“读若淫”之间是不是同一个字（义），因而我们只能作上述两种假设，而且以第一种假设为主选，如是，结论为：“畬”在许慎时有船母、来母二音，此义许慎指明“读”如“葚”，而徐铉不察，以另一义的“畬”来读，便注为“力荏切”了。同理，“鄙”字在许慎时有二音，一为余母，一为来母，此义之“鄙”应当读余母如“淫”而徐铉不察，以另一义之来母读之，作“力荏切”。

如此一来，便产生了进一步的结论：

（一）船母、来母本同纽，余母、来母古同纽；

（二）“鄙”“畬”各有二音二义，是同形同字（词），读来母的“鄙”“畬”许慎未予解释，是徐铉误以来母音去认定，从而使反切不是比义此字的正确读音，讹舛了许慎的本义。

（三）“畬”“读若桑葚之葚”“鄙”“读若淫”，是许慎弄错了；也许，还是抄传刊印过程中被后人弄错了。

但从徐铉的眼光看去，“亩”类是整齐、稳定的来母源头之一。

（七十八）子《子部》：“子，十一月阳气动，万物滋，人以为偁。象形。”精母。

“子”谐声之字一级一类共7字：

子，见上，即里切；

芓，“从艸，子声”，疾吏切；

孜，“从攴，子声”，子之切；

李，“从木，子声”，良止切；

秄，“从禾，子声”，即里切；

仔，“从人，子声”，子之切；

字，“从子在宀下，子亦声”，疾置切。

“子”类字至徐铉分读为3类：

精母：子秄字孜仔（之部）；

从母：芓（之部）；

来母：李（之部）。

“子”类字今甘谷话读为3类：

[ts]：[tsɿ²⁵¹] 子仔芓（今“麻母”义作“籽”），[tsɿ²¹⁴] 孜；

[ts‘]：[ts‘ɿ⁵⁵] 字；

[l]：[li⁵¹] 李。

“子”类字虽为来母输出一个“李”字，但对来母而言，纯粹是由于重韵轻声的形声字发生的偶然事件，在“子”类字中，精，从二母与来母没有血肉联系。

（七十九）弄　《収部》：“弄，玩也。从廾持玉”。来母。

“弄”谐声之字一级一类2字：

弄，见上，卢贡切；

梇，“从木，弄声”，卢贡切。

“弄”类字至徐铉读为一类：

来母：弄梇（东部）。

“弄”类字今甘谷话读为一类：

[l]：[lun⁵⁵] 弄。

“梇”字今甘谷话不用。

由来母谐声，俱属来母，没有分歧，不予讨论。

（八十）厽　《厽部》：“厽，象坺土为墙壁，象形。”来母。

“厽”谐声之字二级二类共 5 字。

一级一类 3 字：

厽，见上，力轨切；

絫，“从厽，从糸”，（段注以为“厽亦声”，故列之），力轨切；

垒，“从厽、从土”（段注以为“厽亦声”，故列之），力轨切。

二级一类 3 字：

絫，见前；

樏，“从木，絫声”，力追切；

纍，“从山，絫声”，落猥切。

“厽”类字至徐铉读为一类：

来母：厽絫垒（幽部）樏纍（微部）。

“厽”类字今甘谷话读为一类：

[l]：[luaI[51]] 厽（“絫坺土为墙壁”，字今作“垒”）絫垒。

其余二字今甘谷话不用。

“厽”类字在其发展过程中一直保持了整齐稳定的状态，是来母稳定的源头之一。

厽类字由来母谐声，俱属来母，没有分歧，不予讨论。

（八十一）刅　《刃部》：“刅，傷也。从刃，从一。創，或从刀，倉声”。“臣铉等曰：今俗别作瘡，非。”初（穿二）母。

“刅”谐声之字二级二类共 4 字。

一切一类 3 字：

刅，见上，楚良切；

刱，“从井，刅声，读若創。”初亮切；

梁，“从木、从水，刅声”，吕张切。

二级一类 2 字：

梁，见上；

粱，“从米，梁省声”，吕张切。

“刅”类字至徐铉分读为 2 类：

初（穿二）母：刅刱（阳部）；

来母：梁粱（阳部）。

“刅”类字今甘谷话分读为二类：

［tɕ‘jv］：［tɕ‘jvaŋ⁵¹］ 刅刱（二字今俱代以“創”（创）字）；

［l］：［liaŋ³⁵］ 梁粱。

“刅”类至徐铉读初、来二母，但显然，初母集中在一级一类，而来母主要在二级一类中。简单地说，“梁”在一级是个偶然结果，在声母上其实与初母无关。而在二级，则是造字时声母产生作用的声符。因此可以说，“刅”类丰富了来母，而不是来母的源头。不过在甘谷话中，［tɕ‘］来源之一是溪母，故不能排除来母与见系关系密切的可能。

（八十二）彖　《彑部》：“彖，豕也。从彑、从豕。读若弛。”书（审三）母。

“彖”谐声之字二级三类共9字。

一级一类6字：

彖，见上，式视切；

篆，“从竹，彖声”，持兖切；

蝝，“从虫，彖声”，与专切；

緣，“從糸，彖声”，以绢切；

蠡，“从䖵，彖声”，卢启切；

隊，“从𠂤，彖声”，徒玩切。

二级一类3字：

蠡，见前；

欚，“从木，蠡声，”卢启切；

鱶，“从魚，蠡声，”卢启切。

二级二类2字：

篆，见前；

瑑，“从玉，篆省声，”直恋切。

“彖”类字至徐铉分读为4类：

书（审三）母：彖（脂部）；

余（喻四）母：蝝緣（元部）；

定（澄）母：隊篆瑑（元部）；

来母：蠡欚鱶（脂部）。

“彖”类字今甘谷话分读为4类：

［t］：［tuan⁵⁵］ 彖（只指“彖词”卦义之时）；

[tɕjv]：[tɕjvan^{55}] 篆；

[ɥ] / [ø]：[ɥan^{35}] 緣；

[l]：[li^{55}] 蠡（书面语）。

其余诸字今甘谷话不用。

“彖”类字至徐铉分读五类，比较散乱，但就来母而言，却统一出现于二级一类，显然，一级一类中出现来母的“蠡”，是造字时声符重韵轻声母的偶然结果：但由“蠡”做声符的诸字却严格地守候着来母的本性。因此，就“彖”类自身而言，中古时存在的书母、澄母、定母、余母与来母之间不存在同纽的问题。因此，“彖”类丰富了来母，却不是来母的源头之一。

就今甘谷话中存在的几个“彖”类字由于数量太少，不具备话语权，可能在最后对整个来母字进行分析时，它们才可能再被提及，从而展示自身的存在。可是甘谷话中的［tɕjv］，来源于端（知）系和见系，本例彖做声符的字，读［t］与［tɕjv］，是端与知古同纽的例证；但［tɕjv］与［l］同谐，又有见、来二母关系密切的痕迹。

（八十三）輦　《車部》：“輦，輓车也，从車、从㚘在车前引之”，来母。

“輦”谐声之字一级一类共 2 字：

輦，见上，力展切；

鄻，“从邑，輦声”，力展切。

“輦”类字至徐铉读为一类：

来母：輦鄻（元部）。

“輦”类字今甘谷话读为一类：

[tɕ]：[tɕiɛn^{51}] 輦。

“鄻”字今甘谷话不用。

泥（娘）母和来母近，故多个方言有互读现象，甘谷话来母字有读［tɕ］的，而甘谷话泥（娘）与来母不分，故泥（娘）母字亦时读为［tɕ］如见母，如“你”读［tɕi^{51}］；“女”读［tɕy^{51}］；“泥”读［tɕi^{35}］等，皆起于见母、来母之间。今“輦”读［tɕiɛn^{51}］，“攆”（《说文》无）亦读［tɕiɛn^{51}］，亦此类也。这种情形亦展示出见、来二母关系密切。

（八十四）匕《匕部》：“匕，相與比叙也。从反人。匕，亦所以用比取飯。一名柶。”帮母。

“匕”谐声之字三级三类共10字。

一级一类5字：

匕，见上，卑履切；

疕，“从疒，匕声”，卑履切；

㞈，“从巾，匕声”，卑履切；

妣，“㚿，籀文妣省”，作妣，卑履切（段注本“秕，或作礼，”卑履切；“秕，或作秕”，卑履切。大徐本无，故不录）；

尼，“从尸，匕声”，女夷切。

二级一类5字：

尼，见上；

柅，“从木，尼声”，女履切；

怩，“从心，尼声”，女夷切（新附字）；

泥，“从水，尼声”，奴低切；

秜，“从禾，尼声”，里之切。

三级一类2字：

泥，见上；

屔，“从丘，泥省声”，奴低切。

“匕”类字至徐铉分读为4类：

帮（非）母：匕疕㞈（脂部）；

娘母：尼柅怩（脂部）；

泥母：泥屔（脂部）；

来母：秜（之部）。

“匕”类今甘谷话分读为3类：

[p]：[pi^{51}] 匕（其义仍之，字则为“比”）；

[tɕ]：[$tɕi^{35}$] 尼怩泥；

[l]：[ljv^{51}] 秜（“秜，稻今年落，来年自生，谓之秜”，今甘谷话谓今年洋芋留落田土明年自生为 [ljv^{51}] 洋芋；今年油菜籽落，来年自生为 [ljv^{51}] 菜籽，正此意）。

其余诸字今甘谷话不用。

从徐铉反切而言，“匕”类字一级一类中出现“尼”字为娘母是一个偶然；二级一类中徐铉时分读娘母、泥母和来母，三级一类其为娘母、来母，实际上可以看到，由于中古泥母和娘母上古归为一类，因此二、三级字可以分为泥（娘）、来二母，而来母“柅”字则为偶出，大约徐铉时泥、娘与来三母音极相近，因此容易讹混。今甘谷话的情况正是泥、娘、来三母不分。

“匕”类字今甘谷话读法，其原因又不同于徐铉之反切。从前（及后）我们可以看到，甘谷话中来母字两个主体读音是［tɕ］和［l］，显然是袭自古见母和来母的，同时，甘谷话［n］、［l］不分，亦即泥母、娘母和来母在甘谷话中不区别，所以“匕”类二、三级字以泥、娘、来三母的，甘谷话：①泥母与娘母合，与上古汉语相吻合；②娘母、来母字读作［tɕ］，显然是［n］、［l］不分，将［n］声母字当作［l］声母字，进而视其内部规则，读作［tɕ］、［l］两类了。

正是甘谷话中来母的这些存在特征，诱使我们重新考虑见母、来母在上古的关系。唐宋人不察，将见母和来母的关系等同于其他声母和来母的关系，就使来母生存状况的描述出现了混乱。

不过，“匕”类出现来母字一，则是偶然结果，是由于谐声时重韵母轻声母的原因。

（八十五）皀　《皀部》：“皀，谷之馨香也。象嘉谷在裹中之形，匕所以报之。或说：皀，一粒也。”“又读若香”。并母，或晓母。

“皀”谐声之字四级四类共 12 字。

一级一类 4 字：

皀，见上，皮及切；

烉，“从火，皀声。读若馰桑之馰”，都历切；

𩨵，“从䏰，皀声”，许良切；

䲴，“从鳥，皀声”彼及切。

二级一类 7 字：

鄉，见前；

曏，“从日，鄉声”，许两切；

饗，“从食，从鄉，鄉亦声”，许两切；

薌，“从艸，鄉声”，许良切（新附字）；

響，“从音，鄉声”，许两切；

闀，“从門，鄉聲”，许两切；

蠁，“从虫，鄉声”，许两切。

三级一类2字：

曏，见前；

量，“从重省，曏省声”，吕张切。

四级一类2字：

量，见上；

糧，“从米，量声”，吕张切。

“皀”类字至徐铉分读为5类：

并（奉）母：皀（缉部）；

帮（非）母：鵖（缉部）；

端（知）母：皀（锡部）；

晓母：皀（许慎以为“读若香”，为晓母，因是又音，列于此，但徐铉未予理会）鄉曏饗薌響蠁（阳部）；

来母：量糧（阳部）。

“皀”类字今甘谷活分读为二类：

[ɕ]：[ɕiaŋ²¹⁴] 鄉，[ɕiaŋ⁵⁵] 曏，[ɕiaŋ⁵¹] 饗響；

[l]：[liaŋ⁵⁵] 量，[liaŋ³⁵] 糧。

其余诸字今甘谷话不用。

“皀”字许慎有二音，一为“皀”（并母），一为“读若香”（晓母），且前为阴声韵，后为阳声韵。其后，至徐铉时基本依照此二音形成谐声体系（我们分为四级四类）。其中一级一类以阴声韵为主，声母则为并母，帮母和端母，但也出现了阳声韵晓母的“鄉”字，则应该是以“读若香”的“皀”谐声的。

有了“鄉”后，二、三、四三级即全数以“鄉”为基础，以晓母阳声韵为主线发展的，其中出现的“量”字则是其谐声过程中重韵轻声的偶然结果，因此，“皀”类本身存在的来母，是一个偶然事件，不能证明来母和晓母之间具备同纽关系，因为“糧”与其他晓母字不在同一层级，而晓母同层级只有单独一个“量”字。

但无论如何，“皀”类为来母贡献了两个字，这丰富并壮大了来母。

（八十六）品　《品部》：“品，众庶也。从三口”。滂母。

“品”谐声之字二级二类共 3 字。

一级一类 2 字：

品，见上，丕饮切；

臨，“从卧，品声”，力寻切。

二级一类 2 字：

臨，见上；

瀶，“从水，臨声。读若林”，力寻切。

“品”类字至徐铉分读为 2 类：

敷母：品（侵部）；

来母：臨瀶（侵部）。

“品”类字今甘谷话分读为 2 类：

［p ‘］：［pin^{51}］品；

［l］：［lin^{35}］臨瀶。

“品”类字至徐铉分读滂、来二母。其中“瀶”，许慎明言“读若林”是犹有他音存在。较之“臨”从品声，或“臨”“瀶”二字有滂母之音读，亦未可知。只是由于“品”类字较少，没有更多参酌以较的材料。可惜！

不过，“臨”从“品声”，其声母可能是偶然，与“品”之声母无关的可能性更大。只是“臨”既已偶然成来母，由它作声母的“瀶”字读来母如“林”本来很正常很自然，许慎何必要强调“读若林”呢！所以今人生疑。

（八十七）里　《木部》：“果，木实也。从木，象果形在木上”。见母。

“果”谐声之字一级一类共 14 字：

果，见上，古火切；

踝，“从足，果声”，胡瓦切；

課，“从言，果声”，苦卧切；

敤，从“从攴，果声”，苦果切；

髁，“从骨，果声”，苦卧切；

夥，“从多，果声”，乎骨切；

稞，“从禾，果声”，胡瓦切；

窠，“从穴，果声”，苦禾切；

祼，“祼，蠃或从果”，郎果切；段玉裁注：“果声也。俗作‘蠃’致为不通。”“果声也”，故录之；

裹，“从衣，果声”，古火切；

顆，“从頁，果声”，苦惰切；

淉，“从水，果声”，古火切；

鱳，“从鱼，果声”，胡瓦切；

婐，“读若騧，或若委。从女，果声”，乌果切。

“果”类字至徐铉分读为5类：

见母：果裹淉（歌部。不过反切下字“火”在微部）；

溪母：課敤髁窠顆（歌部）；

匣母：踝稞鱳（歌部），䂸（物部）；

影母：婐（歌部）；

来母，祼（歌部）。

“果”类字今甘谷话分读为5类：

[k]：[kuo51] 果裹；

[k‘]：[k‘uo55] 課，[k‘uo51] 顆髁，[k‘uo35] 稞，[k‘uo214] 窠；

[w]：[wo214] 婐；

[l]：[luo51] 祼；

[x]：[xuo51] 䂸。

显然，“果”类字中出现一个来母字“祼”是一个偶然，而且是以或体身份出现的，因而对“果”这一类而言，“祼”字没有讨论其声母变化的意义。但“果”类以见系为主，中有一个来母，与甘谷话一致。只有徐铉反切多出一个匣母（甘谷话［x］亦可源于溪母）。

但是，就个体“祼”的出现而言，却颇耐人寻味：“蠃”，袒也。从衣，𣎆声。祼，蠃或从果，“𣎆，郎果切”，来母，其谐声之字以来母为主，则“𣎆”是来母源头之一无疑。而“蠃”之或体为“祼”，从字形上看，与“蠃”一样当“从衣”是可靠的，剩下来的推断便是“𣎆声”和“果声”（段玉裁即以为如此）。显然，在许慎以前，“𣎆”与“果”同音！如是，则见母和来母在上古一段时间同纽。

只是，“𣎆”与“果”也可能只是同韵而不一定同声母。所以此字只能算一条重要线索而已，绝不能据以为论，我们还得寻找更多的材料和标本才行。

因此，“裸”字的出现，或许是表达来母生存和发展的有力的声音。

（八十八）老　《老部》：“老，考也。七十曰老。从人、毛、匕，言须发变白也。”来母。

“老”谐声之字仅自身一字。

“老”至徐铉读为一类，来母（幽部），作“卢皓切”。

“老”今甘谷话读为一类。[l]：[lau⁵¹]。

“考”字与“老”字转注。有人以为转注之字，所谓“建类一首，同意相授，考老是也”。就应该包括同音这一要素。如果转注要同音。则许慎所举“老”“考”二字同音。《老部》“考，老也，从老省，丂声”，是在溪部，属于见系（部位相同），则正好与我们所疑见母、来母古或同纽相合，至徐铉，则溪母、来母迥然有别了。

（八十九）尸　《尸部》：“尸，陈也，象卧形”。书（审三）母。

“尸”谐声之字一级一类共2字：

尸，见上，式脂切；

履，“从尸，从彳，从夂，舟象履形。一曰尸声”，良止切。

“尸”类字至徐铉分读为2类：

书（审三）母：尸（脂部）；

来母：履（脂部，不过反切下字“止”在之部）。

“尸”类字今甘谷话分读为3类：

[s]：[sʅ²¹⁴] 尸；

[l]：[li⁵¹] 履（如“履职”）；

[tɕ]：[tɕy⁵¹] 履（如“削足适履”）。

“尸”类二字，至徐铉为同韵不同声母的二字（不过，履作“良止切”，显示出之部、脂部趋同的读音），不能据此推断来母与审母的字是否同源的关系。

不过，“履”在今甘谷话中读为二音的情况，即一读为 [l]，一读为 [tɕ]，却又在提醒我们见母、来母在上古可能同纽的关系也许是存在的。

（九十）于　《亏部》：“亏，於也，象气之舒亏。从丂，从一，一者，其气平之也。”徐铉云：“今变隶作于”。匣母。

“于”谐声之字三级四类共32字。

一级一类23字：

于，见上，羽俱切；

玗，“从玉，于声”，羽俱切；

芋，“从艸，亏声”，王遇切；

吁，“从口，于声”，况于切；

迂，“从辵，于声”，忆俱切；

訏，“言，于声”，况于切；

靬，“从革，于声”，羽俱切；

盱，“从目，于声”，况于切；

吘，从“从口，从亏，亏亦声”，况于切（段玉裁以为此字与“吁”为一字重出，故应将前列“吁”字删去）；

盂，“从皿，亏声”羽俱切；

杅，“从木，亏声”，哀都切；

邘，“从邑，于声。又读若區”，况于切；

宇，“从宀，于声”，王榘切；

衧，“从衣，于声，”羽俱切；

炗，“从火，于声”，直廉切；

夸，“从大，于声，”苦瓜切；

尪，“从尣，于声”，乙于切；

忓，“从心，于声。读若吁”，况于切；

汙，“从水，于声”，乌故切；

雩，“从雨，于声”，羽俱切；

扜，“从手，亏声”，忆俱切；

紆，“从糸，于声”，亿俱切；

弙，“从弓，于声”，哀都切。

二级一类2字：

炗，见前；

覝，“从见，炗声，读若镰”，力盐切。

二级二类8字：

夸，见前；

跨，“从足，夸声”，苦化切；

誇，“从言，夸声”，苦瓜切；

胯，“从肉，夸声”，苦故切；

刳，“从刀，夸声”，苦孤切；

侉，“从人，夸声”，苦瓜切；

洿，“从水，夸声，”哀都切；

绔，“从糸，夸声，”苦故切。

三级一类2字：

荂，《说文》无此字，当从艸夸声。列而不论；

⿰足荂，“从足，荂声”，苦化切。

“于”类字至徐铉分读为6类：

喻三：于订野盂衧雩芋宇忏（鱼部。不过反切下字“遇”在候部）；

晓母：吁讦盱吁邘（鱼部）；

影母：迂扜纡汙尪杇玗洿（鱼部）；

定（澄）母：夭（谈部）；

溪母：夸诗侉跨胯刳绔⿰足荂（鱼部）；

来母：覎（谈部）。

“于”类字今甘谷话分读为4类：

［ɥ］／［ø］：［y^{51}］于，［y^{35}］雩宇迂，［y^{55}］芋，［y^{214}］吁讦；

［v］：［v^{214}］汙洿；

［p］：［pi^{214}］杇（古代［m］、［v］同音，而甘谷话中［m］与［p］、［p‘］常通。故尔。其他如“笨”读［p］、［m］、［p‘］三种声母皆可）；

［k‘］：［k‘uo^{214}］夸诗侉，［k‘uo^{51}］胯跨，［k‘u^{55}］绔。

其余诸字今甘谷话不用。

“于”类字只有一个来母字，处于二级一类的“覎”字，许慎明确指出该字“从见，夭声，读若镰”，“镰”字是来母无疑，“覎”字从“夭”声，为澄母，因此“覎”字从“夭”声应是同韵谐声的，为来母属于偶然。虽然徐铉认为“夭”字“于非声，”但对于“覎”从“夭”声并无影响。当然，如果真是“于非声，”我们的“于”类就不能成立，而应该改为“夭”类了。只是，即使如此，“覎”字“从見，夭声”，也不能说明澄母、来母会有过分亲密的关系（诸如澄母和来母古同组的怀疑），因为仅此一字，实在说明不了什么。

（九十一）丂　《丂部》："丂，反丂也。读若呵"。晓母。

"丂"谐声之字三级三类共14字。

一级一类2字：

丂，见上，虎何切；

可，"从口，丂，丂亦声"，肯我切。

二级一类13字：

可，见上；

珂，"从玉，可声"，苦何切（新附学）；

苛，"从艸，可声"，乎哥切；

訶，"从言，可声"，虎何切；

柯，"从木，可声"，古俄切；

痾，"从疒，可声"，乌何切；

何，"从人，可声"，胡歌切；

砢，"从石，可声"，来可切；

河，"从水，可声"，乎哥切；

抲，"从手，可声"，虎何切；

妸，"从女，可声，读若阿"，乌何切；

坷，"从土，可声"，康我切；

軻，"从車，可声"，康我切。

三级一类2字；

何，见前；

荷，"从艸，何声"，胡歌切。

"丂"类字至徐铉分读为6类：

晓母：丂訶抲（歌部）；

匣母：苛河何荷（歌部）；

溪母：珂坷軻可（歌部）；

影母：痾妸（歌部）；

见母：柯（歌部）；

来母：砢（歌部）。

“乙”类字今甘谷话分读为3类：

［k‘］：［kiə^{214}］柯；

［k］：［kiə^{35}］坷柯（书面语）；

［x］：［xiə^{35}］河何荷。

其余诸字今甘谷话不用。其中“苛”字今甘谷话用作“苛刻”一类，许慎所谓“小艸也”，今不用。

“乙”类字至徐铉虽分读6类，但其中来母字只有一个“砢”。《说文》：“砢，磊砢也”，作为“可声”而发展为来母字，形单影只，似乎是谐声字重韵轻声母的偶然结果。但此字从“可声”，可为溪母，属见系；而“磊砢”字后世又以“落”字代替，“落”字来母，源同于“各”声，“各”则见母。故“砢”为来母，也就令人深思了。

当然，从整个“乙”类而言。其内部各字至徐铉时的分读，的确不能形成见母、来母之间古或同组关系成因的证据。

（九十二）磊　《石部》：“磊，众石也。从三石。”来母。

“磊”谐声之字仅自身一字。

“磊”徐铉作“落猥切”，读为来母（微部）。

“磊”字今甘谷话读作［luaI^{51}］。

“磊”字作为来母，一直比较稳定。

（九十三）咎《人部》：“咎，灾也，从人、从各，各者，相违也。”群母。

“咎”谐声之字二级二类共10字。

一级一类9字：

咎，见上，其久切；

椿，“从木，咎声，读若皓”，古老切；

晷，“从日，咎声”，居洧切；

倃，“从人，咎声”，其久切；

麔，“从鹿，咎声”，其久切；

稽，“从稽省，咎声，读若皓”，古老切；

惁，“从心，咎声”，其久切；

鮥，“从魚，咎声”，其久切；

綹，“从糸，咎声”，读若柳，力久切。

二级一类 2 字：

晷，见前；

厬，“从厂，晷声，读若轨”，居洧切。

“咎”类字至徐铉分读为 3 类：

见母：棓稽（幽部），晷厬（之部）；

群母：咎倃麔慦鼛（幽部，不过反切下字“久”在之部）；

来母：绺（幽部，反切下字“久”在之部）。

“咎”类字今甘谷话分读为 3 类：

［k］：［kuaI[151]］晷；

［tɕ］：［tɕiəu[55]］咎；

［l］：［liəu[55]］绺。

其余诸字今甘谷话不用。

由于好多字及其意义在今甘谷话中不再使用，或者说一些意义及字在甘谷话中的使用情况难以确定，因此不能确认“咎”类其他字在甘谷话中应有的读音，但从发展趋势来看，也应该是读作［k］或［tɕ］的，如果从这个角度来看，今甘谷话中的“咎”类字分为见母和来母，这是一种鲜活方言中的语言现实。因此甘谷话中“咎”类字的读音，似乎在呼唤着见母、来母古同纽的出现。

但毕竟，以统计学角度看，读作来母的只有一个“绺”字，偶然出现的可能性很高。

不过，即使从徐铉时“咎”类字的读音看，也可概括为见组与来母之间的区别，所以也有可深思处。从其他资料来看，见、溪、群、疑四母字与来母字关系密切，也较常见，因此徐铉时“咎”类字的分读也似有可深思之处。

同样可惜的是，读作来母的只有一字，难以为证。

（九十四）㐱 《㐱部》：“㐱，新生羽而飞也，从几，从彡”，章（照三）母。又《彡部》：“㐱，稠髪也。从彡、从人。《诗》曰‘㐱髪如雲’。”章（照三）母。

“㐱”谐声之字二级二类共 28 字。

一级一类 18 字：

㐱，见上，之忍切；

珍，“从玉，参声”，陟邻切；

趁，“从走，参声，读若尘，”丑刃切；

診，“从言，参声”，直刃切，又之忍切；

眕，“从目，参声”，之忍切；

殄，“从歺，参声”，徒典切；

胗，“从肉，参声”，之忍切；

疹，“胗，籀文胗从疒”，之忍切；

曑，“从晶，参声”。所今切（“臣铉等曰：非声。未详”）；

參，“曑或省”。所今切；

袗，“从衣，参声”，之忍切；

鬒，“从页，参声”，之忍切；

駗，“从馬，参声”，张人切；

紾，“从糸，参声”，之忍切；

畛，“从田，参声”，之忍切；

軫，“从車，参声”，之忍切；

沴，“从水，参声”，郎计切。

二级一类 12 字：

曑，见前；

犙，“从牛，参声”，稣含切；

謲，“从言，参声”，仓南切；

篸，“从竹，参声”，所今切；

槮，“从木，参声”，所今切；

傪，“从人，参声”，仓含切；

驂，“从馬，参参”，仓含切；

獑，“从犬，参声”，山槛切；

黲，“从黑，参声”，七感切；

慘，“从心，参声”，七感切；

滲，“从水，参声”，所禁切；

嫪，“从女，参声”，七感切。

“参”类字至徐铉分读为 8 类：

章（照三）母：参診眕胗疹袗鬒紾畛軫（文部）；

端（知）母：珍駗（真部）；

透（彻）母：趁（文部）；

定（澄）母：殄診（文部）；

山（审二）母：曑（参）篸椮滲（侵部），猸（谈部）；

来母：沴（质部）；

心母：慘；

清母：傪驂黲慘嵾（俊部）。

“参”类字今甘谷话分读为5类：

[tʂ]：[tʂən^{214}] 診疹（胗）軫（书面语时）珍；

[tʂ‘]：[tʂ‘ən^{55}] 趁；

[tɕ‘]：[tɕ‘iɛn^{51}] 殄；

[ts‘]：[ts‘an^{214}] 参 [ts‘an] 嵾（“婪也”，今甘谷话谓往别人家吃饭为 [ts‘an^{51}] 着吃”，谓此也），[ts‘an^{35}] 惨；

[l]：[li^{55}] 沴（“水不利也”，今天甘谷话云水流畅通为 [li^{55}]，或以为“沴”反训字也）。

其余诸字今甘谷话不用。

“参”类二级字，徐铉以为“曑”字“参非声”，则“曑”字与“参”字在徐铉时读音大不同。如此，则二级一类与“参”不相谐声。但许慎以为“曑”从“参声”，则其时二字读音相同或相近。是“参”类至徐铉为大变。

不过，“参”类字只有“沴”字为来母，且作为来母十分稳定，应该是从许慎以来即为来母的，但仅有一字，应是谐声过程中的偶然现象，即由韵相同而形成的谐声关系，声母是偶然所得。关于“参”声而读“郎计切”，至今甘谷话亦然，如“活计”读“活 [tɕin^{214}]，”“供给”读“供 [tɕin^{55}]，”正此类也，不为怪。亦当时旁对转是允许的。

（九十五）砅　《水部》：“砅，履石渡水也。从水、从石。《诗》曰‘深则砅’。”来母。

“砅”谐声之字仅自身一字。

“砅”字至徐铉读作“力制切”，读为1类：

来母：砅（月部）。

“砅”字今甘谷话读为1类：[lie^{214}]（今甘谷话谓涉河所履之石为

“[lie^{214}] 石”，正此字）。

“砅”字读为来母，十分稳定。许慎以为“砅”或作“沥”，显然为从水，厉声，是知自许慎“砅”与“厉”同音，为来母。

（九十六）泐《水部》：“泐，水石之理也。从水、从阞。《周礼》曰：‘石有時而泐’。”来母。

“泐”谐声之字仅自身一字。

“泐”字至徐铉读作“卢则切”，读为一类：

来母：泐（职部）。

“泐”字今甘谷话不用。

（九十七）尨 《犬部》：“尨，犬之多毛者，从犬、从彡。《诗》曰：‘无使尨也吠’。”明母。

“尨”谐声之字二级二类共8字。

一级一类7字：

尨，见上，莫江切；

牻，“从牛，尨声”，莫江切；

哤，“从口，尨声，读若尨”，莫江切；

厖，“从厂，尨声”，莫江切；

駹，“从馬，尨声”，莫江切；

浝，“从水，尨声”，莫江切；

𡑼“从水，从土，尨声，读若隴，”又亡江切。

二级一类二字：

浝，见上；

𡑼，“从土，浝声”，力嵸切。（臣铉等案：“《水部》已有此。重出。”）

“尨”类字至徐铉分读为3类：

明（微）母：尨牻哤厖駹浝𡑼（东部）；

来母：𡑼（东部）。

“尨”类字今甘谷话分读为2类：

[m]：[maŋ^{35}] 牻哤（今甘谷话谓人言语鲁莽怪异，伤害别人为“[maŋ^{35}] 张”，亦读“[maŋ^{51}] 张，”“哤，哤异之言”，“一曰杂语”，正其意也）；[maŋ^{214}] 尨（今甘谷话谓毛多而显丰满为“尨敦敦”）；

[l]：[lyn^{51}] 壟（今甘谷话谓墙上、板上涂泥巴或颜色为“[lyn^{51}]上。”“壟，涂也”，正其意）。

其余诸字今甘谷话不用。

“龙”类字至徐铉分读明母、微母和来母，明，微二母古同纽。“壟”读为来母，仅一字，应该是谐声时重韵、轻声母的偶然结果。

（九十八）屚　《雨部》：“屚，屋穿水下也，从雨在尸下，尸者，屋也。”来母。

“屚”谐声之字一级一类共2字：

屚，见上，卢后切；

漏，“从水，屚声”，卢后切。

“屚”类字至徐铉读为1类：

来母：屚漏（侯部）。

“屚”类字今甘谷话读为1类：

[l]：[ljv^{55}] 屚（今其义犹在，唯字与“刻漏”字同）漏。

“屚”类二字，今合其义亦合其字，用“漏”，作为来母字，十分稳定。

（九十九）朕　《舟部》：“朕，我也。阙”，定母。

“朕”谐声之字二级二类共15字。

一级一类14字：

朕，见上，直禁切；

謄，“从言，朕声”，徒登切；

眹，“从目，灷声。案：勝字、賸字皆从朕声。疑古以朕为眹。直引切”（新附字）；

栚，“从木，灷声”，臣铉等曰：“当从朕省”，直衽切；

榺，“从木，朕声”，诗证切；

賸，“从具，朕声”，以证切；

幐，“从巾，朕声”，徒登切；

騰，“从馬，朕声”，徒登切；

滕，“从水，朕声”，徒登切；

㬺，“从仌，朕声”，徒登切；

縢，“从糸，朕声”，徒登切；

螣，“从虫，朕声”，徒登切；

塍，“从土，朕声”，食陵切；

勝，“从力，朕声”，识蒸切。

二级一类 2 字：

騰，见前；

虪，“从虎，騰声”，徒登切。

“朕”类字至徐铉分读为 5 类：

定（澄）母：賸滕騰縢幐螣虪（蒸部）；朕眹栚（侵部。反切下字“引”在真部）；

书（审三）母：幐勝（蒸部）；

船（穿三）母；塍（蒸部）；

余（喻四）母：賸（蒸部）；

来母：縢（蒸部）。

“朕”类字今甘谷话分读为 5 类：

[tʂ]：[tʂen[214]] 朕眹栚（“栚，槌之横者也，”今甘谷话谓击鼓为“[tʂen[214]] 几槌”，即此）；

[t‘][t‘en[35]] 賸騰滕（“滕，水超涌也”，今甘谷话仍其意，唯字作“騰”）螣（书面语）縢（书面语）；

[ʂ][ʂən[55]] 勝；

[j]／[ø][jən[55]] 賸（“賸，物相增加也”，今甘谷话谓贷钱生息为“[jən[55]] 利钱”，又谓一父或一母儿孙渐多为 [jən[55]] 了一窝子”，正此意）；

[l]：[lin[35]] 縢（今多作“凌”，《仌部》：“凌，縢或从麦”，今从之）。

其余诸字今甘谷话不用。

“朕”类字至徐铉分读为 6 类，但以澄母、定母居多，澄母、定母古同纽。其余 4 类，各有一字、二字，其中来母一字（縢），应是谐声时重韵轻声母的偶然结果。

（一〇〇）卤　《卤部》：“卤，西方碱地也。从西省，象盐形。安定有卤县。（据考证，今甘肃平凉崇信县即古卤县所在。）东方谓之㡿，西方谓之卤。”来母。

“卤”谐声之字一级一类只有1字：

卤，见上，郎古切。

“卤”类至徐铉读为1类：

来母：卤（鱼部）。

“卤”字今甘谷话读为1类：［lv^{51}］。

“卤”字变化很少，十分稳定。

（一〇一）卯　《卯部》：“卯，冒也。二月万物冒地而出，象开门之形，故二月为天门。”明母。

“卯”谐声之字二级二类共7字。

一级一类5字：

卯，见上，莫饱切；

昴，“从日，卯声”，莫饱切；

窌，“从穴，卯声”，匹皃切；

奅，“从大，卯声”，匹貌切；

聊，“从耳，卯声”，洛萧切；

贸，“从贝，丣声”，莫候切（徐铉引许慎此字从“丣”，丣声。段玉裁注本作“从具，卯声（字作“𢀖”），故列于此。盖徐本误以“卯”为“丣”也）。

二级一类2字：

贸，见上；

鄮，“从邑，贸声”。莫候切（徐铉亦作“丣声”，段注本作“卯声”）。

“卯”类字至徐铉分读为3类：

明（微）母：卯昴（幽部），贸鄮（候部）；

滂（敷）母：窌奅（药部）；

来母：聊（幽部）。

“卯”类字今甘谷话分读为2类：

［m］：［mau^{51}］卯昴，［mau^{55}］贸；

［l］：［$liau^{35}$］聊。

其余诸字今甘谷话不用。

关于“卯”类字，还有一字需另加注意。《艸部》：“茆，凫葵也。从艸，丣声。”段注：“俗作茆，音卯，非也”。并证之云：“茆，《鲁颂》毛传同。《周礼》‘醢人茆菹，’郑大夫读为茅。或曰：‘茆，水艸’，杜子春读为茆，后郑曰：‘茆，凫葵也。今《周礼》转写多讹误，为正之如此。’汉时有茆、茆二字，经文作茆，两郑皆易字为茆也”。由是，知“丣”“丣”二字讹误多矣！有鉴于此，“卯”类字亦恐有不切实之处。即如切语下字，分属幽部、药部、侯部三类，大约也有古人讹混二字从而误读“丣”为“丣”的可能。

不过，对我们所关心的问题而言，来母只有一个“聊”字，恐怕也是谐声过程中重韵轻声母的偶然结果，至于从“丣”还是从“丣”，关系并不大。

（一〇二）丙　《丙部》：“位南方，万物成炳然，阴气初起，阳气将亏。从一入冂。一者，阳也。丙承乙，象人肩。”帮母。

“丙”谐声之字二级二类共10字。

一级一类9字：

丙，见上，兵永切；

柄，“从木，丙声”，陂病切；

邴，“从邑，丙声”，兵永切；

炳，“从火，丙声”，兵永切；

怲，“从心，丙声”，兵永切；

鲆，“从鱼，丙声”，兵永切；

寎，“从㾊省，丙声”，皮命切；

病，“从疒，丙声”，皮命切；

匧，“从匚，丙声”。“臣铉等曰：丙非声，义當从内，会意，疑传写之误。”卢候切。（不管是“传写之误，”还是语音发生了剧变，总之，这样的位置最有可能提供线索。故列入。）

二级一类2字：

匧，见上；

陋，“从𨸏，匧声”，卢候切。

“丙”类字至徐铉分读为4类：

帮（非）母：丙邴炳怲鲆柄（阳部）；

并（奉）母：寎病（阳部，不过切语下字“命”在耕部）；

来母，陋陋（侯部）。［徐铉以为此二字不是“丙”声的字，大约是当时读来，此二字与“丙”的读音（主要是韵母）相去甚远，用后人的术语，就是阴阳不同，即“丙”有鼻音韵尾，而“陋、陋”没有。因此徐铉以为“陋”从“丙声”是“传写之误”。不过，依后人的研究，“侯屋东”一组与“鱼铎阳”一组相邻，因此侯部与阳部字可以旁对转的。如果上古确可存在旁对转，则许慎以为“陋”从“丙声”，就是事实，是正确的。如果是这样，则说明徐铉不通音韵之学。不然，事情也可能如徐铉所说，是传写之误，则说明我们考察来母的生存与成长，“丙”类就不存在，而应立为“陋”类了。不过，无论哪一种可能，由于其中来母字仅有两个字，而且独立存在（或者独立存在于单独的一级——在“丙”类二级），因此不能形成帮系字与来母同源可能性的条件。因此不会影响我们的讨论命题。］

“丙”类字今甘谷话分读为3类：

［p］：［pin^{51}］丙邴炳柄；

［p‘］：［p‘in^{55}］寎病（二字今甘谷话合为一字，许慎谓“寎，卧惊病也”，今甘谷话谓夜有惊，正谓之“惊［p‘in^{55}］”，故列入）；

［l］：［lv^{55}］陋。

其余诸字今甘谷话不用。

“丙”类字至徐铉主要区别为帮系字和来母字，正如我们在“陋陋”字下所注，如果以二字自“丙”谐声而来，由于只有2字，且孤立处于二级，与其他帮系字处于一级存在较强烈的对立，所以不能形成帮母、来母或同纽的命题；如果以为“陋”字“丙非声”，则更不可能有此命题。

因此，按体例，我们认为，“丙”类字中出现两个来母字，是谐声字重视韵母而轻视声母的结果。

（一〇三）而　《而部》：“而，颊毛也。象毛之形。《周礼》曰‘作其鳞之而’。”日母。

“而”谐声之字二级二类共22字。

一级一类11字：

而，见上，如之切；

髵，“而，臣铉等曰，今俗别作髵，非是”，如之切；

荋，“从艸，而声”，如之切；

胹，“从肉，而声”，人移切；

栭，“从木，而声”，如之切；

髵，“从丸，而声”，奴禾切；

耎，“从大，而声，读若畏偄”。而沇切；

恧，“从心，而声”，女六切；

鮞，“从鱼，而声，读若而”，如之切；

輀，“从車，而声”，如之切（此字题作“腝”而释文作“从車，而声”，他本亦从“而”，故作“輀”列此）：

洏，“从水，而声”，如之切。

二级一类 12 字：

耎，见前；

萸，“从艸，耎声”，而兖切；

腝，“从肉，耎声”，人移切（腝，或从難，作臡。日母古与泥母、娘母同，故尔。因与我们讨论问题不同，故不单列）；

偄，“从人，从耎”（段玉裁曰：“此举会意包形声也。”故列此），奴乱切；

碝，“从石，耎声”，而沇切；

煗，“从火，耎声”，乃管切；

渜，“从水，耎声”，乃管切；

媆，“从女，耎声”，而沇切（“臣铉等案，《切韵》又音奴困切，今俗作嫩，非是”）；

甄，“从瓦，耎声”，零帖切；

緛，“从糸，耎声”，而沇切；

畮，“从田，耎声”，而缘切；

蝡，“从虫，耎声”，而沇切。

“而”类字至徐铉分读为 4 类：

日母：而髵荋栭鮞輀洏（之部），胹腝（支部），耎碝媆緛蝡畮（元部），萸（文部）；

泥母：髵（歌部），偄煗渜（元部）；

娘母：恧（觉部）；

来母：瓺（叶部）。

“而”类字今甘谷话分读为 2 类：

[ø]：[$ɚ^{35}$] 而；[iv^{51}] / [jv^{51}] 蝡，[$jvan^{51}$] 偄（今作“软”）腝緛（许慎谓“緛，衣戚也”。段注以为“衣戚，《衣部》：所谓襞，《韋部》所谓韏。”《衣部》“襞，韏衣也，”《韋部》：“韏，革中辨谓之韏”。段注：“革中辨者，取革中分其广摺叠之。”今甘谷话谓衣服对襟处为“[$ivan^{51}$] 边”，或即此）瓀（许慎云“瓀，城下田也，一曰瓀却也，今甘谷话谓墙脚、山脚下土地及沟边土地为“[$jvan^{51}$] 边”，引申义也）；

[l]：[lun^{55}] 媆（许慎云：“媆，好皃”，今甘谷话谓面色娇好细嫩为“[lun^{55}] 面”，即此。不过正如徐铉所云“俗作嫩”，用“嫩”字不用“媆”），[$luan^{51}$] 渜（许慎谓“湯也”，今甘谷话谓开水壶为“[$luan^{51}$] 水壶”，正此字）煗。

其余诸字今甘谷话不用。

“而”类字至徐铉分读为泥母、娘母、日母和来母。“娘、日二母归泥”，不必细论。而此三纽之字中古或与来母音近，故多有读如来母的同声符字，不独“瓺”一字。不过这种情况只是因为当时声音相近而偶然误读的结果，从分布情况看，在这三组字为主的谐声字中，来母字出现都比较少，显示出于偶然，其与来母的对立很明显，正因为三组与来母近，故今甘谷话中，娘、日、泥三母的字常与来母字不区别，如“暖”“难”“挐”“来”，今甘谷话声母相同。这是一方面。

另一方面，泥母、娘母中的一部分字今甘谷话读如见母（如 [tɕ]），而来母字中一部分字也如此。如“捏”读 [$tɕiɛ^{214}$]，“尼”读 [$tɕi^{35}$]，“你”读 [$tɕi^{51}$]，“女”读 [$tɕy^{51}$]，“脸”读 [$tɕiɛn^{51}$] 等。也证明了三组与来母字声音上的相近。不过，这种情况应该倒过来分析，即：见母与来母在上古关系密切（可能同纽），因此来母字有读如见母的保留（如甘谷话的“脸”读作 [$tɕiɛn^{51}$]，而娘母、泥母与来母相近，故今甘谷话读娘、泥二母的一些字如来母）读见母的部分，如“尼”“你”读作 [tɕi]。

不过，在今甘谷话中，日母读如来母（或见母）的很少。日母字今甘谷话读作 [ø]（[ɚ]）、[ʐ] [z] 三大类。如：

[ø]：[ɚ] 而，[iv] 耳如儒入乳辱肉茸；

[ʐ]：饶肉然染冉人刃让；

[z]：柔揉蹂仍。

在今甘谷话中，泥母和娘母二者不分，但日母迥然不同，卓然独立。而与来母常常讹混的，也只是泥母、娘母。

（一〇四）盭　《弦部》："盭，弼戾也。从弦省、从盩。读若戾。"来母。

"盭"谐声之字仅自身一字。

"盭"至徐铉读作"郎计切"为来母（质部）。

"盭"字今甘谷话不用。

（一〇五）㫺　《白部》："㫺，際见之白也，从白，上下小见"。溪母。

"㫺"谐声之字一级一类共4字：

㫺，见上，起戟切；

虩，"从虎，㫺声"，许隙切；

蟟，"从虫，㫺声"，离灼切；

隙，"从𨸏、从㫺、㫺亦声"，绮戟切。

"㫺"类字至徐铉分读为3类：

溪母：㫺隙（铎部）；

晓母：虩（铎部）；

来母：蟟（药部）。

"㫺"类字今甘谷话读为1类：

[ɕ]：[ɕi²¹⁴] 㫺隙。

其余诸字今甘谷话不用。

"㫺"类字至徐铉分读为3类，但来母字只有一字，不能成为声母之间关系的讨论话题。"蟟"作为来母字，是谐声过程中重韵母轻声母的偶然结果。

不过，假如见母和来母在上古属于同纽，则溪母字出现与来母的谐声关系，也许就有了因果关系。但毕竟，只有一个字，难以作为证明材料，只能认为是来母偶得的一字。

（一〇六）卵　《卵部》："卵，凡物无乳者卵生。象形。"来母。

"卵"谐声之字仅自身一字。

"卵"至徐铉读作"卢管切"，来母（元部）。

"卵"今甘谷话读为一类：[l]，[$luan^{51}$] 卵。

（一〇七）丿 《丿部》："丿，右戾也，象左引之形"。并母。

"丿"所谐之字三级三类共 13 字。

一级一类 2 字：

丿，见上，房密切；

少，"从小，丿声"，书沼切。

二级一类 10 字：

少，见上；

眇，"从目、从少，少亦声"，亡沼切；

杪，"从木，少声"，亡沼切；

邩，"从邑，少声"，书沼切；

秒，"从禾，少声"，亡沼切；

玅，"从弦省，少声"，於宵切；

劣，"从力，少声"力辍切；

訬，"从言，少声"，"读若毚"，楚交切；

鈔，"从金，少声"，楚交切；

抄，"臣铉等曰：（钞）今俗别作抄"，楚交切。

三级一类 3 字：

眇，见前；

䳄，"从鳥，眇声"亡沼切；

篎，"从竹，眇声"，亡沼切。

"丿"类字至徐铉分读为 6 类：

并（奉）母：丿（质部）；

书（审三）母：少邩（宵部）；

明（微母）：眇秒杪䳄篎（宵部）；

初（穿二）母：訬鈔抄（宵部）；

影母：玅（宵部）；

来母：劣（月部）"劣"字韵部与宵部远，笔者以为"劣"字从"沙"省声，"沙"在歌部，与月部阴入对转，更近似。不过无据，只存疑）。

“丿”类字今甘谷话分读为5类：

[pʻ]：[pʻi51] 丿（今甘谷话谓与人相左不合为“[pʻiə51]，如“那人干啥都是[pʻiə51] [pʻiə51]子”，也作“戾丿”，读作“[liə214][pʻiə]”，只是用字改作“撇”）；

[ʂ]：[ʂau51] 少；

[m]：[miau51] 眇秒；

[tsʻ]：[tsʻau51] 訬（今作“吵”），[tsʻau214] 钞抄（今“叉取也”为钞又用“抄”字，“钞”则用为钞票字）；

[l]：[liə214] 劣。

由此看来，“丿”类字由“丿”谐出“少”字已有大变，质部、宵部相去较远；而“少”字谐出“劣”字。由宵部而月部，相去又远，且“少”一级字中来母字只有一个“劣”，因此“丿”类字中出现来母字，同样是谐声字过程中的一个偶然，不能据以讨论来母和“丿”类所含其他声母之间的关系。

（一〇八）料　《斗部》：“料，量也。从斗，米在其中。读若辽”。来母。

“料”谐声之字仅其自身一字。

“料”至徐铉读作“洛萧切”，来母（宵部）。

“料”字今甘谷话读[l]：[liau55]。

“料”字声母十分稳定，自许慎“读若辽”，至今保持了与“辽”的一致。

（一〇九）𠂹　《𠂹部》：“𠂹，艸木華葉𠂹，象形。”禅母。

“𠂹”谐声之字二级二类12字。

一级一类5字：

𠂹，见上，是为切；

𦈢，“从缶，𠂹声”，池为切；

垂，“从土，𠂹声”，是为切；

𩣡，“郵，籀文从𠂹”，之垒切；

𨺅，“从𨸏，𠂹声”，洛猥切。

二级一类8字：

垂，见上；

箠，“从竹、垂声”，之垒切；

捶，“从手，垂声”，之垒切；

锤，“从金，垂声”，直垂切；

騒，“从马，垂声。读若箠”，之垒切；

陲，“从自，垂声”，是为切；

睡，“从目、垂”，（段注：“宋本无‘声’字，此以会意包形声也。”故列入）是伪切；

甀，“从隹，垂声”，是伪切。

“𠂹”类字至徐铉分读为4类：

禅母：𠂹垂陲睡甀（歌部）；

定（澄母）：𡍮錘（歌部）；

章（照三）母：䮔箠捶騒（歌部，不过反切下字“垒”在微部）；

来母：㔣（微部）。

“𠂹”类字今甘谷话读为3类：

[tɕ ‘]：[tɕ ‘jvaI55] 𠂹（今作“垂”字）垂陲，[tɕ ‘jvaI35] 锤捶（今甘谷话谓打人为“[tɕ ‘jvaI35]”，即此）箠；

[ɕ]：[ɕjvaI55] 睡；

[I]：[luaI51] 㔣（磊㔣，今作磊落）。

由此看来，“𠂹”类字中出现一个来母字“㔣”，是谐声过程中重韵母轻声母的一个偶然结果，由于仅有一字，因此不能据以讨论“𠂹”类字其他声母与来母之间的关系。

第二节　《说文》大徐本涉来母谐声字(系)内部声母之间的关系分析

一　《说文》涉来母谐声类分布结构表

为了比较方便地分析前列涉来母诸类谐声字声母归属及其与来母之间的关系，我们按谐声字组内部的分级和各级内部不同声母的字数多少进行归纳，形成下表：

谐声类 分布情况 分布级数	一级		二级		三级以上		来母所在与其他声母比	
	字数	声母类	字数	声母类	字数	声母类	所在	各声母字数比
1 史	2	山1，来1	4	来1，山3	○	○	1，2	1:5
2 豊	6	来5，透1	○	○	○	○	1	5:1
3 录	16	来 14，帮 1，敷1	○	○	○	○	1	14:1:1
4 頛	3	来3	2	来2	○	○	1，2	4:0
5 丣	7	来 5 余 1 明1	13 3 2	来12 彻1 来3 明2	附: 5	余 3 精 1 昌1	1，2	20:4:3:1:1:1
6 林	12	来 8 见 1 彻2 山1	○	○	○	○	1	8:1:2:1
7 尞	21	来21	2	来2	○	○	1，2	22:0
8 䜌	9	来1 见8	2	见2	○	○	1	1:9
9 来	12	来11 疑1	3	来1 疑2	○	○	1，2	12:3
10 剌	6	来6	7	来6 透1	○	○	1，2	12:1
11 吕	6	来4 见2	○	○	○	○	1	4:2
12 翏	30	来21 彻1 见 4 微 1 明1 晓1 群1	2 3	来1 见1 来2 见1	○	○	1，2	24:1:6:1:1:1:1
13 东	5	端4 澄1	12	章5 澄4 端1 定2	2 17 22	定2 定 5 章 2 昌4 端 12 澄 2 崇1 禅 1 来 1 来 17 并 1 见2 彻1 澄1	3，4	18:6:8:7:1:4:1:1:1:2:1
14 滶	2	来2	○	○	○	○	1	2:0

续表

谐声类 分布情况 分布级数	一级		二级		三级以上		来母所在与其他声母比	
	字数	声母类	字数	声母类	字数	声母类	所在	各声母字数比
15 畾	9	来 9	2 5	来 2 来 5	3	来 3	1，2，3	19：0
16 栗	4	来 4	○	○	○	○	1	4：0
17 里	11	来 8 邪 1 匣 1 溪 1	3	来 1 明 2	○	○	1，2	9：1：1：1：2
18 令	19	来 19	2	来 2	○	○	1，2	21：0
19 力	7	来 7	2	来 2	2	来 2	1，2	附 11：0
20 乐	13	来 10 书 2 晓 1	○	○	○	○	1	10：2：1
21 劦	5	来 3 匣 1 晓 1	2	晓 2	○	○	1	3：1：3
22 亡	11	微 9 明 1 来 1	17	来 17	3	来 3	1，2，3	21：9：1
23 霝	12	来 12	○	○	○	○	1	12：0
24 六	2	来 2	3	来 2 余 1	5 2 15 2	来 4 明 1 明 1 余 1 定 12 余 2 禅 1 定 2	1，2，3	8：4：2：14：1
25 巤	1	来 1	○	○	○	○	1	1：0
26 了	1	来 1	○	○	○	○	1	1：0
27 虍	8	晓 4 来 3 疑 1	3 4 3 5 2 3 2	来 3 来 4 来 3 晓 5 晓 2 疑 2 晓 1 晓 1 溪 1	18 3 2	来 18 疑 3 疑 2	1，2，3	31：13：8：1

续表

分布级数 \ 谐声类 \ 分布情况	一级		二级		三级以上		来母所在与其他声母比	
	字数	声母类	字数	声母类	字数	声母类	所在	各声母字数比
28 臽	14	匣6定2 透1溪2 余2	6	余2匣1 定1彻1	2 14 2	溪1见1 见3来10 匣1 来2	4，5	12∶8∶3∶1∶4∶5∶1∶4
29 柬	8	见2来6	5 2	来5 来2	3	来3	1，2，3，4	16∶2
30 离	8	来5彻3	2	来2	○	○	1，2	7∶3
31 䜌	15	来12影1 明1微1	2	来2	2	来2	1，2，3	16∶1∶1∶1
32 戾	5	来5	○	○	○	○	1	5∶0
33 㒳	4	澄1来2 微1	2	来2	○	○	1，2	4∶1∶1
34 鬲	10	来4见2 匣2溪1 影1	○	○	○	○	1	4∶2∶2∶1∶1
35 差	16	初5庄3 从5崇1 清2	2	庄1来1	3	来3	2.3	4∶5∶4∶5∶1∶2
36 婁	24	来20溪1 见1群1 山1	3	山1心1	○	○	1	20∶1∶1∶1∶2∶2
37 —	3	影1余1 来1	2 10	余1来1 来9见1	2	来2	1，2，3	13∶1∶2∶1
38 僉	20	清1见3 精1群1 疑5心3 晓2来4	3	来3	○	○	1，2	7∶1∶3∶1∶1∶5∶3∶2
39 夌	10	来9彻1	2	来2	○	○	1，2	11∶1

续表

谐声类 分布情况 / 分布级数	一级		二级		三级以上		来母所在与其他声母比	
	字数	声母类	字数	声母类	字数	声母类	所在	各声母字数比
40 兼	28	见 5 来 11 溪 5 匣 4 疑 3	4	来 3 澄 1	○	○	1，2	14：5：5： 4：3：1
41 连	8	来 8	○	○	○	○	1	8：0
42 罗	3	来 3	○	○	○	○	1	3：0
43 勺	18	章 3 禅 2 影 1 余 2 来 1 端 7 定 1	2	影 2	○	○	1	1：3：2： 3：2：7：1
44 凡	7	奉 5 敷 1 非 1	4	非 2 敷 1 来 1	2	来 2	2，3	3：5：2：3
45 各	35	见 10 来 16 影 1 群 1 溪 2 匣 2 疑 2 明 1	2 2 2	来 2 溪 2 疑 2	附 7 2	来 7 来 2	1，2 附	27：10：1： 1：4：2：4 ：1
46 耒	5	来 5	○	○	○	○	1	5：0
47 丽	17	来 10 山 7	○	○	○	○	1	10：7
48 利	5	来 5	7	来 7	○	○	1，2	12：0
49 京	14	见 3 群 3 来 8	2	见 2	○	○	1	8：5：3
50 萬	6	微 2 明 2 来 2	4	来 4	○	○	1，2	6：2：2
51 藟	6	彻 1 来 3 明 1 晓 1	○	○	○	○	1	3：1：1：1
52 劳	5	来 4 彻 1	○	○	○	○	1	4：1
53 厂	2	余 1 心 1	17	心 5 定 4 澄 4 彻 1 透 1 余 1 来 1	○	○	2	1：2：6： 4：4：1：1

续表

分布级数 \ 分布情况 \ 谐声类	一级		二级		三级以上		来母所在与其他声母比	
	字数	声母类	字数	声母类	字数	声母类	所在	各声母字数比
54 牢	1	来 1	○	○	○	○	1	1:0
55 率	6	山 5 来 1	○	○	○	○	1	1:5
56 文	8	微 7 来 1	2 3 2	来 2 微 3 微 1 来 1	○	○	1，2	4:11
57 秝	2	来 2	4	来 4	4	来 4	1，2，3	10:0
58 隶	1	来 1	○	○	○	○	1	1:0
59 示	3	船 1 泥 1 疑 1	3	泥 2 来 1	2	来 2	2，3	3:1:3:1
60 粦	15	来 15	2	来 2	○	○	1，2	17:0
61 巤	9	来 9	○	○	○	○	1	9:0
62 联	2	来 2	○	○	○	○	1	2:0
63 侖	11	来 9 知 1 定 1	○	○	○	○	1	9:1:1
64 未	8	微 2 明 4 晓 2	2 9	微 2 晓 1 明 1 来 6 崇 1	○	○	2	6:4:5:3:1
65 米	9	明 6 微 3	2 2	明 2 微 1 来 1	○	○	2	1:8:4
66 屬	4	来 4	附 2	来 1 疑 1	○	○	1，2	5:1
67 燚	1	来 1	○	○	○	○	1	1:0
68 立	9	来 7 余 1 溪 1	3	余 3	○	○	1	7:4:1
69 旅	3	来 3	○	○	○	○	1	3:0
70 叟	1	来 1	○	○	○	○	1	1:0
71 扇	7	来 6 余 1	7 2	来 6 余 1 余 2	2	余 2	1，2	12:6
72 网	2	来 2	5	来 5	○	○	1，2	7:0

续表

分布级数 \ 谐声类 分布情况	一级		二级		三级以上		来母所在与其他声母比	
	字数	声母类	字数	声母类	字数	声母类	所在	各声母字数比
73 岁	2	来 2	13	来 13	○	○	1，2	15：0
74 舍	3	书 2 余 1	18	余 5 定 10 邪 3	2 2	定 2 邪 2	酴，读若庐，徐氏读同都切。	
75 鹿	5	来 5	○	○	○	○	1	5：0
76 夅	6	匣 3 见 3	2	见 1 来 1	3	来 2 定 1	2，3	3：3：4：1
77 亩	3	来 3	2 3	来 2 来 3	○	○	1，2	8：0
78 子	7	从 2 精 4 来 1	○	○	○	○	1	1：2：4
79 弄	2	来 2	○	○	○	○	1	2：0
80 厽	3	来 3	3	来 3	○	○	1，2	6：0
81 刅	3	初 2 来 1	2	来 2	○	○	1，2	3：2
82 彖	6	书 1 澄 1 余 2 来 1 定 1	3 2	来 3 澄 2	○	○	1，2	4：1：3：2：1
83 辇	2	来 2	○	○	○	○	1	2：0
84 匕	5	帮 4 娘 1	5	娘 3 泥 1 来 1	2	泥 2	2	1：4：4：3
85 皀	4	并 1 端 7 晓 1 帮 1	7	晓 7	2 2	晓 1 来 1 来 2	3，4	3：1：1：9：1
86 品	2	滂 1 来 1	2	来 2	○	○	1，2	3：1
87 果	14	见 3 匣 4 溪 5 来 1 影 1	○	○	○	○	1	1：3：4：5：1
88 老	1	来 1	○	○	○	○	1	1：0
89 尸	2	书 1 来 1	○	○	○	○	1	1：1

续表

分布级数 \ 分布情况 \ 谐声类	一级		二级		三级以上		来母所在与其他声母比	
	字数	声母类	字数	声母类	字数	声母类	所在	各声母字数比
90 于	23	为 8 晓 6 影 7 澄 1 溪 1	2 8	澄 1 来 1 溪 7 影 1	2	溪 2	2	1 : 8 : 6 : 8 : 2 : 2
91 㔾	2	晓 1 溪 1	13	溪 4 晓 2 匣 3 见 1 来 1 影 2	2	匣 2	1	1 : 3 : 5 : 5 : 1 : 2
92 磊	1	来 1	○	○	○	○	1	1 : 0
93 咎	9	群 5 见 3 来 1	2	见 2	○	○	1	1 : 5 : 5
94 参	17	章 11 知 2 彻 1 定 1 山 2 来 1 澄 1	12	山 5 心 1 清 6	○	○	1	1 : 11 : 2 : 1 : 1 : 7 : 1 : 1 : 6
95 砅	1	来 1	○	○	○	○	1	1 : 0
96 泐	1	来 1	○	○	○	○	1	1 : 0
97 龙	7	明 6 微 1	2	明 1 来 1	○	○	2	1 : 7 : 1
98 扁	2	来 2	○	○	○	○	1	2 : 0
99 朕	14	澄 3 定 6 书 2 床 1 余 1 来 1	2	定 2	○	○	1	1 : 3 : 8 : 2 : 1 : 1
100 卤	1	来 1	○	○	○	○	1	1 : 0
101 卯	6	明 3 滂 2 来 1	2	明 2	○	○	1	1 : 5 : 2
102 丙	9	帮 6 并 2 来 1	2	来 2	○	○	1, 2	3 : 6 : 2
103 而	11	日 9 泥 1 娘 1	12	日 8 泥 3 来 1	○	○	2	1 : 17 : 5 : 1
104 鳌	1	来 1	○	○	○	○	1	1 : 0

续表

谐声类 分布情况 / 分布级数	一级		二级		三级以上		来母所在与其他声母比	
	字数	声母类	字数	声母类	字数	声母类	所在	各声母字数比
105 [illegible]	4	晓 1 溪 2 来 1	○	○	○	○	1	1:1:2
106 卵	1	来 1	○	○	○	○	1	1:0
107 辇	2	来 2	○	○	○	○	1	2:0
108/	2	奉 1 书 1	10	书 2 微 3 影 1 来 1 初 3	3	微 3	2	1:1:3:6:1:3
109 料	1	来 1	○	○	○	○	l	l:○
110 乖	5	禅 2 澄 1 章 1 来 1	8	禅 5 章 3	○	○	1	1:7:1:4

二　《说文》涉来母谐声字（系）关系比较

下面，我们根据如下标准重新进行比较：

（一）同级谐声字来母与其他声母字（三字以上）的对比；（二）整个谐声体系中来母与其他声母字（三个以上）的对比；（三）各级谐声关系中来母与同部位其他声母字比较；（四）许慎明言读为来母而徐铉读以非来母者比较。

（一）同级谐声字中来母的存在状况（3 字以上）：

1. “翏”类一级　　21 来：4 见；
2. “虍”类一级　　3 来：4 晓；
3. “臽”类四级　　10 来：3 见；
4. “离”类一级　　5 来：3 彻；
5. “佥”类一级　　4 来：5 疑；
6. “兼”类一级　　11 来：5 见：4 匣：疑 3；
7. “各”类一级　　16 来：10 见；
8. “丽”类一级　　10 来：7 山；
9. “京”类一级　　来 8：3 见：3 群。

（二）整个谐声类中来母存在状况（3 字以上）：

1. 豊　5 来（凡其他声母字 3 字以上列之，否则不列）
2. 录　14 来
3. 頪　4 来
4. 丣　20 来：3 明：4 余
5. 林　8 来
6. 尞　22 来
7. 罊　1 来：9 见（以见、来之特例列之）
8. 来　12 来：3 疑
9. 剌　12 来
10. 吕　4 来（：2 见）（全类仅来见 2 种，附列，下同）
11. 翏　24 来：6 见
12. 东　18 见：6 端：8 澄：7 章：9 定：4 昌
13. 畾　19 来
14. 栗　4 来
15. 里　9 来
16. 令　21 来
17. 力　11 来
18. 乐　10 来
19. 劦　3 来：3 晓
20. 亡　21 来：9 微
21. 靁　12 来
22. 六　8 来：4 余：14 定
23. 虍　31 来：13 晓：8 疑
24. 臽　12 来：8 匣：3 定：4 溪：5 余：4 见
25. 柬　16 来（：2 见）
26. 离　7 来：3 彻
27. 䜌　16 来
28. 戾　5 来
29. 丙　4 来
30. 鬲　4 来
31. 差　4 来：5 初：4 庄：5 从

32. 娄　20 来
33. 一　14 来
34. 佥　7 来：3 见：5 疑：3 心
35. 夌　11 来
36. 兼　14 来：5 见：5 溪：4 匣：3 疑
37. 连　8 来
38. 罗　3 来
39. 凡　3 来：5 奉：3 非
40. 各　27 来：10 见：4 溪：4 疑
41. 耒　5 来
42. 丽　10 来：7 山
43. 利　12 来
44. 京　8 来：5 见：3 群
45. 万　6 来
46. 虿　3 来
47. 劳　4 来
48. 文　4 来
49. 秝　10 来
50. 示　3 来：3 泥
51. 粦　17 来
52. 巤　9 来
53. 仑　9 来
54. 未　6 来：5 明：4 微：3 晓
55. 蜀　5 来
56. 立　7 来：4 余
57. 旅　3 来
58. 羸　12 来：6 余
59. 网　7 来
60. 兆　15 来
61. 鹿　5 来
62. 夆　3 来：4 见：3 匣

63. 亩　8 来

64. 厽　6 来

65. 刃　3 来（：2 初）

66. 彖　4 来：3 澄

67. 皀　3 来：9 晓

68. 品　3 来

69. 丙　3 来：6 帮

（三）各级谐声字关系中来母与同部位声母系（组）字的比较（3 字以上）：

1. 翏类一级　21 来：5 见系（见、群）；

2. 虍类一级　3 来：4 影（晓）；

3. 臽类三级二类　10 来：3 见（见）；

4. 离类一级　5 来：3 知（彻）；

5. 鬲类一级　4 来：3 见（见、溪）：3 影（影、匣）；

6. 娄类一级　20 来：3 见（见、溪、群）；

7. 佥类一级　4 来：9 见（见、群、疑）：5 精（精、清、心）；

8. 兼类一级　11 来：13 见（见、溪、疑）：4 影（匣）；

9. 各类一级　16 来：15 见（见、溪、群、疑）：3 影（影、匣）；

10. 丽类一级　10 来：7 照（山）；

11. 京类一级　8 来：6 见（见、群）。

（四）许慎明言读来母而徐铉读非来母者：

1. 舍类："酴，余声，读若庐"，同都切；

2. 龙类："氃，龙声，读若陇"，又亡江切。

（此字徐氏用"又"，大概还有一音"读若陇"。则此字当有来、微二母）。

（五）许慎明言读非来母而徐铉读如来母者：

1. 林类：婪，"林声，读若潭"，庐含切；

2. 兼类：鬑，"兼声，读若慊"，力盐切；

　　　　　螊，"兼声，读若嗛"，力盐切；

3. 丽类：麗见，"丽声，读若池"，郎计切；

4. 亩类：畣，"亩声，读若桑葚之葚"，力荏切；

鄙，“亩声，读若淫”，力荏切。

第三节　《说文》涉来母谐声字今甘谷话声母状况

一　《说文》涉来母字今甘谷话声母是［l］的 92 类情况

1. 史——吏［li^{55}］（1 字）；

2. 豊——豊澧醴［li^{214}］，禮鱧［li^{51}］（已在今甘谷话中不使用者不列。后同）（5 字）；

3. 录——录绿（［liou^{214}］／［ljv^{214}］二音）碌録禄逯［ljv^{214}］（6 字）；

4. 頪——類［lua I ^{55}］（1 字）；

5. 丣——留劉［liou^{35}］，瘤騮餾溜霤［liou^{55}］，柳［liou^{51}］（8 字）；

6. 林——林琳［lin^{35}］，淋霖［lin^{55}］，婪［lan^{35}］（5 字）；

7. 尞——尞遼撩療僚燎缭［liau^{35}］，（燎又读［liau^{51}］），憭［li-au^{214}］（8 字）；

8. 來——來萊勑［laI^{51}］（3 字）；

9. 剌——剌［la^{214}］瘌賴籟懶［laI^{51}］，（5 字）；

10. 翏——寥［liau^{51}］、廖［liau^{35}］、醪［lau^{35}］、戮［ljv^{51}］（4 字）；

11. 東——龍瓏朧礱聾壟［lun^{35}］，籠隴［lun^{51}］（8 字）；

12. 㳅——流鎏［liəu^{35}］（2 字）；

13. 畾——靁［luaI^{35}］，儡纍壘［luaI^{51}］（4 字）；

14. 栗——栗［li^{51}］（1 字）；

15. 里——里理俚鯉裏［li^{51}］，貍［li^{214}］（6 字）；

16. 令——令［lin^{55}］，玲苓龄翎囹伶零聆鈴［lin^{35}］，領嶺［lin^{51}］，冷［lən^{51}］（13 字）；

17. 力——力［li^{214}］，勒肋［laI^{214}］（3 字）；

18. 乐——乐［luo^{214}］（1 字）；

19. 劦——荔［li^{51}］（1 字）；

20. 亡——良［liaŋ^{35}］，郎狼廊［laŋ^{35}］，琅朗浪［liaŋ^{55}］（7 字）；

21. 霝——靈櫺蘦［lin^{35}］（3 字）；

22. 六——六［ljv214］，陸［ljv35］，六［liou214］（3字）；

23. 了——了［liau51］（1字）；

24. 虍——虜盧鑪爐籚艫廬瀘壚顱［ljv35］（10字）；

25. 臽——藍籃襤［lan35］，覽擥［lan51］，濫an55］（6字）；

26. 柬——煉練鍊［liɛn55］，闌蘭瀾［lan35］，讕爤灡［lan55］（9字）；

27. 离——离離蘺［li35］（3字）；

28. 䜌——孿鸞欒巒孌鑾［luan35］，臠［liɛn55］（7字）；

29. 戾——戾唳［li51］（2字）；

30. 㒼——藺［lin55］（1字）；

31. 鬲——鬲［li51］（1字）；

32. 差——魯蓾櫓［ljv51］（3字）；

33. 娄——娄楼偻瘘搂篓髅缕［ljv35］（8字）；

34. 一——酹［luaI51］，脟［liɛn55］（2字）；

35. 夌——陵绫凌［lin35］，淩凌［lun35］，棱［lən35］（6字）；

36. 兼——廉磏鐮簾［liɛn35］（4字）；

37. 连——连謰鲢琏莲［liɛn35］，链［liɛn55］（6字）；

38. 罗——罗萝逻［lɤ35］（3字）；

39. 勺——尥［liau55］（1字）；

40. 凡——嵐嵐［lan35］（2字）；

41. 各——雒骆烙洛络铬落［lɤ214］，赂路璐鹭［ljv55］，绺［liəu55］（12字）；

42. 末——末誄［laI35］（2字）；

43. 丽——丽俪［li55］，骊［li35］（3字）；

44. 利——利［li55］，黎梨鑗藜［li35］（5字）；

45. 京——倞諒［liaŋ55］，涼輬［liaŋ35］（4字）；

46. 萬——蠣［li55］（1字）；

47. 蠆——厲猸礪［li55］（3字）；

48. 劳——劳痨唠［lau35］，涝［lau55］（4字。不过，"唠"字今甘谷话用与《说文》不同，今甘谷话用"唠叨"字，《说文》曰："唠，唠呶，讙也，"徐铉作"敕交切"，此意今甘谷话用为"吵"字，读作［ts‘au51］；今甘谷话中"聊天"字作［kau51］，意与"唠""聊"同。

如果见、来二母古同纽，则应确认本字即“哰”字。反之，今甘谷话这一读法可能正是古音的遗留）；

49. 牢——牢［lau^{35}］（1 字）；
50. 文——吝［lin^{55}］（1 字）；
51. 秝——厤歷櫪［li^{35}］，瀝［li^{55}］／［liou^{51}］（4 字）；
52. 逮——逮［li^{51}］（1 字）；
53. 示——柰［laI^{55}］，隸［li^{55}］（2 字）；
54. 粦——粦遴鄰麟粼鱗轔［lin^{35}］，憐［liεn^{35}］（8 字）；
55. 巤——巤獵擸［liə^{214}］，邋臘［la^{214}］（5 字）；
56. 聯——聯［liεn^{35}］（1 字）；
57. 侖——侖輪崙陯［lun^{35}］，淪［lyn^{35}］，論［lyn^{55}］（6 字）；
58. 未——嫠斄［li^{55}］，犛［li^{35}］（3 字）；
59. 𤔔——𤔔亂敿［luan^{55}］，孌［lyεn^{55}］（4 字）；
60. 立——立笠［li^{214}］，粒［li^{35}］，拉柆［la^{214}］（5 字）；
61. 羸——羸［lauI^{35}］，蠃［luo^{51}］（2 字）；
62. 网——网兩［liaŋ^{51}］，蜽魎［liaŋ^{35}］（4 字）；
63. 歺——歺列裂烈洌鴷［liε^{214}］，例［li^{55}］（7 字）；
64. 鹿——鹿漉［ljv^{214}］，麓［ljv^{35}］（3 字）；
65. 夅——隆癃［lun^{35}］（2 字）；
66. 㐭——㐭廩癛［lin^{51}］（3 字）；
67. 子——李［li^{51}］（1 字）；
68. 弄——弄［lun^{55}］（1 字）；
69. 厽——厽絫垒［luaI^{51}］（3 字）；
70. 刅——梁粱［liaŋ^{35}］（2 字）；
71. 彖——蠡［li^{51}］（1 字）；
72. 匕——秜［ljv^{51}］（1 字）；
73. 皀——量［liaŋ^{55}］ 糧［liaŋ^{35}］（2 字）；
74. 品——臨瀶［lin^{35}］（2 字）；
75. 果——裸［luo^{51}］（1 字）；
76. 老——老［lau^{51}］（1 字）；
77. 尸——履［li^{51}］（1 字）；

78. 磊——磊［luaI⁵¹］（1字）；

79. 咎——綹［liou⁵⁵］（1字）；

80. 㐱——沴［li⁵⁵］（1字）；

81. 砅——砅［liə²¹⁴］（1字）；

82. 龙——壟［lyn⁵¹］（1字）；

83. 扁——扁［ljv⁵⁵］（1字）；

84. 朕——塍（凌）［lin³⁵］（1字）；

85. 鹵——鹵［ljv⁵¹］（1字）；

86. 卯——聊［liau³⁵］（1字）；

87. 丙——陋［ljv⁵⁵］（1字）；

88. 而——媆［lun⁵⁵］，渜煗［luan⁵¹］（3字）；

89. 卵——卵［luan⁵¹］（1字）；

90. 丿——劣［liə²¹⁴］（1字）；

91. 料——料［liau⁵⁵］（1字）；

92. 豖——隊［luo⁵¹］（1字）。

《说文》涉来母字的声字组中，甘谷话［l］声母字共涉及92类，计304字。其中或有个别字审义不精，误以甲义为乙义而对应其音而误读，但应该是极个别的，不致影响统计效果。倒是《说文》有些字（词）可能存在于甘谷话，而由于时间、精力不足，特别是能力有限，未能从甘谷话中切入而拣出，却是不敢说缺漏了多少。但我们以已经拣出的字及甘谷话读音作为依据，从旁证的角度认识古来母字的发展，应该是可以的。

二　92类谐声与被谐声的关系

上述92类，谐声与被谐声的关系及比例如下：

1. 来母谐来母的共53类：

豊类（5）（括号内的数字为谐声字数，下同）、录类（6）、粗类（1）、林类（5）、奞类（9）、来类（3）、剌类（5）、翏类（4）、淋类（2）、畾类（4）、栗类（1）、里类（6）、令类（13）、力类（3）、乐类（1）、需类（3）、六类（3）、了类（1）、离类（3）、䜌类（7）、8戾类（2）、鬲类（1）、婁类（8）、夌类（6）、连类（6）、罗类（3）、耒类（2）、丽类（3）、利类（5）、劳类（4）、牢类（1）、秝类（4）、隶类

(1)、粦类（8)、巤类（5)、聯类（1)、侖类（6)、᪸类（4)、立类（4)、羸类（2)、网类（4)、翏类（7)、鹿类（3)、亩类（3)、弄类（1)、厽类（3)、老类（1)、磊类（1)、砅类（1)、屚类（1)、卤类（1)、卵类（1)、料类（1)。

2. 山（审二）母谐来母 1 类：

史类（1)。

3. 余（喻四）母谐来母 1 类：

丣类（8)。

4. 端（知）母谐来母 1 类：

東类（8)。

5. 匣（喻三）母谐来母 3 类：

劦类（1)、臽类（6)、夅类（2)。

6. 明（微）母谐来母 6 类：

亡类（7)、萬类（1)、攵类（1)、未类（3)、龙类（1)、卯类（1)。

7. 晓母谐来母 2 类：

虍类（10)、㿝类（2)。

8. 见母谐来母 5 类：

柬类（9)、兼类（4)、各类（12)、京类（4)、果类（1)。

9. 定（澄）母谐来母 2 类：

㒳类（1)、朕类（1)。

10. 初（穿二）母谐来母 2 类：

差类（3)、刅类（2)。

11. 影母谐来母 1 类：

一类（2)。

12. 禅母谐来母 2 类：

勺类（1)、巫类（1)。

13. 并（奉）母谐来母 3 类：

凡类（2)、㿝类（2)、丿类（1)。

14. 透（彻）母谐来母 1 类：

蠆类（3)。

15. 船（床三）母谐来母 1 类：

示类（2）。

16. 精母谐来母1类：

子类（1）。

17. 书（审三）母谐来母2类：

彖类（1）、尸类（1）。

18. 帮（非）母谐来母2类：

匕类（1）、丙类（1）。

19. 滂（敷）母谐来母1类：

品类（2）。

20. 群母谐来母1类：

咎类（1）。

21. 章（照三）母谐来母1类：

参类（1）。

22. 日母谐来母1类：

而类（3）。

从谐声大类来看，非来母谐来母的又具体如下：

1. 见组：见、群二母共6类；

2. 庄组：初、山二母共3类；

3. 影组（包括喻四）：影、晓、匣、喻四母共7类；

4. 端组（包括知、彻、澄）：端、透、定三母共4类；

5. 章组：章、船、书、禅四母共6类；

6. 帮组（包括非、敷、奉、微）：帮、滂、并、明四母共12类；

7. 日母1类；

8. 精组：精母1类。

可以看到，从谐声字声类分布的分散状况说明，以此来研究来母与非来母之间的亲属关系是没有意义的。

如果从一个古声母下所包含的小类数量来看，含有3个小类以上的非来母声母如下：

1. 匣母，含3个小类；

2. 明母，含6个小类；

3. 见母，含5个小类；

4. 并母，含 3 个小类。

如此，则相对集中的分别是明母、见母、并母和匣母。

如果从一个谐声字所得的［l］声母字多少来看，可以排序为：（1）令类 13 字；（2）各类 12 字；（3）虍类 10 字；（4）柬类 9 字；（5）丣类 8 字；尞类 8 字，柬类 8 字，婁类 8 字，粦类 8 字；（6）歺类 7 字，䜌类 7 字，亡类 7 字；（7）录类 6 字，里类 6 字，臽类 6 字，菱类 6 字，连类 6 字，仑类 6 字；（8）豊类 5 字，林类 5 字，剌类 5 字，利类 5 字，巤类 5 字，立类 5 字；（9）翏类 4 字，畾类 4 字，兼类 4 字，京类 4 字，劳类 4 字，秝类 4 字，𤔔类 4 字，网类 4 字；（10）来类 3 字，力类 3 字，靁类 3 字，六类 3 字，离类 3 字，差类 3 字，罗类 3 字，丽类 3 字，藟类 3 字，未类 3 字，鹿类 3 字，㐭类 3 字，厽类 3 字，而类 3 字。

对上述 10 类我们表示如下（表中主要体现同等数量的字，各原谐声属于上古哪种声母，以此表示今甘谷话读声母［l］的字——《说文》中存在的——3 字以上的，对来母和非来母之间上古关系亲、疏的保留予以分析。表的左列是 3 字以上的差别表示，横行是上古声母的存在，字数与声母的纵横交汇处，显示的是该声母在这种字数情况下出现的小类的数，如今甘谷话中声母读［l］（只指《说文解字》中字）同谐声字有 4 字的，横推过去，来母下是 6，即指有 6 个小类的谐声字。（其他同此）

字数 声母数 声母	匣	来	初（穿二）	透（彻）	晓	明（微）	日	见	端	余
3		10	1	1		1	1			
4		6						2		
5		6								
6	1	5				1				
7		2								
8		3							1	1
9								1		
10					1					1
12								1		
13		1								

此表反映的是，《说文解字》中涉来母的各谐声类字，今甘谷话声母是［l］，且字数是3字以上的，在上古声母中的归类情况。结果显示，非来母的各谐声字组的归属为：匣母1类，初（穿二）1类，透（彻）母1类，晓母1类，明（微）母1类，日母1类，见母4类，端母1类，余（喻四）母1类。统计表现出见母向来母的贴进趋势。

三 《说文》涉来母字今甘谷话声母是非［l］的情况

（一）［p］

1. 录——剥［pɤ214］（1字）；

2. 匕——匕［pi51］（1字）；

3. 于——杇［pi214］（1字）；

4. 丙——丙邴炳柄［pin51］（4字）。

《说文》涉来母谐声字组中，今甘谷话声母是［p］的，有4类7字。谐声与被谐声的关系表现为：

1. 来母谐声的共1类：

录类（1）。

2. 帮母谐声的共2类：

匕类（1）、丙类（4）。

3. 匣（匣三）母谐声的共1类：

于类（1）。

与我们讨论对象相关的只有录类，谐声为来母、被谐字今甘谷话读为［p］，如帮母。但只有一字，不足3字的标准，故不以为据。

则［p］类不足虑。

（二）［p‘］

1. 东——龎［p‘aŋ35］（1字）；

2. 品——品［p‘in51］（1字）；

3. 丙——窉病［p‘in55］（2字）；

4. 丿——丿［p‘iə51］（1字）。

《说文》涉来母谐声字组中，今甘谷声母是［p‘］的，有4类5字。谐声与被谐声的关系表现为：

1. 端母谐声的1类：

东类（1）。

2. 帮（非）母谐声的1类：

丙类（2）。

3. 滂（敷）母谐声的2类：

品类（1）、丿类（1）。

上述情况表明，既无来母谐声字，便与我们讨论对象无关，故不以为据。

（三）［m］

1. 丣——貿［mau⁵⁵］（1字）；

2. 翏——谬［miəu⁵⁵］（1字）；

3. 里——霾［maI³⁵］（1字）；

4. 亡——芒盲氓［maŋ³⁵］，氓蝱［mən³⁵］（5字）；

5. 六——睦［mjv³⁵］（1字）；

6. 䜌——蠻鸞［man³⁵］（2字）；

7. 蠆——勱［maI⁵⁵］（1字）；

8. 文——旼閔憫［min⁵¹］（3字）；

9. 未——昧妹寐［maI⁵⁵］，犛［mau³⁵］（4字）；

10. 米——寐眯谜［mi⁵⁵］，迷麋敉［mi³⁵］（6字）；

11. 龙——犛哤［maŋ³⁵］（2字）；

12. 卯——卯昴［mau⁵¹］，貿［mau⁵⁵］（3字）；

13. 丿——眇秒［miau⁵¹］（2字）。

《说文》涉来母谐声字组中，今甘谷话声母是［m］的，有13类32字，谐声与被谐声的关系表现为：

1. 余（喻四）母谐声的1类：

丣类（1）。

2. 来母谐声的4类：

翏类（1）、里类（1）、六类（1）、䜌类（2）。

3. 明（微）母谐声的4类：

亡类（5）、文类（3）、未类（4）、龙类（2）。

4. 透（彻）母谐声1类：

蠆类（1）。

5. 并（奉）母谐声1类：

丿类（2）。

上述情况表明，来母字为谐声而今甘谷话读作［m］的有4类5字，虽然每类字数较少，但古来母与明母之间的关系从中展示出某种贴近的趋势，仍值得注意。其余几类因与来母无关，不以为据。

（四）［f］

凡——凡梵［fan^{35}］，汎［fan^{55}］，凮枫［$fən^{55}$］，讽风［$fən^{214}$］（7字）。

《说文》涉及来母谐声字组中，今甘谷话声母是［f］的共1类7字。谐声与被谐声的关系是：

并（奉）母谐声1类：凡类（7）。因与所讨论问题无关，不以为据。

（五）［t］

1. 东——东［tun^{214}］，栋冻［tun^{55}］（3字）；
2. 六——瀆櫝牘［tjv^{51}］（3字）；
3. 勺——钓［$tiau^{55}$］，的［ti^{35}］（2字）；
4. 厂——遞［ti^{55}］（1字）；
5. 彖——彖［$tuan^{55}$］（1字）。

《说文》涉来母谐声字组中，今甘谷话声母是［t］的，有5类10字，谐声与被谐声的关系表现为：

1. 端母谐声的1类：

东类（3）。

2. 来母谐声的1类：

六类（3）。

3. 禅母谐声的1类：

勺类（2）。

4. 余（喻四）母谐声的1类：

厂类（1）。

5. 书（审三）母谐声1类：

彖类（1）。

上述5类中，由来母谐声的有1类3字。则仅就“六类”而言，似来母与定母关系贴近，其所谐3字今甘谷话来源于上古定母，读作［t］。

其余4类与讨论问题无关。不以为据。

（六）［t‘］

剌——獭［t‘a²¹⁴］（1字）；

东——動慟［t‘un⁵⁵］，童僮潼［t‘un³⁵］（5字）；

舍——荼畬涂塗［t‘jv³⁵］（4字）；

夅——䡴［tun⁵¹］（1字）；

朕——賸騰滕縢滕［t‘ən³⁵］（5字）。

《说文》涉来母谐声字组中，今甘谷话声母为［t‘］的共5类16字。谐声与所谐声之间的关系展示为：

1. 来母谐声1类：

剌类（1）。

2. 端母谐声1类：

东类（5）。

3. 书（审三）母谐声1类：

舍类（4）。

4. 定母谐声1类：

朕类（5）。

5. 匣（喻三）母谐声1类：

夅类（1）。

上述5类，由来母（“剌类”）谐声的只有1字，不足3字，不能为据。其余几类与所讨论问题无关，不以为据。

（七）［k］

1. 东——龔［kun⁵¹］（1字）；

2. 鬲——隔［kaI²¹⁴］（1字）；

3. 一——虢［kuo²¹⁴］（1字）；

4. 各——各胳骼閣絡［kiə²¹⁴］，格頟額［kaI²¹⁴］（8字）；

5. 果——果裹［kuo⁵¹］（2字）；

6. 㔾——坷柯［kiə²¹⁴］（2字）；

7. 咎——晷［kuaI⁵¹］（1字）。

《说文》涉来母谐声字组中，今甘谷话声母为［k］的共7类16字。谐声与被谐声之间的关系为：

1. 端母谐声1类：

东类（1）。

2. 来母谐声1类：

鬲类（1）。

3. 影母谐声1类：

一类（1）。

4. 见母谐声2类：

各类（8），果类（2）。

5. 晓母1类：

丂类（2）。

6. 群母1类：

咎类（1）。

上述6类，与我们讨论问题相关的只有1类：鬲类，且只有“隔”1字，不足我们所定的最低字数，故不能为据，其余5类与我们所讨论的问题无关，不以为据。

（八）［k‘］

1. 里——悝［k‘uaI³⁵］（1字）；

2. 虍——虧［k‘uaI²¹⁴］（1字）；

3. 臽——檻［k‘an²¹⁴］（1字）；

4. 各——恪［k‘iə²¹⁴］（1字）；

5. 果——课［k‘uo⁵⁵］，颗髁［k‘uo⁵¹］，稞［k‘uo³⁵］，窠［k‘uo²¹⁴］（5字）；

6. 老——考［k‘au⁵¹］（1字）；

7. 于——夸誇侉［k‘uo²¹⁴］，胯跨［k‘uo⁵¹］，綊［k‘v⁵⁵］（6字）；

8. 丂——苛軻诃疴［k‘iə⁵⁵］，柯［k‘iə²¹⁴］（5字）。

《说文》涉来母字组中，今甘谷话声母读作［k‘］的共8类21字，其谐声与所谐声之间的关系展示为：

1. 来母谐声2类：

里类（1），老类（1）。

2. 晓母谐声2类：

虍类（1），㔾类（5）。

3. 见母谐声 2 类：

各类（1），果类（5）。

4. 匣母谐声 2 类：

臽类（1），于类（6）。

上述 4 种情况，与我们讨论问题相关的只有 1 类，即来母谐声，但其中 2 类各只有 1 字，不足 3 字，故不能以为依据，其余 3 类与讨论问题无关，故不以为据。

（九）[x]

1. 鬲——翮 [$xɤ^{35}$]（1 字）；

2. 兼——嗛 [xan^{35}]（1 字）；

3. 各——貉 [$xɤ^{35}$]（1 字）；

4. 末——沬 [$xual^{55}$]（1 字）；（文读、又读 [$mɤ^{51}$]）；

5. 果——馃 [xuo^{51}]（1 字）；

6. 㔾——河何荷 [$xiə^{35}$]（3 字）。

《说文》涉来母谐声字组中，今甘谷话声母是 [x] 的共 6 类 8 字。其谐声与所谐声之间的关系展示为：

1. 来母谐声 1 类：

鬲类（1）。

2. 见母谐声 3 类：

兼类（1）、各类（1）、果类（1）。

3. 明母谐声 1 类：

末类（1）。

4. 晓母谐声 1 类：

㔾类（3）。

上述 4 类，与所讨论问题相关的只有鬲类 1 类，但其所谐字只有 1 个，因此不能为据。其余 3 类与我们所讨论问题无关，不以为据。

（十）[tɕ]（附 [tɕjv] 一类）

1. 丣——酒 [$tɕiəu^{51}$]（1 字）；

2. 毄——擊墼 [$tɕi^{214}$]，繫 [$tɕi^{55}$]（3 字）；

3. 吕——吕侣閭莒 [$tɕy^{51}$]（4 字）；

4. 翏——膠［$tɕiau^{214}$］，謬［$tɕiou^{55}$］（2字）；

5. 东——腫種［$tɕjvən^{51}$］，踵穜種［$tɕjvən^{55}$］，鍾鐘［$tɕjvən^{214}$］（7字）；

6. 虍——慮［$tɕy^{55}$］，驢［$tɕy^{35}$］（2字）；

7. 臽——監［$tɕiɛn^{214}$］，鑑［$tɕiɛn^{55}$］（2字）；

8. 柬——柬［$tɕiɛn^{214}$］，谏［$tɕiɛn^{51}$］（2字）；

9. 婁——鏤屨屢寠［$tɕy^{51}$］（4字）；

10. 一——律葎寽捋［$tɕy^{214}$］（4字）；

11. 僉——儉瀲斂撿［$tɕiɛn^{51}$］（4字）；

12. 兼——兼［$tɕiɛn^{214}$］，賺［$tɕiɛn^{55}$］／［$tɕjvan^{55}$］（2字）；

13. 各——咎［$tɕiau^{55}$］（1字）；

14. 京——京［$tɕin^{214}$］，景［$tɕin^{51}$］（2字）；

15. 率——率［$tɕy^{214}$］（文读［ly^{214}］）（1字）；

16. 旅——旅膂［$tɕy^{51}$］（2字）；

17. 旻——旻［$tɕy^{214}$］／［ly^{214}］（1字）；

18. 夅——降洚絳［$tɕiaŋ^{55}$］（3字）；

19. 葷——葷［$tɕiɛn^{51}$］（1字）；

20. 匕——尼怩泥［$tɕi^{35}$］（3字）；

21. 尸——履［$tɕy^{51}$］（又读［li^{51}］）（1字）；

22. 咎——咎［$tɕiəu^{55}$］（1字）；

23. 勺——酌［$tɕjva^{214}$］（又读［$tʂɤ^{214}$］）（1字）；

24. 象——篆［$tɕjvan^{55}$］（1字）。

《说文》涉来母谐声字组中，今甘谷话声母是［tɕ］（附［tɕjv］）的共24类55字。其谐声与所谐声之间的关系展示为：

1. 来母谐声6类：

吕类（4）、翏类（2）、婁类（4）、旅类（2）、旻类（1）、葷类（1）。

2. 余（喻四）母谐声1类：

丣类（1）。

3. 见母谐声5类：

嗀类（3）、柬类（2）、兼类（2）、各类（1）、京类（2）。

4. 端母谐声 1 类：

东类（7）。

5. 晓母谐声 1 类：

虍类（2）。

6. 匣母谐声 2 类：

臽类（2）、夅类（3）。

7. 影母谐声 1 类：

一类（4）。

8. 清母谐声 1 类：

僉类（4）。

9. 山（审二）母谐声 2 类：

率类（1），尸类（1）。

10. 帮（非）母谐声 1 类：

匕类（3）。

11. 群母谐声 1 类：

咎类（1）。

12. 禅母谐声 1 类：

勺类（1）。

13. 书（审三）母谐声 1 类：

彖类（1）。

上述 13 类，只有来母谐声一级与我们讨论的问题相关，《说文》来母谐声之字今甘谷话读作［tɕ］的共有 6 类，类的总数超过 3 类，显示出来母和［tɕ］之间较密切的关系。同时，吕类、婁类又各有 4 字今甘谷话读作［tɕ］，又进一步显示出古来母谐声字与今甘谷话声母［tɕ］之间较之它纽更密切的关系。

由于今甘谷话声母［tɕ］主要来源于上古的见母、溪母、群母、疑母、泥母、来母、精母、清母、从母、心母、影母，所以，这一组［tɕ］声母的字，至少说明了来母与见组之间更为亲密的关系（因为我们在上一部分统计甘谷话读作声母［l］的关系时已做过归类与比较，证明今甘谷话声母是［tɕ］的字，来源于见组为主流，其余多为变例）。

其余各类因与我们所讨论的问题无关，不以为据。

（十一）［tɕ ‘］（附［tɕ ‘jv］一类）

1. 豊——體［tɕ ‘i^{51}］（1 字）；

2. 翏——璆［tɕ ‘iəu^{35}］（1 字）；

3. 東——重憧［tɕ ‘jvən^{55}］，衝［tɕ ‘jvən^{214}］，寵［tɕ ‘jvən^{51}］，撞［tɕ ‘jvaŋ^{55}］（5 字）；

4. 臽——掐［tɕ ‘ia^{214}］（1 字）；

5. 兼——謙［tɕ ‘iɛn^{35}］，歉［tɕ ‘iɛn^{51}］（2 字）；

6. 各——恪［tɕ ‘iɛ^{214}］（1 字）；

7. 京——黥勍［tɕ ‘in^{35}］（2 字）；

8. 厂——㕍䡌［tɕ ‘i^{35}］（1 字）；

9. 立——泣［tɕ ‘i^{35}］（1 字）；

10. 参——殄［tɕ ‘iɛn^{51}］（1 字）；

11. 刅——刅刱［tɕ ‘jvaŋ^{51}］（2 字）；

12. 𠂹——𠂹垂陲［tɕ ‘jvaI^{55}］，锤棰箠［tɕ ‘jvaI^{35}］（6 字）。

《说文》涉来母谐声字组中，今甘谷话声母是［tɕ ‘］（附［tɕ ‘jv］）的共 12 类 24 字。其谐声与所谐声之间的关系展示为：

1. 来母谐声 3 类：

豊类（1）、翏类（1）、立类（1）。

2. 端母谐声 1 类：

東类（5）。

3. 匣（喻三）母谐声 1 类：

臽类（1）。

4. 见母谐声 3 类：

兼类（2）、各类（1）、京类（2）。

5. 余（喻四）母谐声 1 类：

厂类（1）。

6. 章（照三）母谐声 1 类：

参类（1）。

7. 初（穿二）母谐声 1 类：

刅类（2）。

8. 禅母谐声 1 类：

㸒类（6）。

上述 8 类中，只有来母谐声一类与我们讨论的问题有关。《说文》涉来母谐声字组中，今甘谷话声母是［tɕ‘］的，有谐声字为古来母字的共 3 组，按照我们的标准，这一现象表明古来母字与甘谷话声母［tɕ‘］的渊源密切，而今甘谷话［tɕ‘］的来源，主要是见组、精组，所以甘谷话这种现象可能保留了来母与见、精二组之间具有比之于其他古声母更密切的关系。只是每个小类各有 1 例，又小于我们对个体数量达到 3 例才以为据的标准，这种结论就又不够可靠。其余各类与我们讨论问题无关，不以为据。

（十二）［ɕ］（附［ɕjv］一类）

1. 劦——脅［ɕiɛ³⁵］，歙［ɕiɛ²¹⁴］（2 字）；

2. 六——賣［ɕjv³⁵］（1 字）；

3. 虍——噓虛墟［ɕy²¹⁴］，戲［ɕi⁵⁵］，獻［ɕiɛn⁵⁵］（5 字）；

4. 臽——陷［ɕiɛn⁵⁵］（又读［san⁵⁵］）（1 字）；

5. 婁——藪［ɕjvə²¹⁴］，數［ɕjv⁵⁵］、［ɕjv⁵¹］（2 字）；

6. 僉——險［ɕiɛn⁵¹］，獫［ɕiɛn³⁵］（2 字）；

7. 兼——嫌［ɕiɛn³⁵］（1 字）；

8. 率——嵂［ɕjvə²¹⁴］（西部读［suo²¹⁴］）（1 字）；

9. 舍——徐俆［ɕy³⁵］（1 字）；

10. 夅——夅降［ɕiaŋ³⁵］（2 字）；

11. 皀——鄉［ɕiaŋ²¹⁴］，皛［ɕiaŋ⁵⁵］，饗響［ɕiaŋ⁵¹］（4 字）；

12. 㡿——㡿隙［ɕi²¹⁴］（2 字）；

13. 㸒——睡［ɕjvaI⁵⁵］（1 字）。

《说文》涉来母谐声字组中，今甘谷话声母是［ɕ］（含［ɕjv］）的，共 13 类 26 字，其谐声与所谐声之间的关系展示为：

1. 来母谐声 2 类：

六类（1），婁类（2）。

2. 匣（喻三）母谐声 3 类：

劦类（2）、臽类（1）、夅类（2）。

3. 晓母谐声 2 类：

虍类（5）、皀类（又属并母）（4）。

4. 清母谐声 1 类：

佥类（2）。

5. 见母谐声 1 类：

兼类（1）。

6. 山（审二）母谐声 1 类：

率类（1）。

7. 书（审三）母谐声 1 类：

舍类（2）。

8. 溪母谐声 1 类：

泉类（2）。

9. 禅母谐声 1 类：

豖类（1）。

上述 9 类，与我们讨论问题相关的是“来母谐声”一类，但只有 2 个小类，不能符合我们的要求，且每小类用字亦不足 3 数，故不能以为据。其余各类与我们讨论问题无关，不以为论。

（十三）［tʂ］

1. 㐆——㐆［tʂən[55]］（1 字）；

2. 勺——灼酌［tʂɤ[214]］（2 字）；

3. 参——诊疹（胗）轸［tʂən[214]］（3 字）；

4. 朕——朕眹栚［tʂən[214]］（3 字）。

《说文》涉来母谐声字组中，今甘谷话声母是［tʂ］的，共 4 类 9 字。其谐声与所谐之间的关系展示如下：

1. 定（澄）母谐声 2 类：

㐆类（1），朕类（3）。

2. 禅母谐声 1 类：

勺类（2）。

3. 章（照三）母谐声 1 类：

参类（3）。

上述 3 类，都与我们讨论的问题无关，故不以为据。

（十四）［tʂ‘］

1. 丣——醜［tʂ‘əu[51]］（1 字）；

2. 林——郴［tʂ‘ən^{55}］（1字）；

3. 离——魑螭［tʂ‘ʅ^{35}］（2字）；

4. 厂——鳜［tʂ‘ʅ^{55}］（1字）；

5. 参——趁［tʂ‘ən^{55}］（1字）。

《说文》涉来母谐声字组中，今甘谷话声母是［tʂ‘］的，共5类6字，其谐声与所谐声之间的关系表现为：

1. 来母谐声2类：

林类（1），离类（2）。

2. 余（喻四）母谐声2类：

丣类（1）、厂类（1）。

3. 章（照三）母谐声1类：

参类（1）。

上述3类，第一类"来母谐声"与我们讨论的问题相关，但所含类别数及各类所含字数俱不足我们既设的标准，故不作为依据。其余2类与我们所讨论的问题无关，故不以为据。

（十五）［ʂ］

1. 乐——烁铄［ʂɤ^{214}］（2字）；

2. 舍——舍［ʂɤ^{51}］（1字）；

3. 朕——勝［ʂən^{55}］（1字）；

4. 丿——少［ʂau^{51}］（1字）。

《说文》涉来母谐声字组中，今甘谷话声母是［ʂ］的共4类5字。其谐声与所谐声之间的关系表现为：

1. 来母谐声1类：

乐类（2）（又作疑母）。

2. 书（审三）母谐声1类：

舍类（1）。

3. 定（澄）母谐声1类：

朕类（1）。

4. 并（奉）母谐声1类：

丿类（1）。

上述4类，第一类"来母谐声"与我们讨论问题相关，但仅包含1

类，且类下只有2字，不符合我们的既设标准，故不为据。其余3类与我们讨论问题无关，故不以为据。

（十六）［ts］

子——子仔芓［tsɿ51］（3字）。

《说文》涉来母谐声字组中，今甘谷话声母是［ts］的，共1类3字，为精母谐声之字。与我们所讨论的问题无关，故不以为据。

（十七）［ts‘］

1. 臽——讇［ts‘an51］（1字）；

2. 差——差瘥［ts‘a214］，縒［ts‘uo214］/［ts‘ɤ214］，蹉［ts‘uo35］（4字）；

3. 厂——趚［ts‘ɿ35］（1字）；

4. 子——字［ts‘ɿ55］（1字）；

5. 参——参［ts‘an214］，嵾［ts‘an51］，惨［ts‘an35］（3字）；

6. 丿——訬［ts‘au51］，钞抄［ts‘au214］（3字）。

《说文》涉来母谐声字组中，今甘谷话声母是［ts‘］的，共6类13字。其谐声与所谐声之间的关系展现为：

1. 匣（喻三）母谐声1类：

臽类（1）。

2. 初（穿二）母谐声1类：

差类（4）。

3. 余（喻四）母谐声1类：

厂类（1）。

4. 精母谐声1类：

子类（1）。

5. 章（照三）母谐声1类：

参类（1）。

6. 并（奉）母谐声1类：

丿类（3）。

上述6类，俱与我们所讨论问题无关，故不以为据。

（十八）［s］

1. 史——史使驶［sɿ51］（3字）；

2. 臽——陷［san^{55}］/［ɕiɛn^{55}］（1字）；

3. 丽——浉［sa^{51}］，瞝［saɪ^{55}］（2字）；

4. 示——示［sʅ^{55}］（1字）；

5. 尸—尸［sʅ^{214}］（1字）；

6. 参——曑（参）［san^{214}］，渗［sən^{55}］（3字）。

《说文》涉来母谐声字组中，今甘谷话声母是［s］的，共6类10字。其谐声与所谐声之间的关系展现为：

1. 山（审二）母谐声1类：

史类（3）。

2. 匣母谐声1类：

臽类（1）。

3. 来母谐声1类：

丽类（2）。

4. 船（床三）母谐声1类：

示类（1）。

5. 书（审三）母1类：

尸类（1）。

6. 章（照三）母谐声1类：

参类（2）。

上述6类，与我们讨论问题相关的只有"来母谐声"一类，但这一类只包含一个谐声组，且此组内部只有2字，不符合我们的标准设计，因此不能为据，其余5类与我们讨论问题无关。不以为据。

（十九）［j］（［ø］）（含［jv］）

丣——擂（抽）［jou^{214}］（1字）；

来——粀［jin^{51}］（1字）；

乐——乐［jə^{214}］（音乐）（1字）；

臽——閻［jɛn^{35}］，爓［jɛn^{214}］，餤［jɛn^{55}］（3字）；

一——一［ji^{214}］（1字）；

佥——驗［jɛn^{55}］（1字）；

勺——约［jə^{214}］（1字）；

示——狋［jin^{55}］（1字）；

羸——嬴瀛［jin^{35}］（2字）；

朕——賸［jən^{55}］（1字）；

而——蝡［jv^{51}］，偄腝緛輭［jvan^{51}］（5字）。

《说文》涉来母谐声字组中，今甘谷话声母是零声母或［j］、［jv］的，共11类18字。其谐声与所谐声之间的关系展现为：

1. 余（喻四）母谐声1类：

丣类（1）。

2. 来母谐声2类：

来类（1）、羸类（2）。

3. 疑母谐声1类：

乐类（1）。

4. 匣母谐声1类：

臽类（3）。

5. 影母谐声1类：

一类（1）。

6. 清母谐声1类：

僉类（1）。

7. 禅母谐声1类：

勺类（1）。

8. 船（床三）母谐声1类：

示类（1）。

9. 定（澄）母谐声1类：

朕类（1）。

10. 日母谐声1类：

而类（5）。

上述10类，与我们讨论问题相关的是“来母谐声”一类。但因该类下只包含2个小类，每小类用字都不足3个，故不能以为据。其余9类与我们讨论问题无关，不以为据。

（二十）［w］（［ø］）

1. 亡——亡芒［waŋ^{35}］，（其中“芒”字又读［maŋ^{35}］，前已述），忘妄［waŋ^{55}］（4字）；

2. 䜌——彎［wan^{214}］（1 字）；

3. 㒼——㒼［wən^{35}］（1 字）；

4. 萬——萬［wan^{55}］（1 字）；

5. 文——文敦［wən^{35}］紊汶［wən^{51}］（4 字）；

6. 未——未味［waI^{55}］（其中"味"又读［y^{55}］，见下）（2 字）；

7. 果——婐［wo^{214}］（1 字）。

《说文》涉来母谐声字组中，今甘谷话声母是零声母或［w］的，共 7 类 14 字。其谐声与所谐声之间的关系展现为：

1. 明（微）母谐声 4 类：

亡类（4）、萬类（1）、文类（4）、未类（2）。

2. 来母谐声 1 类：

䜌类（1）。

3. 定（澄）母谐声 1 类：

㒼类（1）。

4. 见母谐声 1 类：

果类（1）。

上述 4 类，与我们讨论问题相关的是"来母谐声"一类，但因其所含组数及组数内字数均不符合我们既设的标准，故不能以为据。其余 3 类与我们讨论的问题无关，故不以为据。

（二十一）［y］（［ø］）

1. 一——聿［y^{35}］（1 字）；

2. 未——味［y^{55}］（又读［waI^{55}］，见上组）（1 字）；

3. 立——昱煜［y^{55}］（2 字）；

4. 舍——余馀［y^{35}］（1 字）；

5. 彖——緣［yan^{35}］（1 字）；

6. 于——于［y^{51}］，雩宇迂［y^{35}］，芋［y^{55}］讶吁［y^{214}］（7 字）。

《说文》涉来母谐声字组中，今甘谷话声母是零声母［y］的，共 6 类 14 字，其谐声与所谐声之间的关系展现为：

1. 影母谐声 1 类：

一类（1）。

2. 明（微）母谐声 1 类：

未类（1）。

3. 来母谐声1类：

立类（2）。

4. 书（审三）母谐声2类：

舍类（2），象类（1）。

5. 匣（喻三）母谐声1类：

于类（1）。

上述5类，只有“来母谐声”一类与我们讨论的问题有关，但其下只有1类“立类”，而“立类”中又仅有2字，包含类目与类中字数均不符我们既设的标准，因此不能以为据。其余4类与我们讨论问题无关，故不以为据。

小 结

根据上述的仔细分析，我们可以看到，110类涉来母字今甘谷话声母中，与我们讨论问题相关联且符合我们既设标准的用例是：

1. [l] 声母来源状况

本声母字中，能有明确指向，与《说文》涉来母字有关联的组（类）中，由来母谐声而读作 [l] 的，共53类。这当然说明今甘谷话声母 [l] 主要来源于上古来母字。这一点不再详细讨论，本组我们主要关注以下几个小类：

（1）余（喻四）母谐声1类8字。虽只包含1类，但“丣类”谐出 [l] 声母的字却有8个，故以为例。

（2）端（知）母谐声1类8字，“柬类”虽为仅有，但其下8字，故以为例。

（3）匣（喻三）母谐声3类，即劦类、臽类、夅类，且臽类有6字，故以为例。

（4）明（微）母谐声6类，即亡类、萬类、文类、未类、龙类、卯类，其中亡类有7字，未类有3字，故以为例。

（5）见母谐声5类，即柬类、兼类、各类、京类、果类，其中柬类9字，兼类4字，各类12字，京类4字，故以为例。

（6）并（奉）母谐声3类，即凡类、皀类、丿类（各类用字均不足

3，但有3类），故以为例。

上述情况表明，除了来母谐声字今甘谷话声母是［l］的外，仍有余（喻四）母、端母、匣（喻三）母、明（微）母、见母、并母谐声字在今甘谷话声母中的存在状况与我们讨论的问题相关，且符合标准。

这一类是我们讨论的主要对象之一。但它们还必须与古来母谐声字在今甘谷话读作其他声母的情况进行对比，找到印证与补充才有意义。因此，下面即考察这方面问题。

2. 今甘谷话非［l］声母字来源于古来母谐声的状况

（1）［p］声母字由古来母谐声的只有录类1组1字；

（2）［m］声母字由古来母谐声的4类，即翏类、里类、六类、䜌类，各类下用字均不足3个；

（3）［t］声母字由古来母谐声的只有六类一组，下有3字用例；

（4）［t‘］声母字由古来母谐声的只有剌类1组，用字1；

（5）［k］声母字由古来母谐声的只有鬲类1组，用字1；

（6）［k‘］声母字由古来母谐声的只有2类，即里类、老类，各有用例1字；

（7）［x］声母字由古来母谐声的只有鬲类1组，用字1；

（8）［tɕ］声母字由古来母谐声的共6类，即吕类、翏类、婁类、旅类、曼类、輦类，其中吕类用例4字，婁类4字，翏类、旅类各2字，曼类、輦类各1字；

（9）［tɕ‘］（附［tɕ‘jv］）声母字由古来母谐声的共3类，即豊类、翏类、立类，各用例1字；

（10）［ɕ］（附［ɕjv］）声母字由古来母谐声的2类，即六类、婁类，分别用例1字、2字；

（11）［tʂ‘］声母字由古来母谐声的共2类，即林类、离类，分别用例1字、2字；

（12）［ʂ］声母字由古来母谐声的只有乐类1组，用例2字；

（13）［s］声母字由古来母谐声的只有丽类1组，用例2字；

（14）［j］/［ø］声母或零声母字由古来母谐声的有2类，即来类、羸类，分别用例1字、2字；

（15）［w］/［ø］声母或零声母字由古来母谐声只有䜌类1组，用例 1 字；

（16）［y］／［ø］声母或零声母字由古来母谐声的只有立类 1 组，用例 2 字。

其余声母没有这些现象。

上述各类中，与我们既设标准相符的，有［m］声母 4 类；［tɕ］（附［tɕjv］）声母 6 类，且有 2 组下各有 4 字用例；［tɕ ‘］（附［tɕ ‘jv］）声母 3 类。

将 1、2 两大类进行对比，今甘谷话声母与《说文》涉来母各谐声字组之间的存在状况说明，古来母与今甘谷话声母［l］、［m］、［tɕ］、［tɕ ‘］有更直接的承继关系。如果再放宽一些可以看出：（1）古来母字与今甘谷话声母［l］、［tɕ］、［tɕ ‘］、［m］有可能同源。（2）如果从今甘谷话声母［l］的来源看，可以看出余（喻四）母、端（知）母、匣（喻三）母、明（微）母、见母、并（奉）母与来母关系密切。将（1）、（2）进行对比排除，粗略地说，今甘谷话声母中，与《说文》涉来母谐声字组中存在的可对比关系表明：

（1）今甘谷话声母［l］、［tɕ］、［tɕ ‘］、［m］可能同源；

（2）上古来母、见母、溪母、群母（疑母后设专章讨论）、余（喻）母、端（知）母、匣（喻三）母、明（微）母、并（奉母）关系密切。（我们还关注了另外的研究。陈鸿先生《从战国文字的谐声看战国语言的声类》[①] 对涉来母谐声组进行统计，其中见、来母互谐 19 次，其余诸组与来母相谐的最多不超过 6 次，与我们的考察结果相吻合。）

---

① 参见《中国音韵学——中国音韵学研究会南京研讨会论文集·2006》，第 59－79 页。

第三章　《说文》大徐本来母字及涉来母谐声字（组）相关问题的考察

第一节　涉来母谐声关系问题

我们经过对《说文解字》（大徐本）所有来母字的搜检，归纳出《说文》谐来母谐声字组，以及对这些涉来母谐声字组自身的分析考察及其在今甘谷话中的存在状态的分析等，陆续得出了一些小结论。现在，对这些材料和小结论沉淀、过滤，进行综合考察如下。

一　许慎自己对来母字的确定及反映出的问题

我们对许慎时代是否来母字的确认，主要以王力先生的归类为依据。对不是王力先生当作常用字归纳的，我们参考了曾运乾先生、郭晋稀先生、唐作藩先生的观点，并结合学者们对上古声母和中古声母的承继关系作的推导性判断来归纳。

由于许慎时没有成体系的音韵学术语，所以，虽说我们在寻找许慎自己对来母的确认，但因为我们是用后世的理论与术语来作描述，所以事实上更像是我们在替许慎找许慎观点。正因为如此，以我们的思想去替许慎寻找许慎眼（耳）中的来母，主要内容也就是用我们后世的理论和成果为基础，去上推来认定。就比如“来”字，许慎读什么我们不知道，但我们现在知道，它是属于来母的，于是我们认定，凡与“来”声母一样的，都应是来母。

可是，既已难知许慎如何读“来”，又怎能知道谁和它同声母呢？其实，我们是以已经建立起来的反切体系和唐、宋音学理论来推导的。因为我们今天的基本判断是：反切时代的语音应该主要是继承来的，虽说中间有许多变化但继承总是主要的，否则祖——父——子——孙之间如何沟通？祖——父——子——孙之间沟通无碍，则语言继承总是可靠的，所以总体上，反切时的来母字，许慎时应该也是。

鉴于我们正是以这样的理由，在第二章里对《说文解字》（大徐本）所有的来母字进行了穷尽性（我不喜欢这个词，一是“穷尽”二字本来就难以做到，二是由于其标准既是后定，“穷尽”就无从谈起）搜检（没有必要再一一述来），因此，我们的工作就仅限于两样：一样是来母字与来母谐声字组之间的关系分析，另一样是许慎有特别声音提示的涉来母字分析。

1.《说文解字》（大徐本）来母字及涉来母谐声字组关系的考察

经过搜检，我们从《说文解字》中共找到619个来母字（我们的统计包括有新附字），这类字占全部9353字的6%以上，可见来母字在当时是极其重要的一类。刘忠华先生在其《来母谐声现象研究》[①] 中则搜检出602个（未统计新附字），分析归纳为“75个纯表意字，527个形声字，纯表意字中，做主谐字者50字；既不做主谐字，又不做被谐字者只有25字，占来母字总数的4.15%。可见进入谐声系统的来母字是绝对多数。”刘先生的研究，总结出来母字与非来母字谐声的特点为：“（一）来母与喉牙舌齿唇各部位的声母有互谐趋势。（二）谐声关系中‘二等’和‘三等’的组带作用与特点：1. 有二等字的谐声组29组，都是二等非来母字做主谐字谐来母字、或来母字做主谐字谐二等非来母字的关系。2. 无二等字的谐声组75组，其中非来母字属三等者57组，占26%，是主流。”因为刘先生的研究主要针对来母现象，没有考察来母与其他声母之间是否存在血缘关系的情况，所以没有对谐声字组中来母因素的决定性进行确认：即一个形声字是来母，其声旁是否决定了所谐字的声母？或者来母字谐声时是否决定了所谐字非来母的声母？也就是没有设立认定标准（或者可以说没有公布他的认定标准）。而我们要考察来母与其他声母之间可能存在的亲疏关系，因此除了要搜捡出全部来母字进行分析外，更需要对谐声字组内部各级关系进行影响来母生存状态、或能展示来母成长与发展

① 《来母谐声现象研究》，《中国音韵学——中国音韵学研究会南京研讨会论文集·2006》，第43—53页。

(经常表现为分裂或合并)过程等方面内容的分析和研究。

因此，下面的内容，是对619个来母字所涉及的110类谐声字组进行可采信分析，即一个谐声字组中与来母字数量、同组中不同谐声字内来母字数量是否达到或超过3个即视为可采信用例，然后对这种结果进行分析。而这种分析的基础统计为第二章第二节谐声字内部分级和各级内声母不同字数对比表。相据此表统计，符合我们所认定标准要求的如下所示：

(1)一个谐声字组中同一级（不管是哪一级）内来母字3字以上的：录类、頪类、亦类、林类、寮类、来类、剌类、吕类、翏类、东类、畾类、栗类、里类、令类、力类、乐类、劦类、亡类、需类、六类、虍类、臽类、柬类、离类、䜌类、戾类、鬲类、差类、婁类、一类、僉类、夌类、兼类、连类、罗类、各类、耒类、丽类、利类、京类、萬类、藟类、劳类、秝类、粦类、巤类、侖类、未类、亂类、立类、旅类、㐭类、网类、劣类、鹿类、亩类、厹类、彖类共58类。其中，非来母谐声的有东类、亡类、匣类、虍类、臽类、柬类、差类、一类、僉类、兼类、各类、京类、萬类、藟类、未类、彖类共16类，分属于明（微）母（3类）、匣母（2类）、晓母（1类）、端母（1类）、见母（4类）、初（穿二）母（1类），清母（1类）、透（彻）母（1类）、影母（1类）、书（审三）母（1类）共10组。

上述情况总体上比较可靠，因此，这一类考察说明，在许慎时代，上述10组与来母之间的关系可能比较亲近。但仅依此一种情况，要说明其亲疏问题，还比较单薄，还需要继续考察其他方面的情况。

(2)一组谐声字组中不论级别总数超过3字的，除了(1)类中所列外，还有网类、凡类、文类、示类、夅类、办类、自类、品类、丙类等9类，分属于定（澄）母（1类）、并（奉）母（2类）、明（微）母（1类）、船母（1类）、匣母（1类）、初（穿二）母（1类）、晓母（1类）、滂（敷）母（1类）、帮（非）母（1类）共9组。

如果将上述两种情况合并考虑，则是端（知）母、透（彻）母、定（澄）母、帮（非）母、滂（敷）母、并（奉）母、明（微）母、影母、晓母、匣母、见母、清母、船母、书（审三）母、初（穿二）母与来母之间可能关系密切。

2. 许慎有特别语音提示而徐铉反切不相符字的考察

舍类“酴，余声”，许慎明言“读若庐”，是当来母，而徐铉作“同都切”，是为定（澄）母（当然徐铉为中古音，但继承关系上为同字异读），则来与定（澄）母通。又龙类“塂”，龙声，许慎言“读若陇”来母，徐铉则云“又亡江切”，明（微）母，则是“塂”有二音，则来、明（微）母通（有的学者以为这是上古汉语复辅音声母的遗留，比如 tl -、ml - 等。我们不太同意这样的观点。后不赘述）。

此外，又有许慎明言非来母，而徐铉以为来母者：林类“婪，林声”许慎谓“读若潭”，是为定（澄）母，而徐铉谓“庐含切”，则为来母，是来、定（澄）母通。

兼类“鬑，兼声，读若慊”，兼，见母；慊，匣母，徐铉作“户兼切”。是皆非来母，而徐铉作“鬑，力盐切”，则来、见、匣母通。

兼类“蠊，兼声，读若嗛”，兼，见母；嗛，溪母，徐铉作“户监切”。皆非来母，而徐铉作“蠊，力盐切”，则见、溪、来母通。

丽类“覼，丽声，读若池”。丽，来母；池定（澄）母。许慎明言“读若池”，非来母，而徐铉作“覼，朗计切”，来母，则来、定（澄）母通。

亩类“畬，亩声，读若桑葚之葚”。亩，来母；葚，船（床三）母，徐铉作“常衽切”（常在禅母）。许慎明言读若“葚”，非来母，而徐铉作“畬”，力荏切，来母，则来、禅母通。

亩类“鄙，亩声，读若淫”，来母；淫，余（喻四）母，徐铉作“余箴切”。许慎明言“读若淫”，非来母，而徐铉作“力荏切”，来母，则来、余（喻四，依考证，或亦为定）母通。

上述六字，林类、丽类、亩类 4 字皆来母谐声而许慎谓读非来母，兼类 2 字皆见母谐声，而许慎明言读非来母，而徐铉依《唐韵》皆读为来母，可见见母、来母关系密切。在此背景下，又显示出来母与定母、溪母、船母关系密切。

二 徐铉反切声类与《说文》涉来母谐声不相吻合透露的信息

1. 《说文》涉来母字中，许慎明言为来母字谐声，而徐铉反切非来母字统计凡是谐声字为来母，徐铉反切亦为来母的不列入。同时为说明问题，我们将徐铉反切的声类按王力先生的研究，对应为上古汉语声母。如“敕”本彻母，我们对应为透（彻）母。

使，从人，吏声。疏士切；

驶，从马，吏声。疏吏切；

𩰲，从鬯，吏声。疏吏切。

（我们将许慎原文引用放在前面，用句号标志引文结束。徐铉反切放后面，本该用句号，但同类还有其他字时，用分号表示后面的字及反切谐声相同，直到同类谐声字引用结束时才用句号。后同）。

是来母“吏”为谐声，而徐铉作山（审）母。

體，从骨，豊声。他礼切。

来母“豊”为谐声，徐铉作透母。

剥，从刀从录，录亦声。北角切；

髳，从髟，录声。芳未切。

来母“录”为谐声，徐铉作帮（非）、滂（敷）二母。

擂，从手，畱声。敕鸠切。

来母“畱”为谐声，徐铉作透（彻）母。

禁，从示，林声。居荫切；

綝，从系，林声。丑林切；

郴，从邑，林声。丑林切；

罧，从网，林声。据吟切。

来母“林”为谐声，徐铉作见母、透（彻）母、山（审二）母。

㹞，从犬，來声。鱼仅切。

来母“來”为谐声，徐铉作疑母。

獺，从犬，賴声。他达切。

来母“賴”为谐声，徐铉作透（彻）母。

筥，从竹，吕声。居许切；

莒，从艸，吕声。居许切。

来母“吕”为谐声，徐铉作见母。

瘳，从疒，翏声。敕鸠切；

嘐，从口，翏声。古肴切；

膠，从肉，翏声。古肴切；
璆，从玉，翏声。巨鸠切；
謬，从言，翏声。靡幼切；
樛，从木，翏声。吉虯切；
摎，从手，翏声。居求切；
繆，从糸，翏声。武彪切；
獿，从犬，翏声。火包切。

来母“翏”为谐声，徐铉作透（彻）母、见母、群母、明（微）母、晓母。

襱，从衣，龍声。丈冢切；
龐，从广，龍声。薄江切；
龏，从廾，龍声。纪庸切；
龔，从共，龍声。俱容切；
寵，从宀，龍声。丑垄切。

来母“龍”为谐声，徐铉作定（澄）母、并（奉）母、见母、透（彻）母。

趩，从走，里声。户来切；
悝，从心，里声。苦回切。

来母“里”为谐声，徐铉作匣母、溪母。

爍，从火，樂声。书药切；
鑠，从金，樂声。书药切；
嚛，从口，樂声。火沃切。

来母“樂”为谐声，徐铉作书（审三）母、晓母。

莽，从廾，𠔃声。莫卜切。

来母“𠔃”为谐声，徐铉作余（喻四）母。

睦，从目，坴声。莫卜切；
𡙷，古文睦，读若育。余六切。

来母“坴”为谐声，徐铉读作明（微）母、余（喻四）母。

魑，从鬼从离，离亦声。丑知切；
摛，从手，离声。丑知切；
螭，从虫，离声。丑知切。

来母“离”为谐声，徐铉作透（彻）母。

蠻，从虫，䜌声。莫还切；

矕，从目，䜌声。武版切；

彎，比弓，䜌声。乌关切。

来母“䜌”为谐声，徐铉作明（微）母、影母。

槅，从木、鬲声。古覈切；

隔，从𨸏，鬲声。古覈切；

翮，从羽，鬲声。下革切；

碋，从石，鬲声。下革切；

𧞣，从裘，鬲声，读若击。楷革切；

搹，从手，鬲声。於革切。

来母“鬲”为谐声，徐铉作见母、匣母、溪母、影母。

屨，从尸，未详。丘羽切；（新附字）；

屨，从履省，婁声。九遇切；

窶，从宀，婁声。其榘切；

數，从攴，婁声。据矩切。

来母“婁”为谐声，徐铉作见母、山母、群母（“屨”字不计）。

虢，从虎，寽声。古伯切。

来母“寽”为谐声，徐铉作见母。

灑，从水，麗声。山豉切；

簏，从竹，麗声。所宜切；

曬，从日，麗声。所智切；

釃，从酉，麗声。所绮切；

躧，从足，麗声。所绮切；

鞴，从革，麗声。所绮切；

纚，从糸，麗声。所绮切。

来母“麗”为谐声，徐铉作山（审二）母。

嘮，从口，勞声。敕交切。

来母“勞”为谐声，徐铉作透（彻）母。

棆，从木，侖声，读若《易》卦《屯》。陟伦切；

倫，从人，侖声。田屯切。

来母“侖”为谐声，徐铉作端（知）母、定（澄）母。

昱，从日，立声。余六切；

泣，从水，立声。去急切。

来母“立”为谐声，徐铉作余（喻四）母、溪母。

《说文》涉来母字中，许慎明为来母字谐声，而徐铉反切作非来母字用例如上。以谐声字类为标准，徐铉涉及的非来母情况如下：

透（彻）母8类，见母7类，山（审二）母4类，溪母3类，余（喻四）母3类。其他如群母、晓母、定（澄）母、匣母、影母各2类，帮（非）母、滂（敷）母、疑母、明（微）母、并（奉）母、书（审三）母、端（知）母各1类。

统计显示，共有非来母17纽（以中古声母来看更多），这当然是谐声字重韵轻声母的原因所致。但透（彻）母、见母、山（审二）母、溪母、余（喻四）母5母都在3类以上，其中见系共10类，有明显的恋来母倾向，透（彻）母贴近来母的倾向也较为强烈。

2. 《说文》涉来母字中，许慎以非来母字谐声，而徐铉反切为来母字统计

珋，从玉，丣声。力求切；

茆，从艸，丣声。力久切；

柳，从木，丣声。丣，古文酉。力九切；

畱，从田，丣声。力求切。

余（喻四）母“丣（酉）”为谐声，徐铉作来母。

瑴，从玉，㱿声。郎击切。

见母“㱿”为谐声，徐铉作来母。

龍，从肉飞之形，童省声。力钟切。

定（澄）母“童”为谐声，徐铉作来母。

樂，从木，樂声。郎击切；

瓅，从玉，樂声。郎击切；

轢，从車，樂声。郎击切；

瘵，从疒，樂声。力照切；

觻，从角，樂声。卢谷切；

濼，从水，樂声。卢谷切；

鱳，从鱼，樂声。卢谷切；

礫，从石，樂声。郎击切；

趮，从走，樂声。郎击切。

疑母“樂”为谐声，徐铉作来母。

珕，从玉，劦声。郎计切；

荔，从艸，劦声。郎计切。

匣母“劦”为谐声，徐铉作来母。

良，从富省，亡声。吕张切。

明（微）母“亡”为谐声，徐铉作来母。

虜，从毌从力，虍声。郎古切。

晓母“虍”为谐声，徐铉作来母。

藍，从艸，監声。鲁甘切；

籃，从竹，監声。鲁甘切；

幓，从巾，監声。鲁甘切；

襤，从衣，監声。鲁甘切；

鬛，从髟，監声，读若《春秋》黑肱以濫来奔。鲁甘切；

覽，从见、監，監亦声。卢敢切；

擥，从手，監声。卢敢切；

濫，从水，監声。卢敢切；

嚂，从女，監声。卢敢切；

醂，从酉，監声。卢敢切，

见母“監”为谐声（以“監”为谐声的字，分见、来二母），徐铉以为来母。

煉，从火，柬声。郎电切；

楝，从木，柬声。郎电切；

湅，从水，柬声。郎甸切；

闌，从門，柬声。洛干切；

練，从糸，柬声。郎甸切；

鍊，从金，柬声。郎甸切。

见母“柬”为谐声（“柬”为谐声之字，分为见、来二母），徐铉作来母。

閔，从火，㒳省声，读若粦。良刃切；

䕻，从隹，㒳省声。𩁹，籀文不省。良刃切。

定（澄）母“㒳”为谐声，徐铉作来母。其中“閔”字许慎明言“读若粦”，亦来母（对此，我们在前面推测，要么是许慎时此字有定、来母二音，此处“读若粦”，为来母；要么古定、来二母同源。当然，“读若粦”，也可能只强调了韵母，并不关涉声母）。

魯，从白，𩵋省声。郎古切。

庄（照二）母“𩵋”为谐声，徐铉作来母。

寽，从𠬪，一声，读若律。吕戌切。

影母“一”为谐声，徐铉，许慎俱以为来母（由来母“寽”为谐声字，分见，来二音）。

律，从彳，聿声。吕戌切。

余（喻四）母“聿（聿从一声）”为谐声，徐铉作来母。

蘞，从艸，僉声。良冉切；

斂，从攴，僉声。良冉切；

撿，从手，僉声。良冉切（此字北京话读如见母，又显示 tɕ、l 两声母关系的密切）。

清母“僉”为谐声，徐铉作来母。

鐮，从食，兼声，读若风溓溓。力盐切；

幨，从巾，兼声。力盐切；

鬑，从髟，兼声，读若慊。力盐切；

廉，从广，兼声。力兼切；

磏，从石，兼声，读若鐮。力盐切；

熑，从火，兼声。力盐切；

溓，从水，兼声。力盐切；

霝，从雨，兼声。力盐切；

蠊，从虫，兼声，读若嗛。力盐切；

鐮，从金，兼声。力盐切。

见母“兼”为谐声，徐铉作来母（见母“兼”为谐声之字，基本上区别为见系与来母两大类）。

尥，从尣，勺声。力吊切。

禅母“勺”为谐声，徐铉作来母。

葻，从艸，風声，读若婪。卢含切。

帮（非）母“風”为谐声，徐铉作来母。

鞈，从革，各声。卢各切；

略，从目，各声。卢各切；

雒，从隹，各声。卢各切；

簬，从竹，各声。卢各切；

駱，从马，各声。卢各切；

洛，从水，各声。卢各切；

雺，从雨，各声。卢各切；

鮥，从魚，各声。卢各切；

絡，从糸，各声。卢各切；

鉻，从金，各声。卢各切；

賂，从贝，各声。洛故切；

輅，从车，各声。洛故切；

鵅，从鳥，各声。卢谷切。

见母“各”为谐声，徐铉作来母（“各”谐声之字，以见系与来母为主）。

犅，从牛，京声。吕张切；

椋，从木，京声。吕张切；

涼，从水，京声。吕张切；

輬，从車，京声。吕张切；

醇，从酉，京声。力让切；

諒，从言，京声。力让切；

䡖，从旡，京声。力让切。

见母“京”为谐声，徐铉作来母（“见”为谐声之字，主要区别为见系——见、群二母——和来母两类）。

糲，从米，萬声。洛带切；

蠣，从虫，萬声，读若赖。力制切。

明（微）母“萬”为谐声，徐铉作来母。

癘，从疒，蠆省声。洛带切；

巁，从山，蠆声，读若厉。力制切。

透（彻）母“蠆”为谐声，徐铉作来母。

縭，从糸，虒声。郎兮切。

心母“虒”为谐声，徐铉作来母。

膟，从肉，率声。吕戌切。

山（审二）母“率”为谐声，徐铉作来母。

吝，从口，文声。良刃切。

明（微）母“文”为谐声，徐铉作来母。

隸，从隶，柰声。郎计切。

泥母“柰”为谐声，徐铉作来母。

嫠，从又，𠩺声。里之切；

剺，从刀，𠩺声。里之切；

斄，从文，𠩺声。里之切；

憖，从心，𠩺声。力至切；

釐，从里，𠩺声。里之切。

晓母“𠩺”为谐声，徐铉作来母。

敹，从攴，㒳（即“罙”字）声。洛箫切。

明（微）母“㒳”为谐声，徐铉作来母。

隆，从生，降声。力中切。

见母“降”为谐声，徐铉作来母。

李，从木，子声。良止切。

精母“子”为谐声，徐铉作来母。

梁，从木、从水，刅声。吕张切。

初（穿二）母“刅”为谐声，徐铉作来母。

蠡，从䖵，彖声。卢启切。

书（审三）母“彖”为谐声，徐铉作来母。

秜，从禾，尼声。里之切。

泥母“尼”为谐声，徐铉作来母。

量，从重省，曏省声。吕张切。

晓母“曏”为谐声，徐铉作来母。

臨，从卧，品声。力寻切。

滂（敷）母“品”为谐声，徐铉作来母。

裸，从衣，果声。郎果切。

见母“果”为谐声，徐铉作来母。

履，从尸、从彳、从夂。一曰尸声。良止切。

书（审三）母“尸”为谐声，徐铉作来母。

覝，从见，兲声，读若镰。力盐切。

定（澄）母“兲”为谐声，许慎、徐铉俱作来母。

砢，从石，可声。来可切。

溪母“可”为谐声。徐铉作来母。

绺，从糸，咎声，读若柳。力久切。

群母“咎”为谐声，许慎，徐铉俱作来母。

沴，从水，参声。郎计切。

章（照三）母“参”为谐声，徐铉作来母。

墶，两出。《水部》：“从水、从土，龙声，读若陇”；《土部》：“从土，泷声。”徐铉作“力峰切”，“又亡江切。”

明（微）母“龙”“泷”为谐声，徐铉作明（微）、来二母。

䑞，从仌，朕声。力膺切。

定（澄）母“朕”为谐声，徐铉作来母。

聊，从耳，卯声。洛萧切。

明（微）母“卯”为谐声，徐铉作来母。

甐，从瓦，臾声。零帖切。

日母“臾”为谐声，徐铉作来母。

蝗，从虫，㝉声。离灼切。

溪母“㝉”为谐声，徐铉作来母。

劣，从力，少声。力輟切。

书（审三）母“少”为谐声，徐铉作来母。

𨸏，从自，豩声。洛猥切。

禅母“豩”为谐声，徐铉作来母。

《说文》涉来母字中，许慎以非来母为谐声，而徐铉作来母（有2例许慎以为来母）字归类如下：见母8类，明（微）母6类，定（澄）母4类，晓母、书（审三）母各3类，余（喻四）母、禅母、泥母、溪母各2类，其余疑母、匣母、庄（照二）母、影母、清母、帮（非）母、透（彻）母、心母、山（审二）母、精母、初（穿二）母、滂（敷）母、群母、章（照三）母、日母各1类。

统计显示，《说文》涉来母字，许慎不以为来母谐声，而徐铉以为来母字者，共涉24组，其中出现3类以上者5组：见母、明（微）母、定（澄）母、晓母、书（审三）母。倘若以同部位计，则见系12类，帮系8类，端系7类，三类比较集中。当然，见系与来母有较为强烈的贴近倾向。至于所涉24组之繁杂，应是古人形声字总体上重韵轻声母所致。

3.《说文》涉来母字前述两种情况所透视的信息

从前述许慎谐声字声母至徐铉反切声母错位情况看，其简单的统计状况是：

（1）以较为集中的出现情况看，第一类顺序为透（彻）母、见母、山（审二）母、溪母、余（喻四）母；第二类顺序为见母、明母、定（澄）母、晓母、书（审三）母。两类重叠声纽是见母。如以同部位来看。两类重叠声纽是：见系、端系、影系三系。单纽重叠情况与同部位重叠情况显示，见母、见系与来母关系密切。

（2）将两种情况合并统计，其结果是：见母15类，透（彻）母8类，明（微）母6类，山（审二）母4类，定（澄）母4类，溪母3类，余（喻四）母3类，晓母3类，书（审三）母3类。以同部位合并计，则见系18类，端系12类，帮系6类，影系6类，章系3类。则见母、见系同样显示出与来母贴近的倾向。

第二节　今甘谷话与许慎、徐铉时代见系与来母的关系

一　一些突出特点和影响

第二章所展示的工作，是我们全部工作的基础，也是我们工作结果真实可靠与否的根基。在那里，我们希望找到《说文解字》（大徐本）中所有的来母字，为了尽可能全，我们甚至还吸收了新附字。因为下一步我们将根据搜检出来的来母字构建《说文》涉来母谐声类，所以这一部分反而显得异常重要。

第二章对全部来母字搜检结果是：“大徐本《说文解字》以徐铉所确

认情况来看，共有619个来母字，涉及147个部首。”与有些学者的统计结果相比，应该是“基本”穷尽了其中的来母字。因此，在此基础上所进行的后续工作，基础应该是牢固的。

在第二章有个问题应该说明：为什么要以徐铉的标准来搜拣《说文》来母字而不是许慎标准？

这里有两个原因。一个是音韵学方面的原因，来母本身的被区分被命名被确认，是汉以后的事，我们明知道汉以前一定有来母（古来母，即使有可能被称为别的什么东西，但读如来母的那个声母应该存在），但那时既然未被区别、确认、命名，对那时所谓来母的指认，当然便是后代的工作语言对前面的推想，更何况，我们所有关于来母字的确认，本来就是前人的研究成果，所以以徐铉标准（实际上也是《唐韵》标准）先进行搜检，是较为合理的。当然，正如殷韵初先生在大徐本《说文解字》1963年12月中华书局版“前言”中所说：“许慎时代尚无反切，故注音仅云‘读若某’而已。徐铉始据孙愐《唐韵》加注反切于每字之下，但与汉人读音不符。”徐铉注音与汉人读音“不符”，这是需要我们十分注意的，即决不能将徐铉反切上字为来母字即以为是汉（许慎）来母。但同时我们知道，正是由于两者之间的“不符”，给我们留下了比对的任务和空间（当然，由于语言的继承性，徐铉眼中的来母字，主要部分应该与许慎口中的来母字相同，所以才有了比对的可能与现实性）。

另一个是方法论方面的原因。由于我们力量与时间所限，绝不可能将各时期（朝代）的来母字予以穷尽，同时又要力保每个音（字）的指认准确可靠，最好的办法就是使用最直接的材料，所以从对材料的使用与对比方法选择的需要出发，我们要设法让《说文解字》、徐铉音注、今甘谷话（我们自己的母语，使用起来准确性、可靠性更好）之间产生联系，最有效的手段，就是以徐铉为依托，上联许慎，下拖今甘谷话，形成继承与对比关系。因此，我们使用了徐铉标准。

但是，这一标准也存在一个次生问题：用徐铉标准搜拣出来的来母字，又如何再形成与许慎来母字的对立（与比较）？

对这一问题的回答（克服），实际上，我们采用了前人的研究成果，即用前人的研究成果直接确认（查找）出许慎时的来母（这是主要的），以及许慎自己有明确音注（读若某）的办法，加上用继承性规则地推认而确立出许慎（时代）来母状况，再与徐铉对比（继承性原则告诉我们，两者之间的共同点应是主要的，差异处应该是少数现象，但正是这少数之间的差异，才更能透视出发展变化的规律，也更有意义）。

第二章的工作，还有一个重要贡献，就是在逐个搜检来母字的过程中，我们有了以下几个直接感受：一是来母字生命力强大，在整个《说文解字》中所占比例很高，达到6.62%，（以王力三十二个古声母计算，平均比例为5.4%左右）。从生理学上分析，来母发音部位在舌，舌音在发音时，与喉、牙、齿、唇音之间的联系最方便、最密切，所以生存能力便较强。二是对来母字有了一个全局的印象，对它们的一些突出表现有了初步且强烈的感受，比如与见母之间的关系。三是充分体会到了徐铉音与许慎音之间的“不符”。四是产生了涉来母谐声字的系（组）构成（产生）基础与设想。

上述这些成果，为后面各项工作奠定了厚实的基础，也启发并逐渐形成了工作思路。

从逻辑关系上看，第二章第一节又是第二节的基础。这一部分搜检出所有来母字后，第二节即以此为基础为依据，按许慎“六书”标准，构建这些来母字的谐声谱系：即从形声字入手，穷根溯源地找到最原始的谐声字，然后以该字为标志，建立起一个谐声字组；如该字不是形声字，又不作他字的谐声，该字亦为一个独立谐声字组。例如“櫪，从木，歷声”，即索求“歷”字，凡以“歷”为谐声的字即归为一类（或一级，如果“歷”仍为形声字，以“歷”谐声诸字即为一类中之一个层级组，称为“X级”）；又知“歷，从止，厤声”，则以“厤”为谐声诸字即为一级，也是“歷”为谐声诸字的上一层级；如果“厤”仍属形声字，则继续溯源，知“厤，从厂，秝声”，则凡“秝”为谐声之字又为一层，属“厤声”诸字的上位层级。“秝”则会意，“从二禾”，又“读若歷”，则为一个谐声字组的最初谐声，就以之为标志，该组字即称为涉来母谐声“秝”类字。其关系表现为：秝类：一级一类（同一级如有不同的谐声关系，即按不同的类分为几类）2字——二级一类（“厤”类）4字——三级一类（“歷”类）4字。

同理，我们可另举一例：“溆，从水，叙声”，“叙，从攴，余声”，“余，从八，舍省声”，其逻辑顺序即为：舍类：一级一类（“舍”

类）——二级一类（“余”类）——三级一类（“叙”类）。又“塗，从土，涂声”，“涂，从水，余声”，“余，从八，舍省声”，其逻辑关系顺序即为：舍类：一级一类（“舍”类）——二级一类（“余”类）——三级一类（“涂”类）。将上下两部分系联、合并，即表现为：舍类：一级一类（“舍”类）——二级一类（“余”类）——三级一类（“叙”类）——三级二类（“涂”类）。其余如此类推。

这样构建的谱系，有几个好处：第一，大量减少了涉来母（因为这样产生的谐声关系，不仅仅是来母字，而且产生这样的关系，多因来母而起。故称“涉来母字组”）谐声的类别，减少了不必要的工作任务；第二，就一个谐声字组内部而言，这种结构从纵、横两面展示的信息更容易产生对比性特征显示：从纵向来看，各层级之间的关系形成了血肉联系，声母在谐声过程中的作用和影响力大小更显直观，同时来母字谐声和非来母字谐声之间所显示出的一些特色，通过各层级之间的变化也更加明确；从横向比较看，同一层级出现了不同类别，同谐声字分裂为不同的下一层类，它们之间的比较当然就更有意义；第三，更少的类就说明了同一类内部的字数与层级更多，因之字与字之间、层与层之间所具有的关系就更复杂、更全面，保留不同时期语音现象的可能性也就更大；第四，由于我们在这一部分所构建的谐声谱系，是以是否涉来母为原则而建的，因此，这样构建起来的类，对来母与非来母之间的相互关系与相互影响，反映得就更全面，因之，我们从中捕捉许慎时来母生存状况不同标本的可能性也就越大。

与上述内容相对应，我们在第二节各谐声字组后，还就本组字所反映的情况进行了及时分析，对本组字各种信息对我们所关注的问题的影响度做出了小结。

（一）第二章第二节的特点

为了及时形成比较，第二节还有两个特点应该予以关注。第一，我们在许慎字释之后加上了徐铉反切，这样可以十分直观地看到从许慎到徐铉，每个字的语音（主要是声母，虽然我们对许慎时的读音更多地用后人的描述）发生的变化；第二，我们随后还从今甘谷话中找到同义字（词）的读音以便与许、徐时期比较［可惜有很多字（词）今甘谷话未能保存或我们没有找到，或不敢确认］，从而形成三点一线的纵向比较，这样就使我们的研究更加可靠，更具有说服力。

（二）第二章第二节各谐声字组对我们所关心问题的影响程度和结果

为了使我们的研究可信可靠，我们规定，同一现象作为一种影响力，或者说要具备影响，必须有3个以上（包括3个）用例，按此标准，我们对各谐声字组的影响力描述汇总如下（只列具有影响力者）：

1. 丣（余母）谐声一组，来母与余（喻四）母之间存在紧密关系的可能；

2. 林（来母）谐声一组，有“婪，读若潭”，定母，徐铉及后世皆来母。许慎明言“读若潭”，应是当时话的读法，则是来母与定（澄）母之间存在紧密关系的可能；

3. 翏（来母）谐声一组，共分为来、见、透（彻）、群、明（微）、晓6母，但只有来、见二母用字3个以上，由是，则见、来二母之间存在紧密关系的可能；

4. 東（端母）谐声一组，共分为端（知）、定（澄）、透（彻）、章（照三）、昌（穿三）、崇（床二）、禅、见、并、来10母。其中端（知）、定（澄）、章、昌、来4母用例俱在3字以上，相互间存在关系紧密的征兆，但由于本组层级太多，来母字仅处于第四级，而其余3母主要处于一、二、三级、层次相隔（层级不同，其实意味着谐声的不同如“棟涷重東”从東谐声，为一层其实又是一个谐声组；“嵸偅種腫”虽同在東类下，但却从重谐声，属第二层，其实不是一个谐声组，隔层比较，逻辑关系变弱）不在同一层面因而大大削弱了它们之间的紧密关系；

5. 劦（匣母或来母）谐声一组，共分为匣、来、晓3母、其中来母、晓母之间存在关系紧密的可能性；

6. 亡（明母）谐声一组，共分为明（微）、来二母，用例各超过我们既设标准，因此明、来二母有关系密切的可能性，但由于涉及二母的谐声字规整地（各自）处于不同的层级，又大大削弱了这种可能性（即二者的有效联系与比较的不可靠性增强）；

7. 六（来母）谐声一组，共分为来、明（微）、余（喻四）、定（澄）、禅五母，其中来、余、定（澄）三母用例都在3字以上，因此存在相互关系密切的可能性，但由于三母的谐声字规整地（各自）处于不同的层级，又大大削弱了这种可能性；

8. 虍（晓母）谐声一组，共分为晓、疑、溪、来四母，其中晓、疑、来三母用例在3字以上，存在关系密切的可能性。但三者又相对独立处于不同的层级之中，又大大削弱了这种可能性；

9. 臽（匣母）谐声一组，共分为匣、定、溪、透（彻）、余（喻四）、见、来七母，其中匣、定、溪、余、见、来六母用例在3字以上，相互间有关系紧密的可能性，但从来母角度看过去，只有见母与来母处于同一层级；另外，从谐声的直接与否来看，见、来二母字由见母“監”为直接谐声，而其余各字则由臽、閻为直接谐声，因此，上述七母在臽类中可区分为两个小类，一类是见母、来母，其余属于另一类。由此可见，见母与来母关系密切；

10. 柬（见母）谐声一组，共分为见、来二母（且在同一层级），见母虽只2字，但“爤”字又作“燗”，閒从“閒”声，閒为见母，而“燗”为来母，亦为一例，由此可见，见、来二母关系密切；

11. 离（来、透（彻）二音）谐声一组，共分为来、透（彻）二母，且用例均在3字以上，则透（彻）、来二母关系密切；

12. 鬲（来母）谐声一组，共分为来、见、匣、溪、影五母，除来母外，其余四母用例均不足3例（但五母共处于同一层级），但如以同部位（同部位声母常相通）而论，见系3例（䰛字属溪母），影系3例，则是见系、影系与来母可能关系密切；

13. 差（初母）谐声一组，共分为初（穿二）、庄（照二）、从、清、崇（床二）、来六母，除崇（床二）母外，其余五母用例均在3例以上，相互间有可能关系密切，但由于来母非常独立，与其余五母都不同层级，因此这种可能性被大大削弱；

14. 婁（来母）谐声一组，分为见、溪、山（审二）、群、心五母，除来母外，只有见系用例在3例以上（见、溪、群各1例），且处于同一层级，因此见系与来母有可能关系密切；只是单个声母的用例太少，又削弱了这种可能性；

15. 僉（清母）谐声一组，分为清、见、群、疑、晓、精、心、来八母，其中见、疑、心、来四母用例均在3例以上，有关系密切的可能性；如果从发音部位来看，见系9例，精系5例，由是见系、精系存在与来母关系紧密的可能性，且上述用例又几乎全部处于同一层级，因此这种可能性有增强的趋势。

16. 兼（见母）谐声一组，共分为见、溪、疑、匣、来、澄六母，其中见、溪、匣、来四母用例均在 3 例以上，又都处于同一层级，因此相互间存在关系密切的可能性；如果从发音部位的角度看，见系有 12 例，来母 13 例，其密切关系更具倾向性；

17. 各（见母）谐声一组，共分为见、溪、群、疑、匣、来、明（微）七母，其中见、溪、群、疑、来五母用例均在 3 字以上，除群母 3 字外，又全处于同一层级，因此具有相互间关系密切的可能性；如果从发音部位来看，则基本以见系与来母为主（44 字，其中见系字 19 个，来母字 21，两类共有 40 字），则是见系与来母关系密切的倾向尤为强烈；（见母、来母的这种关系，至汉代仍很清晰地留有痕迹，《史记·酷吏传》“置伯格长”。《集解》：“徐广曰：‘一作落，古村落字亦作格，街陌屯落皆设督导也’。”则格与落同音，格在见母，落在来母）

18. 丽（来母）谐声一组，共分为来、山（审二）二母，用例均在 3 字以上，又处于同一层级，因此，相互间存在关系密切的可能性；

19. 京（见母）谐声一组，共分为见、群、来三母，且用例都在 3 字以上，又处于同一层级，因此有可能关系紧密；从发音部位角度看，又可分为见系与来母两类，则二者之间关系紧密的可能性得到大大增强；

20. 萬［明（微）母］谐声一组，分为明（微）、来二母，且用例均在 3 字以上，且各字所处层级基本相同，因此二者之间有关系密切的可能性；

21. 文［明（微）母］谐声一组，分为明（微）、来二母、且各有 3 字以上用例，因此二者之间有可能关系密切；但二者用例又多不在同一层级，因此这种可能性就被大大削弱；

22. 未［明（微）母］谐声一组，分为明（微）、晓、崇（床二）、来四母，其中明（微）、来二母用例各在 3 字以上，因此有可能关系密切；但由于二者用例不在同一层级，两类声母谐声字之间的血缘关系较远，因此又大大削弱了这种可能性；

23. 羸（来母）谐声一组，分为来、余（喻四）二母，用例各在 3 例以上，因此二者有可能关系密切；但二者用例不在同一层级，又表明血缘关系相对较远，因此又大大降低了这种可能性；

24. 舍［书（审三）母］谐声一组，分为书（审三）、余（喻四）、定（澄)、邪四母，本与来母无关，但“酴”字，许慎言“酒母也，从酉，余声，读若卢”，是为来母，为许慎明言“读若”中涉及来母不多的几例之一，故专门列出；

25. 亩（来母）谐声一组，许慎分为三类：亩一类、㽌（读若葚）一类，鄙（读若淫）一类，用后世音韵学术语描述，则分为来母、船（床三）母和定（喻四）母三类，是在许慎时代来母与船（床三)、定（喻四）二母关系密切？只是到了徐铉时，已合并为来母一母了；或者，许慎是重韵母，认为㽌与葚、鄙与淫韵相同而已（虽然彼时没有声、韵之别，但听觉中应有后世所谓声、韵不同的感觉)；

26. 彖［书（审三）母］谐声一组，分为书（审三)、定（澄)、余（喻四)、来四母，其中来母、定（澄）母用例各在3例以上，展示相互间关系密切的可能性，但由于各用例散处不同的层次，因此这种可能性又被大大削弱；

27. 果（见母）谐声一组，分为见、溪、匣、影、来五母，因来母用例只有一字，故本不论；但来母用例“裸”为或出；“蠃，或从果（作“裸”)，段玉裁谓“果声也。俗作‘蠃’，致为不通。”可见在许慎时，“果”与“羸”（蠃字从衣，羸声）同音，果属见母，羸为来母，是见、来二母古或同纽；

28. 老字与“考”字转注，学者有以为转注要同音或近音，考为溪母，属见系，老为来母，如是，见系与来母关系密切。

上述28小类，排除用例不同层的字（不同层，实际上可以看作不同的谐声，因此，真正有比较力的，应该是同层的用例之间的对比。我们之所以将同一源谐声，分布于不同层级的用例全部列出，是想进一步弄清楚同一源头各层级之间的先后顺序，以便于更准确地进行比较与筛选。下一层级的谐声，可能源于上一层中的某一个字，而这个字在上一级同样有可与其进行比较的层面，所以纵横两轴都得以展现)，就展现为如下结果：

来——余（喻四)：丣1类；

来——定（澄)：林1类；

来——见：翏、柬、鬲、僉、兼、各、京等7类，另有婁为见系1类，果（裸与蠃）1类，老与考1类；

来——晓：劦1类；

来——明：萬 1 类；

来——透（彻）：离 1 类；

来——影：鬲 1 类；

来——精：僉 1 类；

来——匣：兼、臽等 2 类；

来——溪：兼、婁、各等 3 类；

来——群：婁、各、京等 3 类；

来——疑：各 1 类。

依照我们的既设标准，用例在 3 个以上的，有来与见、来与溪、来与群三组。考察徐铉所引《唐韵》而作的反切，除在古声母分析为中古声母的不同——如端分为端、知；定分为定、澄二母——外，对上述各组的基本状况保持继承性的稳定，也就是说，许慎与徐铉，在《说文》涉来母谐声字的读音——声母的标记中，共同显示出见与来、溪与来、群与来关系密切的特点，如果从发音部位来看，亦即显示出见系（疑母专章另论）与来母的特殊关系，显现出见系，首先是见母，与来母同源的可能性。这种情况已经有学者进行过考察，有不同程度的描述，不过注释不一。刘忠华先生解释为“其直接原因是主谐字或被谐字有来母与非来母的异读，其深层原因是某些非来母字的二等或三等读音导致声母变化。”（见《中国音韵学》，南京大学出版社，2008 年版，第 43－53 页）。我们在此暂不讨论，将于后边考察完今甘谷话来母、见母整体情况后再讨论。

二　涉来母字在今甘谷话中的存在状况显示的信息

我们在第二章二节对所有涉来母字在今甘谷话中的存在进行了对照，并予以拟音，其详细情况在第四部分中做了汇总，在此不予赘述。在这里，我们只对其中特殊读音予以关注（所谓特殊读音，是指从上古到中古，再到今甘谷话其继承与发展规律出现了异变的情况，比如将来母字读作［tɕ］，就不合一般的发展规律）。

1. 吕类：吕、侣、閭、莒等 4 字今甘谷话声母为［tɕ］；

2. 虍美：慮、驢等 2 字今甘谷话声母为［tɕ］；

3. 婁类：鏤、屨、屢、窶 4 字今甘谷话声母为［tɕ］（此一类屨字普通话亦读为［tɕ］）；

4. 一类：律、葎、寽、捋等4字今甘谷话声母为［tɕ］；

5. 僉类：儉、巤、斂、撿等4字今甘谷话声母俱为［tɕ］，其中斂字异类；

6. 旅类：旅、膂等2字今甘谷话声母为［tɕ］；

7. 㬅类：㬅字今甘谷话声母有［tɕ］、［l］两种；

8. 輂类：輂字今甘谷话声母为［tɕ］（后出之擀字，今甘谷话亦读为［tɕ］）；

9. 尸类：履字今甘谷话声母为［tɕ］（又读［li］）；

10. 匕类：尼、怩、泥等3字今甘谷话声母为［tɕ］。

另外，见系的疑母字今甘谷话中亦读为［tɕ］声母者，如疑、凝（凝读［tɕin］［tɕ ‘in］二音）等2字即是，因《说文》涉来母谐声组中不涉及，故未列入。不过，经过我们的考察，认为见系与来母古同源，故见与疑古同，而后疑与泥、娘、日相近，故今甘谷话中多有读泥母、娘母为［tɕ］者。因此，对疑母我们另设专章讨论。

上述情况让我们看到，上古及中古读如来母的字，如侣吕闾莒慮驢鏤律葎寽捋斂旅膂輂履等字，今甘谷话声母俱为［tɕ］（其实《说文》未涉及者如缕褸臉殮等字也读声母为［tɕ］）。而据我们考察，今甘谷话的［tɕ］，主要来源于上古的见系、精系以及泥、来二母。与汉语发展的整体情况看，自应以见母、精母为主。在这一大背景下，上述各用例，其实表明了，今甘谷话声母［tɕ］的生存状况，反映出来母与见母、精母的关系密切。而将这一结果与上述（二）部分结果相联系，便可以清楚地看到，来母字与见系、尤其是见母关系极为密切！当然，今甘谷话中所保留的这种用例虽然仍不是很多，但那是由于传承时间太过久远，其间变化很大的原因，可正因为它们成队出现，规整存在，所以这些用例的存在就显得尤为珍贵。

小 结

现在回过头来看，第二章第二节首先对《说文》涉来母各谐声字组内部的分级和各分级内部不同声母的字数进行了统计，然后以这些统计结果为基础，进行了对比分析。对比从同级谐声字来母与其他声母、整个谐声体系中来母与其他声母字、各级谐声关系中来母与同部位声母字等三个方面进行，同时附加了许慎明言读为非来母而徐铉读如来母、许慎明言读来母而徐铉读非来母两类具体分析。其中前三个方面的对比具体而微地展示了涉来母谐声字组中各级各类、各涉及声母的存在状况和对比状况，也证明了我们所作淘漉的基础是可靠的。而后所附加的两个比较，由于出于许慎本人，用例虽少，但影响力很大。因此我们将结果陈列如下：

1. 许慎明言来母，而徐铉作定母；
2. 许慎明言来母，而徐铉作微母；
3. 许慎明言定母，而徐铉作来母；
4. 许慎明言见（或溪）母，而徐铉作来母；
5. 许慎明言溪母，而徐铉作来母；
6. 许慎明言定（澄）母，而徐铉作来母；
7. 许慎明言船（床三）母，而徐铉作来母；
8. 许慎明言余（喻四）母，而徐铉作来母。

将上述内容予以归纳，则是来母与定母相通者 3 例，来母与溪母（见系）相通者 2 例，来母与明母相通者 1 例，与余（喻四）母通者 1 例，与船（床三）通者 1 例。

是来母与定母关系密切的可能性大，与溪母（见系）关系次之（将溪母拉出来，与我们 3 例的标准看是不符的，但总共 8 例，溪母有 2 例，加之与《说文》其他涉来母谐声状况的结果分析暗合，故亦突出出来列之）。

许慎在涉来母字中有明确指认读音的地方实在太少，区区 8 字，只能作为参考。

通过上述淘漉，我们认为，从大徐本《说文解字》涉来母各谐声组之间的关系、谐声组内部各不同层级之间的关系、特别同一层级内部不同声母之间的关系等方面的对比分析和过滤，加上与徐铉所引《唐韵》所作的反切、以及今甘谷话相应字（词）音的对比和联系，我们认为中古见母和来母在上古或许同源；或者可以说，上古曾有一个区别于见母、来母的独立声母（假设为“旅”母），这个古声母在发展过程中分化、并入了见母和来母中间，且这一过程至少于许慎前完成。

这两个可能性我们模拟为：

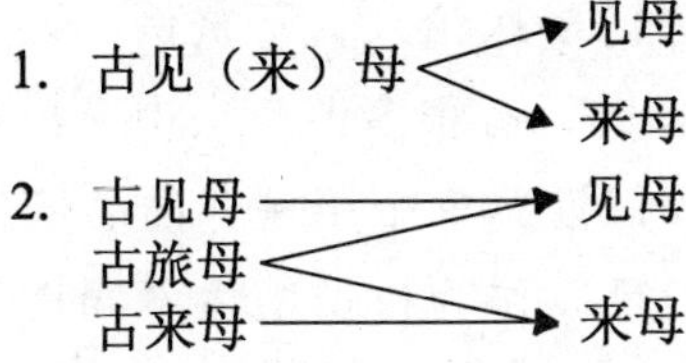

关于这一问题，前辈学者也给予很多关注。例如高本汉、李方桂、董同龢等，但他们主要是在拟测讨论中来研究怎样拟音的，没有对见、来二母是否同源的问题作明确研究。例如董同龢在《上古音韵表稿》中，对上古音韵系统拟测检讨时，讨论唇音时兼论到："这些例子（指"悔"xmwəg"昏"xmwən——本书作者注）根本就是不适于用复声母的关系来解释的。先说最明显的一点。当我们说'各'kâk在古代是klâk时，他除去跟'路'luo的关系外，同时还可以谐'格'kɐk'恪'k'ɐk等。又如我们说'鬲'liek，kɛk的声母在古代是kl-时，他在谐l-母的'甋蔍'诸字之外更曾谐'隔'kɛk'翮'ɣɛk等k-系字"。显然注意到了同一谐音关系中见母与来母的特别密切的关系，因此，同一个谐声字，既有k-系，又有l-系时，为解释这种现象，就认为这个谐声字在上古应该是读复辅音kl-。

这种办法有一个大缺陷，如此一来，有大量的同谐声字分为不同声母的（所谓内隔一类现象不在此列），倒推上去，就不得不指认是复辅音，否则，就不能解释这种谐声现象。也正因为如此，就有了xm-、kl-等拟音。也就不得不为大量谐声现象进行复辅音拟音。但这样一来，大量存在的复辅音，是怎样突然消亡的？这一类问题就成为难以回答的问题，特别是跟后世汉语、现代汉语差异过大（后世几乎未见复辅音声母），就难以成为令人信服的观点。

现在根据我们的分析，对同一谐声字组中出现不同声母的状况所给出的解释则是：

古人谐声（谐声现象只在文字系统中存在，因此讨论自然以文字系统为基础），由于没有精确的声、韵剖析，只能以听起来像为基础。由于其依据是像，所以就有两类三种情况，一类是全像，即声、韵俱同；另一类是或者声母相同而韵母不同（这类情况较少，如"恷，惠也。从心，先声"，声母同为影母，而"先"与"恷"韵母不同），或者韵母相同而声母不同（这是主要的，这一类我们前边已多次论及，不赘例。因为韵母相同比声母相同听起来更像）。正因为如此，有很多谐声组中会出现个别的、零星的异声母同韵母字（这也是我们设置3个用例标准的依据），而这些异声母（异韵母也一样）字当然不足以作为讨论中古不同声母在上古是否同声母的依据，同样，完全同音的，当然不存在这种讨论的必要性。

但是，当同一个谐声字组中，出现势均力敌的两个、或三个不同声母，且这种现象在其他谐声字组中不断出现，现代方言中又有保存可对比的情况下，问题就不一样了！我们前述结论，就是在这样的认识基础和现实搜检和淘漉中得到的！

第四章　大徐本《说文》疑母字在今甘谷话中的生存及启示

前边我们通过考察，初步认为见母、来母同源。我们知道，对后世而言，见、溪、群三母关系密切（同部位清浊、送气与否之间常可相同，今甘谷话中常见。如“合”有［x］、［k］、［k‘］三种声母；“袋”有［t］、［t‘］两种声母等）自不必讨论。但疑母却略有不同。因此，考察疑母的存在状况，对于说明见母（见系）与来母，疑母与娘、泥二母的关系，有重要的辅助和补充、佐证的作用，特别是用今天活的方言来作为标本，对照检查时，更能说明问题。在甘谷话中，疑母似乎是个中转站，它与见、溪、群因同部位而相通，又与泥、娘同为浊母而相通。

下面我们的工作内容和工作基础就是两个：《说文》中的疑母，以及这些疑母字在今甘谷话中的保留及变化所透视的问题。

第一节　大徐本《说文》中的疑母字

一　《说文》疑母字的存在

为了能对大徐本《说文解字》中的所有疑母字进行搜检，我们采用双重标准：一是以王力先生《上古声母及常用字归类表》中的疑母字，二是徐铉以《唐韵》为据所注反切上字为疑母字。凡与此标准相吻合的，即予以确认。确认体例为：被指认字（部首 · 页码上/下）（一个部首下疑母字字数）：

元（一部 · 七上）。（共一字）

禦（示部 · 九上）。（共一字）

玉（玉部 · 十上）玩（一二上）琅（一二下）琂（一三上）。（共四

字）

艾（艸部·一九上）虉（一九下）虈（二0上）茚（二0上）蒞（二0下）莪（二0下）芽（二二上）蘸（二二上）蓆（二二下）菥（二二下）藒（二四下）萻（二六下）。（共十二字）

牛（牛部·二八下）犍（二九上）。（共二字）

嘽（口部·三0下）嶷（三一上）唫（三一下）吾（三二上）听（三二上）吿（三三下）嗷（三四上）囋（三四上）吟（三四上）吪（三四上）啱（三四下）噳（三五上）喁（三五上）哦（三五上，新附）喻（三五上，新附）。（共十五字）

嚴（吅部·三五下）咢（三五下）。（共二字）

趛（走部·三六下）趑（三七上）。（共二字）

逆（辵部·四0上）迎（四0上）遇（四0上）遻（四0上）邍（四二上）。（共五字）

御（彳部·四三下）。（共一字）

衙（行部·四四上）。（共一字）

齗（齒部·四四下）齸（四四下）齵（四四下）齳（四五上）齾（四五上）齯（四五上）齮（四五上）齖（四五上）齩（四五上）齸（四五上）齧（四五上）齰（四五下）。（共十一字）

牙（牙部·四五下）。（共一字）

跀（足部·四八上）跒（四八上）。（共二字）

嚚（㗊部·四九下）。（共一字）

屰（干部·五0上）。（共一字）

言（言部·五一上）語（五一上）謜（五一下）詻（五一下）誾（五二上）議（五二上）誼（五三上）誐（五三上）諺（五三下）訝（五三下）詣（五三下）嚳（五四上）譺（五四下）誤（五五上）譌（五六上）。（共十五字）

業（丵部·五八下）。（共一字）

鞹（革部·六一上）。（共一字）

鬳（鬲部·六二上）甗（六二下）。（共二字）

埶（丮部·六三下）。（共一字）

毅（殳部·六六下）。（共一字）

敳（攴部·六八上）敔（六九上）敜（六九下）。（共三字）

眼（目部·七0下）睚（七三下·新附）。（共二字）

翫（習部·七四下）羿（七五上）翱（七五下）。（共三字）

雃（隹部·七六上）雁（七六下）。（共二字）

鶩（鳥部·七九下）鵝（八0下）鳵（八一上）鸊（八一上）鶂（八一下）鸃（八二上）。（共六字）

敖（放部·八四下）。（共一字）

歺（歺部·八五上）殪（八五下）。（共二字）

刵（刀部·九一上）剴（九一上）刖（九二上）刓（九二上）劓（九二下）。（共五字）

耦（耒部·九三上）。（共一字）

篽（竹部·九九上）籞（九九上）。（共二字）

虐（虍部·一0三上）虞（一0三上）。（共二字）

虤（虎部·一0三下）虢（一0三下）。（共二字）

虤（虤部·一0四上）簪（一0四上）。（共二字）

饐（食部·一0七下）餓（一0八下）。（共二字）

枒（木部·一一七下）梧（一一七下）槷（一一九下）檥（一二0上）臬（一二三下）枊（一二四上）櫱（一二五上）。（共七字）

敖（出部·一二七上）䠿（一二七下）。（共二字）

圄（囗部·一二九下）囮（一二九下）。（共二字）

鄴（邑部·一三三下）鄂（一三四下）鄈（一三五下）郚（一三五下）郳（一三六上）。（共五字）

晤（日部·一三七下）㬎（一三九上）昂（一四0上·新附）。（共四字）

月（月部·一四一上）。（共一字）

外（夕部·一四二上）。（共一字）

糱（米部·一四七下）。（共一字）

宜（宀部·一五一上）寤（一五一上）寓（一五一下）。（共三字）

寤（㝱部·一五三下）寱（一五三下）。（共二字）

痁（疒部·一五四上）瘧（一五五上）。（共二字）

皚（白部·一六一上）。（共一字）

俾（人部・一六二上）僨（一六二下）俁（一六三上）傲（一六三上）仡（一六三上）儼（一六三上）仰（一六四下）伍（一六四下）傆（一六四下）儀（一六五上）倪（一六五下）儗（一六六上）俄（一六六下）僞（一六六下）偶（一六七下）僥（一六七下）。（共七字）

𠤎（七部・一六八下）。（共一字）

卬（匕部・一六八下）。（共一字）

臥（臥部・一六九下）。（共一字）

舠（舟部・一七六上）。（共一字）

兀（儿部・一七六下）。（共一字）

覞（見部・一七七下）。（共一字）

顏（頁部・一八一下）顒（一八一下）頟（一八一下）顩（一八二上）顡（一八二上）顋（一八二上）顐（一八二下）顤（一八二下）贅（一八二下）頣（一八二下）頿（一八二下）頑（一八二下）頢（一八二下）頠（一八二下）頷（一八三上）顗（一八三上）顥（一八三下）。（共十七字）

彥（彣部・一八五上）。（共一字）

厄（卩部・一八七上）。（共一字）

嬖（辟部・一八七下）。（共一字）

禺（由部・一八九上）。（共一字）

嵬（嵬部・一八九上）巍（一八九下）。（共二字）

嶽（山部・一九0上）嵎（一九0上）嶷（一九0上）嶭（一九0上）嶅（一九0下）崟（一九0下）巖（一九一上）喦（一九一上）峨（一九一上）岌（一九一下・新附字）。（共十字）

屵（屵部・一九一下）岸（一九一下）崖（一九二上）。（共三字）

广（广部・一九二上）庌（一九二上）。（共二字）

厓（厂部・一九三下）厴（一九三下）厰（一九三下）厖（一九四上）产（一九四上）。（共五字）

危（危部・一九四下）。（共一字）

礹（石部・一九五上）硪（一九五上）砦（一九五上）礙（一九五上）研（一九五下）磑（一九五下）硯（一九五下）。（共七字）

豪（豕部・一九七上）。（共一字）

豻（豸部·一九八上）。（共一字）

騀（馬部·一九九下）驐（一九九下）驗（二00上）馯（二00上）䮛（二00下）騃（二0一上）。（共六字）

麑（鹿部·二0三上）。（共一字）

狠（犬部·二0四下）狋（二0四下）犷（二0四下）獒（二0四下）狋（二0五上）犴（二0五下）獟（二0五下）。（共七字）

㹜（㹜部·二0六上）獄（二0六上）。（共二字）

㶟（火部·二0七下）熬（二0八下）。（共二字）

㚔（大部·二一三下）。（共一字）

吳（夨部·二一四上）。（共一字）

圉（㚔部·二一四下）。（共一字）

愿（心部·二一七下）憖（二一八上）悟（二一九上）憌（二一九下）愚（二二0上）懝（二二0上）忨（二二一上）忍（二二一下）忦（二二二下）忍（二二三下）。（共十字）

涐（水部·二二四下）激（二二六下）沂（二二七下）浯（二二七下）湡（二二八上）瀱（二三七下）涯（新附·二三八下）。（共六字）

𪔂（𪔂部·二三九下）。（共一字）

冰（仌部·二四0下）。（共一字）

霓（雨部·二四二上）。（共一字）

魚（魚部·二四二下）鯢（二四三下）鰅（二四四下）。（共三字）

䲜（䲜部·二四五下）。（共一字）

鹼（鹽部·二四七下）。（共一字）

闑（門部·二四八上）閡（二四九上）。（共二字）

聵（耳部·二五0上）聉（二五0上）聭（二五0上）聣（二五0下）聱（新附·二五0下）。（共五字）

擬（手部·二五四下）扤（二五六下）抈（二五六下）。（共三字）

婗（女部·二五九上）娥（二六0上）嫄（二六0上）娙（二六一上）婉（二六一下）娛（二六二上）嬒（二六三下）妍（二六三下）婺（二六四下）。（共九字）

乂（丿部·二六五下）。（共一字）

我（我部·二六七上）義（二六七上）。（共二字）

瓦（瓦部·二六八下）甗（二六九上）瓻（二六九上）。（共三字）

弲（弓部·二七0上）。（共一字）

縌（糸部·二七四下）。（共一字）

蚖（虫部·二七九上）蛾（二八0上）螘（二八0上）蜺（二八一上）螼（二八二下）蠥（二八三上）。（共六字）

蝨（䖵部·二八三下）。（共一字）

黿（黽部·二八五上）鼇（二八五下）。（共二字）

堣（土部·二八六上）圪（二八七上）堨（二八七上）垠（二八八下）垩（二八九上）。（共五字）

垚（垚部·二九0上）堯（二九0上）。（共二字）

勢（力部·二九二下）。（共一字）

银（金部·二九三）鋤（二九五下）錡（二九五下）銚（二九八下）。（共四字）

釿（斤部·三00上）所（三00上）。（共二字）

軏（車部·三0一下）軏（三0二上）轙（三0二上）轙（三0二下）輗（三0三上）。（共五字）

旹（𠂤部·三0三下）。（共一字）

隅（𨸏部·三0四下）隗（三0五上）陧（三0五上）阢（三0五下）隒（三0五下）阮（三0六上）。（共六字）

五（五部·三0七下）。（共一字）

孼（子部·三一0上）。（共一字）

﨎（孨部·三一0下）。（共一字）

午（午部·三一一上）啎（三一一上）。（共二字）

醶（酉部·三一三上）。（共一字）

大徐本《说文》全书共搜检出上述337个疑母字（包括徐铉新附字7个）。

二　《说文》疑母字在今甘谷话中的生存

对上述疑母字在今甘谷话中的生存状况，其描写办法是，先列出许慎该字的释义及构成，而后确认其声母归属；次则列出徐铉引《唐韵》反切，指出其声母，最后列出今甘谷话读音。如今甘谷话不用该字，即注明

“不用”。每类结束，又做小结为终了（除谐声本字外，同一类中不是疑母的不列入。目的是只关注疑母字自许慎经徐铉再到今甘谷话的变化情况，不讨论疑母字的来源初始情况。例如“隺类”谐声字很多，而我们只选取是疑母的字，如“犨”，非疑母的就不再选用，如“榷”为见母，就不再选用）。

1. 元类

元，始也，从一从兀。疑母。徐铉作愚袁切，疑母。今甘谷话读作［yɛn^{35}］。

玩，弄也，从玉，元声。疑母。徐铉作五换切，疑母。今甘谷话读作［wɛn^{35}］。

翫，习猒也，从習，元声。疑母。徐铉作五换切，疑母。今甘谷话与“玩”字合为一。

刓，剸也。从刀，元声。一曰齐也。疑母。徐铉作五丸切，疑母。今甘谷话读作［wɛn^{55}］（指从某物上旋转切（掏）出一块，谓“刓一圈”，正此意）。

頑，梱頭也。从頁，元声。疑母。徐铉作五还切，疑母。今甘谷话读作［wɛn^{35}］（木头结疤处难以析解，谓“顽筋子”。“梱，梡木未析也”，正与此和，故以为古意存于甘谷话者。今甘谷话亦有“顽皮”之意，非古意）。

忨，贪也，从心，元声。疑母。徐铉作五换切，疑母。今甘谷话读作［wɛn^{214}］。（人怀贪心，常思谋占别人便宜，即谓“忨得很”，或以“弯”为之，非是）。

蚖，荣蚖，蛇醫（段玉裁做“它醫”），以注鸣者。从虫，元声。疑母。徐铉作愚袁切，疑母。今甘谷话不用（以段注，容蚖，蛇医为一物，据《释名》：　“蝾螈，蜥蜴也”，今甘谷话称蜥蜴为“蛇字儿”，读［ʂɤ^{35}tsɿ^{55}zi］，谓蜥蜴为蛇之父母，或以为舅氏，故如是）。

黿，大鼈也，从黽，元声。疑母。徐铉作愚袁切，疑母。今甘谷话从普通话读［yɛn^{35}］。

軏，車辕耑持衡者。从車，元声。疑母。徐铉作鱼厥切，疑母。今甘谷话不用（或此物不用后此义亦遗忘不用）。

元类共9字，自许慎至徐铉皆为疑母。今甘谷话分读为两类：［y］、

[w]（其中“蚖”“軏”二字不用）。

2. 御类

御，使馬也，从彳、从卸。疑母。徐铉作牛据切，疑母。今甘谷话读作［y⁵⁵］（或［ɥy⁵⁵］）（“牛”，今甘谷话读作［tɕiəu³⁵］或［ȵiou³⁵］）。

禦，祀也。从示，御声。疑母。徐铉作鱼举切，疑母。今甘谷话读作［ɥy⁵⁵］（有“禦祀宽”说法，指凡事筹备、预想周到，盖自祭祀齐备引申而来。或作“预事宽”，于文理不通，非是）。

鋤，鉏鋤也。从金，御声。疑母。徐铉作鱼举切。疑母。今甘谷话不用。

御类共3字，自许慎至徐铉皆为疑母。今甘谷话读为一类：[y]（其中“鋤”字不用）。

3. 艮类

艮，很也。从匕、目，匕目，犹目相匕不相下也。见母。徐铉作古恨切，见母。今甘谷话读［kən⁵¹］。

珢，石之似玉者，从玉，艮声。见母或疑母。徐铉作语巾切，疑母。今甘谷话不用。

眼，目也。从目，艮声。疑母。徐铉作五限切，疑母。今甘谷话读作［tɕiɛn⁵¹］（局地读［ȵiɛn⁵¹］，此类情况颇多，县城以东读［ȵ］，以西读［tɕ］，其他如“疑”“年”等皆如此）。

狠，吠鬭声。从犬，艮声。见母或疑母（凡非疑母为谐声的字我们假定许慎时可能读为谐声字相同的声母——所以才是同一谐声，但也可能与后世一样读为疑母。但一些字被王力先生确认为上古疑母的，为使对比更加简单可行，就直接认为是疑母。后仿此）。徐铉作五还切，疑母。今甘谷话读作［xua ŋ⁵¹］或［wa ŋ⁵¹］（今甘谷话有此意，谓“吠斗声”为［xua ŋ⁵¹］或［wa ŋ⁵¹］，有音有意无字，当为“狠”字。但现在多以“狠”字不承担此意，而另读［x ə n⁵¹］）。

垠，地垠也。一曰岸也。从土，艮声。疑母。徐铉作语斤切，疑母。今甘谷话读［k ə n²¹⁴］或［kan²¹⁴］（字或作“埂”，非本字。段玉裁以为当“地垠咢”之误，如是，有谓地界曰“地［l ən⁵⁵］［kan²¹⁴］”，正此意，则今甘谷话读“垠”为［l ən⁵⁵］——［n］、［l］、［ȵ］甘谷话不分，正将“艮”读如来母，“咢”读［k ã²¹⁴］、［kan²¹⁴］、 [k ə n^{214}]。“咢”之读 [k]，甘谷话常是，如“愕”“锷”，皆读 [k]，“咢”为疑母，而甘谷话读如见母。不论读 [l]，读 [k]，亦见母、来母古通之遗绪也。读 [k]，则见系内相通之例——今甘谷话疑母分读为 [l]、[j]、[y]、[w]、[tɕ]、[k] 等，读 [l] 则见系疑母与来母古通）。

银，白金也。从金，艮声。疑母。徐铉作语巾切，疑母。今甘谷话读作 [jin^{35}]。

艮类共 5 字（不包括“艮”），自许慎至徐铉皆为疑母，而见母为谐声。今甘谷话分读为 [j]、[tɕ]、[w]、[x]、[l]、[k]，概括为零声母和 [tɕ]、[k]（同为见母）、[x]（晓、匣、溪母类）、[l]（来母）（见母、疑母同部位，疑母、来母同为浊声、相互间有互递相近的关系）。

4. 辛类—言类

辛，辠也，从干、二，二，古文上字。读若愆。溪母。徐铉作去虔切，溪母。今甘谷话不用。

言，直言曰言，论难曰语。从口，辛声。溪母。徐铉作语轩切，溪母。今甘谷话读作 [jɛn^{35}]。

㖂，语相诃歫也，从口歫辛，辛，恶声也。读如櫱。疑母。徐铉作五葛切，疑母。今甘谷话读 [kə̃^{214}]（字或作“恶”，非是）。

琂，石之似玉者。从玉，言声。疑母。徐铉作语轩切，疑母。今甘谷话不用。

唁，吊生也。从口，言声。疑母。徐铉作鱼变切，疑母。今甘谷话读作 [jɛn^{35}]。

辛类共 4 字（不包括“辛”字），自许慎至徐铉皆为疑母（但谐声之初字为“辛”，属溪母，二级谐声之字“言”为疑母），今甘谷话读为二类：[k] [j]（其中“琂”字不用）。见系之溪母字谐声，而转为疑母，属同部位之转，是不同级数的谐声。

5. 乂类

乂，芟艸也。从丿到乀相交。刈，乂或从刀。疑母。徐铉作鱼废切，疑母。今甘谷话读作 [ji^{51}]，字作“刈”。

艾，冰臺也。从艸，乂声。疑母。徐铉作五盖切，疑母。今甘谷话读作 [kaI^{55}] 或 [ŋaI^{55}]。

嬖，治也。从辟，乂声。疑母。徐铉作鱼废切，疑母。今甘谷话读［ji^{214}］（今甘谷话谓收拾、整治淘气之晚辈、孩子曰“嬖治”，正古义）。

忞，懲也。从心，乂聲。疑母。徐铉作鱼肺切，疑母。今甘谷话之“［ji^{214}］治”（上条）或亦即此字。

忍，怒也，从心，刀声（徐铉引李阳冰以为当“从刈省”，则当归入此类。字见后“刀类”）。

乂类共 5 字，自许慎至徐铉皆为疑母。今甘谷话读为两类：［k］/［ŋ］，［j］。

6. 昊类→鶪类→虉类

昊，犬视皃。从犬、目。见母。徐铉作古阒切，见母。今甘谷话不用。

鶪，伯劳也。从鳥，昊声。见母。徐铉作古阒切，见母。今甘谷话不用。

虉，绶也。从艸，鶪声。疑母。徐铉作五狄切，疑母。今甘谷话不用。

昊类谐声至第三级才出现疑母，前两级俱属见母。由见母而疑母，自许慎至徐铉皆同。但疑母只有一字，难以据论。

7. 亂类

亂，治也，从乙，乙，治之也；从𤔔。来母。徐铉作郎段切，来母。今甘谷话读作［lyɛn^{55}］或［luan^{55}］。

薍，葝也，从艸，亂声，八月薍为苇也。或来母，或疑母。徐铉作五患切，疑母。今甘谷话不用。

亂类只有 1 字（不包括“亂”字）。许慎读为什么声母，不确切，但不外乎来母或疑母。徐铉为疑母。今甘谷话读为一类：［l］。来母字为谐声而为疑母，是一例。

8. 卬类

卬，望欲有所庶及也。从匕、从卪。疑母。徐铉作伍冈切，疑母。今甘谷话读作［tɕia ŋ^{51}］或［ja ŋ^{51}］（“仰望”字读［jaŋ^{51}］，谓人仰躺为“［tɕia ŋ^{51}］下着”，即仰。读［jaŋ^{51}］为书面语吸收而来），亦读［ka ŋ^{214}］（似“昂”）。

茚，昌蒲也。从艸，卬声，益州云。疑母。徐铉作五刚切，疑母。今甘谷话不用。

迎，逢也。从辵，卬声。疑母。徐铉作语京切，疑母。今甘谷话读作［ji ŋ^{35}］。

鞠，鞠角，鞮属。从革，卬声。疑母。徐铉作五冈切，疑母。今甘谷话不用。

枊，马柱。从木，卬声。一曰坚也。疑母。徐铉作吾浪切，疑母。今甘谷话不用。

昂，举也。从日，卬声（新附字）。徐铉作五冈切，疑母。今甘谷话读作［ka ŋ^{214}］或［ŋa ŋ^{214}］。

仰，举也，从人，从卬。疑母。（卬亦声，故列此）徐铉作鱼两切，疑母。今甘谷话读作［tɕia ŋ^{51}］或［ja ŋ^{51}］（文读）。

駠，駠駠，馬怒皃。从馬，卬声。疑母。徐铉作吾浪切，疑母。今甘谷话读作［kaŋ^{51}］（马或人发怒，横冲而过为“［kaŋ^{51}］上过来了”或“直～～地来了”。正此意）。

卬类共8字，其中7字自许慎至至徐铉俱作疑母，“昂”为徐铉新附，徐铉作疑母。今甘谷话分读为［k］、［tɕ］、［j］、［ŋ］四类（其中茚、鞠、枊三字不用），类于见母和泥母。

9. 禺类

禺，母猴属，頭似鬼。从甶，从禸。疑母。徐铉作牛俱切，疑母。今甘谷话读作［ɥy^{55}］。

藕，芙蕖根。从艸、水，禺声。疑母。徐铉作五厚切，疑母。今甘谷话读作［kou^{51}］或［ŋou^{51}］（“牛”读作［tɕiou^{35}］）。

喁，魚口上見。从口，禺声。疑母。徐铉作鱼容切，疑母。今甘谷话不用。

遇，逢也。从辵，禺声。疑母。徐铉作牛具切，疑母。今甘谷话读作［ɥy^{55}］。

耦，耒廣五寸为伐，二伐为耦。从耒，禺声。疑母。徐铉作五口切，疑母。今甘谷话读作［kou^{51}］或［ŋou^{51}］。

寓，寄也。从宀，禺声。疑母。徐铉作牛具切，疑母。今甘谷话读作［ɥy^{55}］。

偶，桐人也。从人，禺声。疑母。徐铉作五口切，疑母。今甘谷话读作［kou^{51}］。

顒，大頭也。从頁，禺声。疑母。徐铉作鱼容切，疑母。今甘谷话不用。

嵎，封嵎之山，在吴楚之间，汪芒之国。从山，禺声。疑母。徐铉作噳俱切，疑母。今甘谷话不用。

愚，懽也，琅邪朱虚有愚亭。从心，禺声。疑母。徐铉作噳俱切，疑母。今甘谷话作［$ɥy^{55}$］。

湡，水出赵国襄国之西山，东北入㵝。从水，禺声。疑母。徐铉作噳俱切，疑母。今甘谷话不用。

鰅，魚名，皮有文，出樂浪东暆。神爵四年初捕收输考工。周成王时，扬州献鰅。从魚，禺声，疑母。徐铉作鱼容切，疑母。今甘谷话不用。

隅，陬也。从𨸏，禺声。疑母。徐铉作噳俱切，疑母。今甘谷话作［$ɥy^{55}$］。

齵，齒不正也。从齒，禺声。疑母。徐铉作五娄切，疑母。今甘谷话不用。

髃，肩前也。从骨，禺声。疑母。徐铉作午口切，疑母。今甘谷话不用。

禺类共15字，自许慎至徐铉俱作疑母。今甘谷话分读为三类：［ɥ］、［K］、［ŋ］（其中喁、顒、嵎、湡、鰅、齵、髃等7字不用），基本上类于见母、疑母，其中［K］类见母，［ɥ］、［ŋ］类疑母（［ŋ］更多见于泥、娘母在今甘谷话中的保留）。

10. 我类

我，施身自谓也。或说，我，頃頓也。从戈、从𢦏。𢦏，或说古垂字，一曰古殺字。疑母。徐铉作五可切，疑母。今甘谷话读作［$kɪ̃^{51}$］或［$ŋɪ̃^{51}$］。

莪，蘿莪，蒿属。从艸，我声。疑母。徐铉作五何切，疑母。今甘谷话读作［$Keɪ^{214}$］（凡蒿类带刺者谓“刺莪”，正此字）。

哦，（新附字）吟也。从口，我声。徐铉作五何切，疑母。今甘谷话读作［$kɪ̃^{35}$］或［$ŋɪ̃^{35}$］。

誐，嘉善也。从言，我声。疑母。徐铉作五何切，疑母。今甘谷话不用（或以为甘谷话“［kĩ⁵¹］上说”之［kĩ⁵¹］即是，意谓他人观点好或正确，因而附和言之。疑是）。

鵝，䳘鵝也。从鳥，我声。疑母。徐铉作五何切，疑母。今甘谷话读作［kĩ³⁵］或［ŋĩ³⁵］。

餓，飢也。从食，我声。疑母。徐铉作五个切，疑母、今甘谷话读作［kĩ⁵⁵］或［ŋĩ⁵⁵］。

俄，行顷也。从人，我声。疑母。徐铉作五何切，疑母。此义今甘谷话不用，此字则读［kĩ³⁵］或［ŋĩ³⁵］。硪，古巖也。从石，我声。疑母。徐铉作五何切，疑母。今甘谷话不用。

峨，嵯峨也。从山，我声。疑母。徐铉作五何切，疑母。今甘谷话读作［kĩ³⁵］或［ŋĩ³⁵］。

涐，水出蜀汶江徼外，东南入江水。从水，我声。疑母。徐铉作五何切，疑母。今甘谷话不用。

娥，帝尧之女，舜妻娥皇字也。秦晋谓好曰娙娥。从女，我声。疑母。徐铉作五何切，疑母。今甘谷话读作［kĩ³⁵］或［ŋĩ³⁵］。

蛾，羅也。从虫，我声。疑母。徐铉作五何切，疑母。今甘谷话读作［kĩ³⁵］或［ŋĩ³⁵］

䖸，蚕化飞蟲。从䖵，我声。疑母。徐铉作五何切，疑母。今甘谷话读与“蛾”同。

我类共13字，自许慎至徐铉皆为疑母。今甘谷话读为一类：［K］或［ŋ］。在甘谷话中，疑母“我”谐声之字读如见母。

11. 義类

義，己之威仪也。从我、羊。羛，墨翟书義从弗。魏郡有羛陽鄉，读若錡，今属鄴，本内黄北二十里。疑母。徐铉作宜寄切，疑母。今甘谷话读作［ji⁵⁵］，同位相通，位同亦可相通，见、溪、群、疑故可互通。因此義、锜宜古可互通。

議，語也。从言，義声。疑母。徐铉作宜寄切，疑母。今甘谷话读作［ji⁵⁵］。

鸃，鵔鸃也。从鳥，義声。秦汉之初，侍中冠鵔鸃冠。疑母。徐铉作鱼羁切，疑母。今甘谷话不用。

檥，榦也。从木，義声。疑母。徐铉作鱼羁切，疑母。今甘谷话不用。或以为将某物附于他物上之“[ji^{51}] 住”，字当用“檥”。檥，附也，故或是。

䣙，臨淮徐地，从邑，義声。《春秋傳》曰：徐䣙楚。疑母。徐铉作鱼羁切，疑母。今甘谷话不用。

儀，度也。从人，義声。疑母。徐铉作鱼羁切，疑母。今甘谷话读作 [ji^{55}]。

㕒，厜㕒也。从厂，義声。疑母。徐铉作为鱼为切，疑母。今甘谷话不用。

轙，車衡載轡者。从車，義声。钀，轙或从金、从獻。疑母。徐铉作鱼绮切，疑母。今甘谷话不用。

義类共 8 字，自许慎至徐铉皆为疑母。其中“轙”字或体作“钀”，许慎认为从金、从獻，是为会意，獻不属于“亦声”。段玉裁注本以为“从金、獻”，亦以为会意，不过其注则谓“獻声与義声古合，音最近”，是以为“獻”亦声。段注盖自韵观之，而未察其声纽。古音獻为晓母，如段亦谓“獻”之声纽与“義”同，是谓晓母、疑母古合音近。

又“義”字“墨翟书義从弗”，字则“读若錡”，《金部》：“錡，鉏鎁也。从金。奇声。江淮之间谓釜曰錡”，奇类字多在溪母，奇与渠同声，在群母。是见系内部可相通之例。

今甘谷话中保留存活的義类字 3 个，俱读作 [j]，为疑母之继承。

12. 玉类

玉，石之美有五德：润泽以温，仁之方也；䚡理自外可以知中，義之方也；其声舒扬，专以远闻，智之方也；不桡而折，勇之方也；锐廉而不技，絜之方也。象三玉之连，丨，其贯也。疑母。徐铉作鱼欲切，疑母。今甘谷话读作 [ɥy^{55}]。玉类共 1 字。自许慎至徐铉皆为疑母。今甘谷话读作零声母 [ɥ]。

13. 牙类

牙，牡齿也。象上下相错之形。疑母。徐铉作五加切，疑母。今甘谷话读作 [tɕia^{35}]。

芽，萌芽也。从艸，牙声。疑母。徐铉作五加切，疑母。今甘谷话读作 [tɕia^{35}] 或 [ja^{35}]。

訝，相迎也。从言，牙声。《周礼》曰：诸侯有卿訝發。疑母。徐铉作吾驾切，疑母。今甘谷话读作［ja^{51}］。

迓，訝，或从辵。今甘谷话与“訝”分列而存，读作［ja^{51}］。

庌，廡也。从广，牙声。《周礼》曰：夏庌马。疑母。徐铉作五下切，疑母。今甘谷话不用。

牙类共5字，自许慎至徐铉皆为疑母。今甘谷话中还存在的有4字，其声母分读为［tɕ］、［j］两类。［j］为疑母在甘谷话中的直接继承结果，［tɕ］则与见母在甘谷话中的存在相同。

14. 矢——矣疑类

矢，弓弩矢也。从入，象镝、栝、羽之形。古者夷牟初作矢。书（审三）母。徐铉作式视切，审母。今甘谷话读作［Sɿ^{214}］。

疑，惑也。从子、止、匕，矢声。疑母。徐铉作语其切，疑母。今甘谷话读作［tɕi^{35}］或［ji^{35}］。

匙，未定也。从匕，戻声。戻，古文矢字。书（审三）母。徐铉作语期切，疑母。今甘谷话与“疑”字合。

薿，茂也。从艸，疑声。《诗》曰：黍稷薿薿。疑母。徐铉作鱼已切，疑母。今甘谷话不用。甘谷话谓草木或事物茂盛为［k ə̃^{214}］，或即此字。

嶷，小兒有知也。从口，疑声。《诗》曰：克岐克嶷。疑母。徐铉作鱼力切，疑母。今甘谷话不用。此意即甘谷话作［kuaI^{51}］，字作“鬼”，非是或即当“嶷”。

譺，騃也。从言，疑声。疑母。徐铉作五介切，疑母。今甘谷话不用。

儗，僭也。一曰相疑。从人、从疑。疑母。徐铉作鱼已切，疑母。字许慎不从疑声，但为疑母，亦列此。今甘谷话与“擬”字合，读作［tɕi^{35}］或［ji^{35}］。

嶷，九嶷山，舜所葬，在零陵营道。从山，疑声。疑母。徐铉作语其切，疑母。今甘谷话读作［ji^{35}］。

騃，馬行仡仡也。从馬，矣声。疑母。徐铉作五骇切，疑母。今甘谷话不用（“騃”字从“矣声”，“矣”字从“以声”，本不属此类，因“匙”字从“戻”，后写作“矣”，又“騃”字疑母，故列此。“以”字为喻三，“矣”从“以声”，与“騃”为疑母远)。

懝，騃也，从心、从疑，疑亦声。一曰惶也。疑母。徐铉作五既切，疑母。“譺”与“懝”许慎俱作“騃也”，“騃，马行仡仡也”，显与“言”、与“心”无关，或即后世之“唉”本字，则今甘谷话读作［kaI^{214}］或［ŋaI^{214}］，与见母在甘谷中的存在相同。

凝，冰，俗从疑（见后冰类)。疑母。徐铉作鱼陵切。疑母。徐铉曰：今作笔陵切，以为冰冻之冰。帮母。今甘谷话读作［tɕin^{35}］/［tɕ‘in^{55}］(甘谷话谓“凝固”之凝为［tɕin^{35}］，脂类冷却凝固为“凝住”，读［tɕ‘in^{55}］，“冰”则读［pin^{214}］)。如见（溪）母。

擬，度也。从手，疑声。疑母。徐铉作鱼己切，疑母。今甘谷话作［tɕi^{35}］或［ji^{35}］。

矢（矣疑）类共12字，按照许慎的观点，从谐声的角度放在一起有些牵强，但从疑母的角度来看，却是可以并列而比较的。在这11字当中，“矢”字自许慎至徐铉，皆为书（审三）母，今甘谷话读为［s］，其余诸字自许慎至徐铉皆为疑母。今甘谷话还存在的字，分读为［tɕ］（或包含一个［k］）与［j］两类，则显示在今甘谷话中，这类谐声字表现为见母和疑母两种声母。从谐声之初来看，则疑母字用书（审三）母谐声，又展示为书（审三）与疑母（甘谷话中表现为见与疑母互通）关系密切的倾向。

15. 原（厵）类

厵，水泉本也。从灥出厂下。原，篆文从泉。疑母。徐铉作愚袁切。疑母。今甘谷话字从“原”或“源”，读作［ɥan^{35}］。

蒝，艸木形，从艸，原声。疑母。徐铉作愚袁切，疑母。今甘谷话不用。

謜，徐語也。从言，原声。《孟子》曰：故謜謜而来。疑母。徐铉作鱼怨切，疑母。今甘谷话不用。

傆，黠也，从人，原声。疑母。徐铉作鱼怨切，疑母。今甘谷话读作［ɥan^{35}］，字从俗作“圆”。

願，大頭也。从頁，原声。疑母。徐铉作鱼怨切，疑母。今甘谷话读作［yan^{214}］，字从俗作“怨”；本字读如“愿”，作［yan^{55}］。

愿，謹也。从心，原声。疑母。徐铉作鱼怨切，疑母。今甘谷话读作

[yan⁵⁵]，义则为心愿，愿望字。

嫄，台國之女，周棄母字也。从女，原声。疑母。徐铉作愚袁切，疑母。今甘谷话（书面语）读作［yan³⁵］。

原类共7字，自许慎至徐铉皆为疑母。生存于今甘谷话中的，俱为零声母（［y］或［ч］）。

16. 斤（犷）类

斤，斫木也。象形。见母。徐铉作举欣切，见母。今甘谷话读作［tɕin²¹⁴］。

犷，犬吠声。从犬，斤声。见母（或疑母）。徐铉作语斤切，疑母。今甘谷话（书面语）读作［jin⁵⁵］。

菦，艸多皃。从艸，折声。江夏平春有菦亭。疑母（或见母）。徐铉作语斤切，疑母。今甘谷话中"艸多皃"人有读作［kiə²¹⁴］者，或以为即"菦"字（如"长得［kiə²¹⁴］的很"，或"草［kiə²¹⁴］得很"，义谓草长得茂盛；"草［kiə²¹⁴］满了"，义谓草长得多。如是，则为见母，从"斤声"）。又以为今甘谷话合"菦""蘵"二义而为一，读［k ə̃²¹⁴］而无字。

听，笑皃。从口，斤声。见母或疑母。徐铉作宜引切，疑母。今甘谷话此意不用此字，字作"吟"，读作［jin³⁵］。"听"则作"聽"之简化字，读作［tɕ ʻin²¹⁴］，如溪母。

沂，水出東海费東，西入泗。从水，斤声。一曰沂水出泰山，盖青州浸。见母或疑母。徐铉作鱼衣切，疑母。今甘谷话（书面语）读作［ji³⁵］。

垽，澱也。从土，沂声。见母或疑母。徐铉作鱼仅切，疑母。今甘谷话不用。

釿，劑断也。从金、斤。疑母（许慎不以为从斤声，但其字后世为疑母，其从斤声之他字相同，故亦列此）。徐铉作宜引切，疑母。今甘谷话有断木、折木之物为"平［tɕin⁵⁵］，或以为即"釿"字。若此，则"釿"与"斤"同音。

斤（犷）类共7字。许慎时或见母或疑母不明，但至徐铉俱作疑母（谐声字"斤"除外）。今甘谷话作［tɕ］、［j］两类、为见、疑二母之继承。

17. 豙类

豙，豕怒毛豎。一曰殘艾也。从豕、辛。疑母。徐铉作鱼既切，疑母。今甘谷话不用。

毅，妄怒也。一曰有决也。从殳，豙声。疑母（《集韵》豙或作毅）。徐铉作鱼既切，疑母。今甘谷话读作［ji^{35}］。

顡，癡不聰明也。从頁，豙声。疑母。徐铉作五怪切，疑母。今甘谷话不用（此义今甘谷话作“［jaŋ^{35}］”未知是否此字）。

藙，煎茱萸。从艸，顡声。《汉律》：會稽獻藙一斗。疑母。徐铉作鱼既切，疑母。今甘谷话不用。

豙类共 4 字，自许慎至徐铉皆为疑母。豙类字今甘谷话所用字读［j］，为疑母之余绪。

18. 五类

五，五行也。从二，阴阳在天地间交午也。疑母。徐铉作疑古切，疑母。今甘谷话读作［V^{51}］。

吾，我自称也。从口，五声。疑母。徐铉作五乎切，疑母。今甘谷话读作［V^{35}］（疑母字甘谷话多读［k］或［ŋ］，故今甘谷话第一人称［kĩ^{51}］或［ŋĩ^{51}］，及秦州、麦积区之第一人称［ŋu^{51}］应是从“吾”而来，与“我”之音合。而读［v^{35}］，似又后来从书面语中再次引入之音）。

萿，艸也。从艸，吾声。《楚词》有萿萧艸。疑母。徐铉作吾乎切，疑母。今甘谷话不用。

齬，齿不相值也。从齿，吾聲。疑母。徐铉作鱼举切，疑母。今甘谷话读作［y^{35}］。

语，论也。从言，吾声。疑母。徐铉作鱼举切，疑母。今甘谷话读作［y^{55}］。

敔，禁也。一曰乐器椌楬也，形如木虎。从攴，吾声。疑母。徐铉作鱼举切，疑母。今甘谷话不用。或以为今甘谷话之“勿”意，字当作“敔”，读［wə^{214}］。

梧，梧桐木。从木，吾声。一名櫬。疑母。徐铉作五胡切，疑母。今甘谷话读作［v^{35}］。

圄，守之也。从囗，吾声。疑母。徐铉作鱼举切，疑母。今甘谷话读作［y^{35}］。

郚，东海县，故纪侯之邑也。从邑，吾声。疑母。徐铉作五乎切，疑母。今甘谷话（书面语）读作［v^{35}］。

晤，明也。从日，吾声。《诗》曰：晤辟有摽。疑母。徐铉作五故切，疑母。今甘谷话读作［v^{55}］，为会晤字。

寤，寐也。从宀，吾声。疑母。徐铉作五故切，疑母。今甘谷话读作［v^{55}］，与“寤”同。

寤，寐觉而有信曰寤。从㝱省，吾声。一曰昼見而夜㝱也。疑母。徐铉作五故切，疑母。今甘谷话读作［v^{55}］。

伍，相参伍也。从人、从五。疑母。徐铉作疑古切，疑母。今甘谷话读作［v^{51}］。许慎不从“五声”，段玉裁以为“五亦声”。故列之。

悟，覺也。从心，吾声。疑母。徐铉作五故切，疑母。今甘谷话读作［v^{51}］。

浯，水出琅玡灵門壶山，东北入潍。从水，吾声。疑母。徐铉作五乎切，疑母。今甘谷话不用。

啎，逆也，从午，吾声。疑母。徐铉作五故切，疑母。今甘谷话读作［v^{51}］。

鋙，从金，吾声、(鉚，鉏鉚也，或从吾)。疑母。徐铉作鱼举切。疑母。今甘谷话不用。

五类共 17 字，自许慎至徐铉皆为疑母，今甘谷话读为［V］、［y］(［ɥ］) 两类（其中 2 字今甘谷话不用)。

19. 牛类

牛，大牲也。牛，件也；件，事理也。象角、頭、三封、尾之形也。疑母。徐铉作语求切，疑母。今甘谷话读作［$tɕiəu^{35}$］（亦读［$ȵiəu^{35}$］)。牛类 1 字。自许慎至徐铉皆为疑母。今甘谷话读作［tɕ］，如见母。

20. 隺类

隺，高至也。从隹，上欲出冂。《易》曰：夫乾隺然。匣母。徐铉作胡沃切，匣母。今甘谷话不用。

犨，白牛也，从牛，隺声。匣母（或疑母)。徐铉作五角切，疑母。今甘谷话不用。

隺类共 2 字。许慎时为匣母字作谐声的字，有读作疑母的，徐铉时也一样。2 字今甘谷话不用。

21. 軍类

軍，圜圍也。四千人为軍。从車、从包省。軍，兵車也。见母。徐铉作举云切，见母。今甘谷话读作［tɕyn^{214}］。

喗，大口也。从口，軍声。见母（或疑母）。徐铉作牛殒切，疑母。今甘谷话不用（“牛”读［tɕiou^{35}］）。

齳，无齿也。从齿，軍声。见母（或疑母）。徐铉作鱼吻切，疑母。今甘谷话不用。

倱，人姓。从人，軍声。见母（或疑母）。徐铉作吾昆切。疑母。今甘谷话不用。

軍类共 4 字。由軍谐声。軍为见母，3 字许慎时为见母或疑母、徐铉时除軍字外，其余 3 字为疑母。軍字今甘谷话读见母［tɕ］，其余 3 字不用。

22. 今类

今，是时也。从亼、从乛。乛，古文及。见母。徐铉作居音切，见母。今甘谷话读作［tɕin^{214}］。

金，五色金也。黄为之长，久薶不生衣，百炼不轻，从革不违，西方之行，生于土。从土左右注，象金在土中形。今声。见母。徐铉作居音切。见母。今甘谷话读作［tɕin^{214}］。

唫，口急也。从口，金声。见母或疑母。徐铉作巨锦切，群母；又牛音切，疑母。今甘谷读与“吟”同，又为［tɕin^{51}］（谓口急而语意不清、或口齿不清但啰嗦不已为“［kə̂^{214}tɕin^{51}tɕin］”，即此）。

吟，呻也。从口，今声。疑母。徐铉作鱼音切，疑母。今甘谷话读作［jin^{35}］。

趛，低头疾行也。从走，金聲。见母或疑母。徐铉作牛锦切，疑母。今甘谷话读作［tɕin^{51}］，字作“紧”，非是。

訡，吟或从音。

訡，吟或从言。

崟，山之岑崟也。从山，金声。见母或疑母。徐铉作鱼音切，疑母。今甘谷话读与“岑”同，作［ts‘ən^{35}］（岑，山小而高。从山，今声。崇（床二）母。徐铉作锄箴切，床母。今甘谷话读作［ts‘ən^{35}］）。

顉，低頭也。从頁，金声。《春秋傳》曰：迎于門，顉之而已。疑母或见母。徐铉作五感切，疑母。今甘谷话不用。

𡝐，含怒也。一曰難知也。从女，酓声。《诗》曰：硕大且𡝐。见母或疑母。徐铉作五感切，疑母。今甘谷话不用（酓字《说文》无，据《广韵》《集韵》，音与黶、檿、覃、崟、醶、猒、歓同，是知“酓”字当从酉，今声。故列此。又“念”字，《心部》云：“常思也。从心，今声”，是许慎时为见母或泥母，徐铉作奴店切，泥母。今甘谷话读作［tɕiɛn^{55}］，近为见母。则是疑母与泥母自古即近，故甘谷话泥母字常读如见母——因疑母与见母同系故。疑母与泥母近，泥母又与来母近，则来母与见母之近，亦由是耶？）

今类共10字，由见母“今”为谐声之初，许慎时见母、疑母或不区别，至徐铉，则多为疑母（但“唫”字犹见、疑二音），而今甘谷话中仍然保存的，分为［tɕ］、［j］二音，亦似见、疑二母。

23. 敖类

敖，出游也（重出，又作“游也”）。从出、从放。疑母。徐铉作五牢切，疑母。今甘谷话读作［kau^{35}］，此义字作“遨”。近于见母。

嗷，众口愁也。从口，敖声。《诗》曰：哀鸣嗷嗷。疑母。徐铉作五牢切，疑母。今甘谷话读作［kau^{35}］，如见母。

謷，不肖也。从言，敖声。一曰哭不止，悲聲謷謷。疑母。今甘谷话读作［kau^{35}］，如见母。

傲，倨也。从人，敖声。疑母。徐铉作五到切，疑母。今甘谷话读作［kau^{35}］，如见母。

顤，顤頟高也。从頁，敖声。疑母。徐铉作五到切，疑母。今甘谷话用为“傲”，读作［kau^{55}］，如见母。

嶅，山多小石也。从山，敖声。疑母。徐铉作五交切，疑母。今甘谷话不用。

驁，俊馬以壬申日死，乘馬忌之。从馬，敖声。疑母。徐铉作五到切，疑母。今甘谷话不用。

獒，犬如人心可使者。从犬，敖声。《春秋傳》曰：公嗾夫獒。疑母。徐铉作五牢切。疑母。今甘谷话读作［kau^{35}］，如见母。

熬，乾煎也。从火，敖声。疑母。徐铉作五牢切，疑母。今甘谷话读作［kau^{35}］，如见母。

滶，水出南阳鲁阳，入城父。从水，敖声。疑母。徐铉作五劳切，疑母。今甘谷话不用。

聱，（新附）不听也。从耳，敖声。徐铉作五交切，疑母。今甘谷话读与“傲”同，作［kau^{55}］，如见母。

嫯，侮易也。从女，敖声。疑母。徐铉做五到切，疑母。今甘谷话不用。

鼇，（新附）海大鼈也。从黽，敖聲。徐铉作五牢切，疑母。今甘谷话读作［kau^{35}］，如见母。

勢，健也。从力，敖声。读若豪，疑母或匣母。许慎明言“读若豪”，一可以理解为此字一音，虽以疑母“敖”谐声，但“读若豪”，为匣母，则匣、疑古通；二可以理解为此字二音，“读若豪”，是“敖”谐声字至许慎分裂为疑、匣二音。徐铉作五牢切，疑母。徐铉明知许慎“读若豪”，而作“五牢切”，是其字至徐铉明确为疑母。今甘谷话不用此字。

敖类共14字、其中新附2字。敖类本为疑母谐声，但“勢”字许慎明谓“读若豪”。为匣母，其余皆为疑母。由是，知许慎时代匣、疑二母可能关系仍然密切。至徐铉，则尽为疑母，匣、疑之间关系密切的痕迹已少了。今甘谷话中存在的本类字，俱为［k］，如见母，显示出见系内部关系之密切！

24. 古（敢）类

古，故也。从十、口，識前言者也。见母。徐铉作公户切，见母。今甘谷话读作［kjv^{51}］，如见母。

㪅（敢，古文作㪅，许慎从之。籀文作𣪘），進取也。从𠬪，古声。见母。徐铉作古览切，见母。今甘谷话读作［$kæ^{51}$］。

厰，崟也。一曰地名。从厂，敢声。见母或疑母。徐铉作鱼音切，疑母。今甘谷话读作［jan^{35}］，字作“岩”（巖）。

嚴，教命急也。从吅，厰聲。疑母。徐铉作语杴切。疑母。今甘谷话读作［$jæn^{35}$］。

𠵍，古文嚴（从古）。

噞，呻也。从口，嚴聲。见母或疑母。徐铉作五銜切，疑母。今甘谷话读如“吟”，作［jin^{35}］。（属于文读。“呻吟”义今甘谷话作［la^{214}， kən^{55}］，或以为［kən^{55}］字即“吟”，则“今”声与“吟”声俱为见母。或以为即“巗”，则“嚴”与“敢”同，俱为见母在今甘谷话中的保留。由是，见母、疑母古通）。

籢，惟射所蔽者也。从竹，嚴聲。见母或疑母。徐铉作语杴切，疑母。今甘谷话不用。

儼，昂頭也。从人，嚴聲。一曰好皃。疑母。徐铉作鱼俭切，疑母。今甘谷话读作［jæn^{35}］。

巖，岸也。从山，嚴聲。疑母。徐铉作五緘切，疑母。今甘谷话读作［jæn^{35}］（不过对“岸也”意义的“巖”，甘谷话用“［keI^{35}］”来指称，今写作“崖”，意亦与“高边也”相合，即今甘谷话中“岸也”、“高边也”都可用［keI^{35}］指称。而巖（岩）为书面语，是后起音，与［keI^{35}］不在同一层。如是，则今甘谷话中“巖”仍读见母）。

礹，石山也。从石，嚴聲。疑母。徐铉作五銜切，疑母。今甘谷话用与“巖”合，读作［jæn^{35}］。

古（敢、厰）类字共10字。自许慎至徐铉，分读见、疑二母。今甘谷话分读为［k］、［j］二声母，也是见、疑二母的继承。由此显示出见、疑二母的关系密切。

25. 匕（化）类

匕，變也。从到人。晓母。徐铉作呼跨切，晓母。今甘谷话与“化”合，读作［xuo^{55}］。

化，教行也。从匕、从人，匕亦聲。晓母。徐铉作呼跨切，晓母。今甘谷话读作［xuo^{55}］。

吪，動也，从口，化聲。《詩》曰：尚寐無吪。晓母或疑母。徐铉作五禾切，疑母。今甘谷话读作［kie^{214}］或［ŋẽ^{214}］（今甘谷谓幼儿睡觉不安静乱动为［kie^{214}］（或［ŋẽ^{214}］，正与《说文》引《诗》意同。杜甫有诗云“娇儿恶卧踏里裂”，自是多用“恶”为之，非是）。

囮，譯也。从口、化，率鳥者，繫生鳥以来之名曰囮。讀若譌。晓母或疑母（许慎明谓读疑母）。徐铉作五禾切，疑母。今甘谷话读作［jəu^{55}］（许慎云：“囮或从䌛”作圝，徐铉谓“又音由”，为余（喻四）母，今甘谷话正如是），只是字作“誘”，非是（此字许氏不以为“化聲”，涉及“化”，音又与下“訛”同，当为“化亦声”仅一字，故列此)。

鈋，吪圜也。从金，化聲。晓母或疑母。徐铉作五禾切，疑母。今甘谷话不用。

匕（化）类共 5 字，自许慎至徐铉，分为晓、疑二母。其中“囮”字许氏不以为“化声”，但异体作圝，其字显然从囗、繇声，比之囮，化当亦声。则喻、疑、晓三母近。今甘谷话分读［k］、［j］、［x］三声母，则见、疑、晓在甘谷话中关系仍较密切。

26. 吳（虞）类

吳，姓也，亦郡也。一曰：吳，大言也。从夨、口。疑母。徐铉作五乎切，疑母。今甘谷话读作［v^{35}］。

虞，騶虞也。白虎黑文，尾長於身，仁獸，食自死之肉。从虍，吳聲。《詩》曰：于嗟乎騶虞。疑母。徐铉作五俱切，疑母。今甘谷话读［ɥʏ^{35}］。

噳，麇鹿群口相聚皃。从口，虞聲。《詩》曰：麀鹿噳噳。疑母。徐铉作鱼矩切，疑母。今甘谷话不用。

誤，謬也。从言，吳聲。疑母。徐铉作五故切，疑母。今甘谷话读作［v^{55}］。

俁，大也。从人，吳聲。《詩》曰：碩人俁俁。疑母。徐铉作鱼禹切，疑母。今甘谷话不用。

娛，樂也。从女，吳聲。疑母。徐铉作噳俱切，疑母。今甘谷话读作［ɥʏ^{55}］。

吳（虞）类共 6 字，自许慎至徐铉皆为疑母。今甘谷话读［v］（或［ø］)、［ɥ］（或［ʏ］）两类，也是疑母的继承。

27. 僉类

僉，皆也。从亼、从吅、从从。《虞書》曰：僉曰伯夷。清母。徐铉作七廉切，清母。今甘谷话读作［tɕiæn^{51}］。如见母。

噞（新附），噞喁，魚口上见也。从口，僉聲。徐铉作鱼检切。疑母。今甘谷话不用。

顩，𪘾皃。从頁，僉聲。清母或疑母。徐铉作鱼检切，疑母。今甘谷话不用。

驗，馬名。从馬，僉聲。清母或疑母。徐铉作鱼窆切。疑母。今甘谷话读作［jæn^{55}］，不过其意已非“马名”而为“验证”了。

鹼，鹵也，从鹽省，僉聲。清母或疑母。徐铉作鱼欠切，疑母。今甘谷话读作［tɕiæn^{51}］，如见母。

醶，酢漿也。从酉，僉聲。清母或疑母。徐铉作鱼窆切，疑母。今甘谷话读作［tɕiæn^{51}］，与“鹼”字合。

僉类共 6 字，自许慎至徐铉分为清、疑二母。今甘谷话读为［j］与［tɕ］二个声母，为疑母和见母的继承读法。“僉”类字前面已有详细讨论，推见为见、来二母古关系密切。疑母与泥母、娘母近，亦与来母近，则见、来二母古音和今甘谷话中相近者，或即以疑母为中介和桥梁。

28. 屰类

屰，不顺也，从干下屮，屰之也。疑母。徐铉作鱼戟切，疑母。今甘谷话读作［tɕi^{35}］，字作“逆”。读如见母。

咢，譁訟也。从吅，屰聲。疑母。徐铉作五各切，疑母。今甘谷话读作［kɪ̃^{35}］（书面语），字作“谔”。甘谷话谓用言语威胁人曰“［kɪ̃^{35}］”，或“［ŋɪ̃^{35}］”，或即“咢”字。

逆，迎也。从辵，屰聲。關東曰逆，關西曰迎。疑母。徐铉作宜戟切，疑母。今甘谷话读作［tɕi^{35}］，如见母。

遻，相遇惊也。从辵、从咢，咢亦聲。疑母。徐铉作五各切，疑母。今甘谷话书面语读作［kɪ̃^{214}］，与“愕”字同，读如见母。

咢刂，刀劍刃也。从刀，咢聲。疑母（籒文咢刂从㓞，从各作㓞各，各当聲，见母）。徐铉作五各切，疑母。今甘谷话读作［kɪ̃^{214}］，字作锷（徐铉以为俗字）。

鄂，江夏縣，从邑，咢聲。疑母。徐铉作五各切，疑母。今甘谷话读作［kɪ̃^{214}］，如见母。

縌，綬維也。从糸，逆聲。疑母。徐铉作宜戟切，疑母。今甘谷话不用。

蚜，似蜥易，长一丈，水潜，吞人即浮，出日南。从虫，屰聲。疑母。徐铉作吾各切，疑母。今甘谷话读作［kɪ̃^{214}］（或［ŋɪ̃^{214}］），字作“鳄”，读如见母。

屰类共 8 字，自许慎至徐铉皆为疑母，其中咢刂字或体从“各”谐声，为见母。今甘谷话分读［k］、［tɕ］两个声母，皆为见母。

29. 气类

气，雲气也。象形。溪母。徐铉作去既切，溪母。今甘谷话读作[tɕ‘i^{55}]。

趍，直行也。从走，气聲。溪母或疑母。徐铉作鱼讫切，疑母。今甘谷话读作［tɕ‘i^{35}］（谓人直行不知趋避或作人生硬不顾他人习性和尊严为“趍头子”，今或作“齐头子”，非是）。

虓，虎皃。从虎，气聲。溪母或疑母。徐铉作语斤切，疑母。今甘谷话不用。

仡，勇壮也。从人，气聲。《周書》曰：仡仡勇夫。溪母或疑母。徐铉作鱼讫切，疑母。今甘谷话从书面语读作［tɕ‘i^{35}］或［ji^{35}］，字作“屹”。

圪，墙高也。《詩》曰：崇墉圪圪。从土，气聲。溪母或疑母。徐铉作鱼迄切，疑母。今甘谷话读作［ji^{35}］，字作“屹”。

气（乞）类共5字，自许慎至徐铉，分为溪母和疑母，今甘谷话读作［tɕ‘］，以溪母为主。偶读［j］，则从文读。是溪母、疑母关系密切。

30. 邍类

邍，高平之野，人所登。从辵、备、录。阙。未知。徐铉作愚袁切，疑母。今甘谷话读作［ɥæn^{35}］，字与“原”合（原，篆文厵。又别作源）。

邍类仅一字，许慎时不知何母。徐铉时为疑母。今甘谷话作“高原”意时读［ɥ］。

31. 御

御，使馬也。从彳、从卸。古文御从又、从馬，作馭。疑母。徐铉作牛据切，疑母，今甘谷语读作［ɥy^{55}］（“牛”读作［tɕiou^{35}］）。

籞，禁苑也。从竹，御声。《春秋傳》曰：澤之目籞。或从又，魚聲，作𩵖。疑母。徐铉作鱼举切，疑母。今甘谷话读作［ɥy^{55}］，字与“御”合。

鉏，鉏鋙也。从金，御聲。或从吾，作鋙。疑母。徐铉作鱼举切，疑母。今甘谷话不用。

御类共3字，自许慎至徐铉皆为疑母。今甘谷话读作［ɥ］，亦疑母之承绪。

32. 兼类

兼，并也，从又，持秝。兼持二禾，秉持一禾。见母。徐铉作古甜切，见母。今甘谷话读作［tɕiæn^{214}］。

𪙊，齒差也。从齒，兼聲。见母或疑母。徐铉作五銜切，疑母。今甘谷话不用。

䭑，頭頰長也。从頁，兼聲。见母或疑母。徐铉作五銜切，疑母。今甘谷话不用。

隒，崖也，从𨸏，兼聲。讀若儼。疑母（此例极特别，许慎既知“隒”从“兼聲”，又明谓“读若儼”，则知许慎明确知道“兼”与“儼”不同，是其时见母，疑母迥然不同）。徐铉作鱼检切，疑母。今甘谷话读作［jæn^{35}］，字则用“巖”。

兼类共4字，许慎及徐铉皆分为见、疑二母，今甘谷话分读为［tɕ］、［j］二声母，亦见，疑二母之承绪。见、溪之区别，自许慎已确知判然不同，但关系密切。

33. 虍类

虍，虎文也。象形。曉母。徐铉作荒乌切，晓母。今甘谷话读作［xjv^{51}］，字用“虎”。

鬳，鬲屬。从鬲，虍聲。晓母或疑母（自后“甗”字观之，许慎时当晓母）。徐铉作牛建切，疑母。今甘谷话不用。

齾，缺齒也。从齒，獻聲（獻，从犬，鬳聲。晓母或疑母。徐铉作许建切，晓母）。晓母或疑母。徐铉作五辖切，疑母，今甘谷话不用。

櫱，伐木餘也。从木，獻聲。《商書》曰：若顛木之有甹櫱。疑母。徐铉作五葛切，疑母。今甘谷话读作［tɕie^{214}］，字或从“節”，非是。又或以“截”，亦非是，因甘谷话读“截”为［tɕ‘ie^{35}］，与“櫱”迥别。

瀱，議辠也。从水，獻，與法同意。疑母（许慎不以为“獻声”，但其字与瀱结构倾向相同，又同属疑母，故列此）。徐铉作鱼列切，疑母。今母谷话读作［tɕie^{214}］，如“～了一个罪名抓了”。或以为“揑”字，非是。

甗，甑也。一日穿也。从瓦，鬳聲。讀若言。疑母（由是观之，在许慎时其，“鬳”与“言”可能迥别，所以才有“读若”之说）。徐铉作魚蹇切，疑母。今甘谷话不用。

轙，載高皃。从車，獻省聲。疑母。徐铉作五葛切，疑母。今甘谷话读作［jæn⁵¹］，或以为"掩"字，非是。

虍类共7字，许慎时分读为晓、疑二母，徐铉时虽亦分为晓、疑二母，但许慎时可能仍读晓母的字，至徐铉则多读疑母。今甘谷话分读为［x］、［tɕ］、［j］，依次为晓、见、疑母的余绪。

34. 兒类

兒，孺子也。从儿，象小兒頭囟未合。日母。徐铉作汝移切，日母。今甘谷话读作［zʅ³⁵］（文读［ɚ³⁵］），亦日母。

齯，老人齒。从齒，兒声。日母或疑母。徐铉作五鸡切，疑母。今甘谷话不用。

敓，戰也。从支，兒聲。日母或疑母。徐铉作五计切，疑母。今甘谷话不用。

鶃，鳥也。从鳥，兒聲。《春秋傳》曰：六鶃退飛。鶃或从鬲，作鷊。日母或疑母（鬲为来母，由鶃或作鷊，知日、疑母与来母在上古关系密切，读音相近）。徐铉作五历切，疑母。今甘谷话不用。

倪，俾也。从人，兒聲。疑母。徐铉作五鸡切，疑母，今甘谷话不用，有书面语，则从普通话而变读作［ȵĩ³⁵］。

厜，石地惡也。从厂，兒聲。日母或疑母。徐铉作五历切，疑母。今甘谷话不用。

鯢，刺魚也。从魚，兒聲。日母或疑母。徐铉作五鸡切，疑母。今甘谷话不用。书面语随普通话读作［ȵĩ³⁵］。

霓，屈虹，青赤，或白色，陰气也。从雨，兒聲。疑母。徐铉作五鸡切，疑母。今甘谷话不用（屈虹仍为虹，读［tɕiaŋ⁵⁵］），书面语从普通话读作［ȵĩ³⁵］。

蜺，寒蜩也。从虫，兒聲。疑母。徐铉作五鸡切，疑母。今甘谷话不用，书面语从普通话变读作［ȵĩ³⁵］。

輗，大車轅耑持衡者，从車，兒聲。輗或从宜，疑母，（宜为疑母，兒为日母，日母、疑母上古音近）。徐铉作五鸡切，疑母。今甘谷话不用，书面语从普通话变读作［ȵĩ³⁵］。

［附］隉，危也。从自、从毀省。徐巡以为隉，凶也；贾侍中说隉，

法度也；班固说，不安也。《周書》曰：邦之阢隉。讀若虹蜺之蜺。疑母（此字许慎不以为兒省声，固有“读若虹蜺之蜺”说，故附列此）。徐铉作五结切，疑母。今甘谷话不用。

兒类共 10 字，许慎分读日母和疑母。徐铉则除“兒”外，皆读疑母。今甘谷话多不用。以书面语读之，除“兒”读［z］（日母）外，其余读［ȵ］（为泥、娘母，而泥、娘母之一部常读如见母，作［tɕ］）。

35. 奇类

奇，異也。一曰不耦。从犬，从可。见母或溪母。徐铉作渠羈切，群母。今甘谷话读作［tɕ］或［tɕ‘］。

齮，齧也。从齒，奇聲。见、溪、群、疑四母之一。徐铉作鱼绮切，疑母。今甘谷话不用。

錡，鉏鉚也。从金，奇聲。江淮之間谓釜曰錡。见系四纽之一。徐铉作鱼绮切，疑母。今甘谷话不用。

奇类共 3 字。从后人研究成果看，“奇”字在上古时的声纽归属虽在见系内，但并不很明确。显示出系内部各纽之间的密切关系。奇类至中古为疑母的字，今甘谷话不用，无以比较。

36. 干类

干，犯也。从反入、从一。见母。徐铉作古寒切，见母。今甘谷话读作［kan^{55}］。

齗，齒皃。从齒，干聲。见母或疑母。徐铉作五版切，疑母。今甘谷话不用。

岸，水厓而高者。从屵、干聲。疑母。徐铉作五旰切，疑母。今甘谷话读作［kan^{55}］或［$ŋan^{55}$］，如见母或疑母。

豻，胡地野狗。从豸，干聲。见母或疑母。徐铉作五旰切，疑母。今甘谷话中不用（或以为甘谷话中老人谓小儿调皮，可爱之“蛮豻”为是——读作［$man^{35}kan^{213}$］，未详）。

騂，馬頭有發赤色者。从馬，岸聲。疑母。徐铉作五旰切，疑母。今甘谷话不用。

干类共 5 字。自许慎至徐铉，都反映出见、疑二母之间的密切关系。存在于今甘谷话中的，分为［k］、［ŋ］两类，也表现出见、疑之间的密切联系。

37. 交类

交，交脛也。从大，象交形。见母。徐铉作古爻切，见母。今甘谷话读作［tɕiau^{214}］。

齩，齧骨也。从齒，交聲。见母或疑母。徐铉作五巧切，疑母。今甘谷话读作［tɕiau^{51}］或［ȵiau^{55}］，字作“咬”。

交类共2字，中古读疑母的仅一字，而甘谷话读［tɕ］、［ȵ］二音，亦见、疑母关系密切的表现。

38. 豈类

豈，還師，振旅樂也。一曰欲也，登也。从豆，微省聲。溪母。徐铉作墟喜切，溪母。今甘谷话读作［tɕ‘i^{214}］，“還师振旅樂也”意则作凱，读作［k‘aI^{51}］（［tɕ‘i^{51}］、［k‘aI^{51}］古同音）。

微，隐行也。从彳，𢼸聲。《春秋傳》曰：白公其徒微之。明母。徐铉作無非切，微母。今甘谷话读作［ueI^{214}］。

𢼸，妙也。从人，从攴，豈省聲。明母。徐铉作無非切，微母。今甘谷话读作［ueI^{214}］，义与“微”合，字亦用“微”（徐铉说：“豈字从𢼸省，𢼸不应从豈省，盖传写之误，疑从耑省。耑，物初生之题，尚微也”，如此，则会意字。为保留原貌，我们存而不改）。

齝，齺牙也。从齒，豈聲。溪母或疑母。徐铉作五来切。疑母。今甘谷话不用。

敳，有所治也。从攴，豈聲。讀若豤。疑母、溪母或见母（豤，从豕，艮声。艮在见母）。徐铉作五来切，疑母。今甘谷话读若［k‘ən^{214}］（谓降服住人或用语言制服他人、用物或手段逼住别人为“［k‘ən^{214}］住了”，正“有所治也”之意）。此字徐铉作疑母，与许慎及后世不同，北京话读“豤”为［k‘ən^{214}］。而许慎明谓“敳读若豤，”而后世不从，读作疑母，亦可见见、溪二母与疑母之密切。而今甘谷话读“敳”为［kaI^{214}］或［ŋaI^{214}］。亦近见母（或疑母，又读［taI^{55}］，义不同此）。

殪，殺羊出其胎也。从歺，豈聲，溪母或疑母。徐铉作五来切，疑母，今甘谷话不用。

剴，大鎌也。一曰摩也。从刀，豈聲。溪母或疑母。徐铉作五来切，疑母。今甘谷话不用。

皚，霜雪之白也，从白，豈聲。疑母，徐铉作五来切，疑母。今甘谷话读作［kaI^{214}］或［ŋaI^{214}］，为见母或疑母。

顗，謹荘皃。从頁，豈聲。溪母或疑母。徐铉作鱼岂切，疑母。今甘谷话不用。

磑，䃺也，从石，豈聲，古者公输班作磑。溪母或疑母。徐铉作五对切，疑母。今甘谷话有用。

螘，蚍蜉也。从虫，豈聲。溪母或疑母。徐铉作鱼绮切，疑母。今甘谷话读作［ji^{55}］，字用“蟻”。

豈类共11字，其中微、敳二字与豈之间虽然许慎以为同谐声，但应当认为不属于同一声母。因此，在讨论声纽时，微、敳二字可以排除在外。其余以“豈”为谐声的字，至徐铉时皆读为疑母。这其中包括“敳”字。“敳”字王力先生明确归为疑母，而许慎明确指出，敳“读若豤”，也就是说，许慎认为，表示“有所治也”的“敳”字，应读如“豤”，豤从艮声，艮为见母。从艮声的字，见母、溪母、疑母都有，而“豈”字为溪母，那么许慎强调要读若的“豤”是什么？问题是，他为什么要强调这一点呢？唯一的可能，是“敳”字有两音。而这与后世相吻合（此字北京话读［aI^{35}］、［taI^{55}］二音）。今甘谷话读作［k‘ən^{214}］，与“豤”近，亦溪母之承绪。豈亦溪母，其余存在于今甘谷话中的，则读［k］或［ŋ］，是见母和疑母的继承。

39. 丯（㓞）类

丯，艸蔡也。象艸生之散亂也。讀若介。见母。徐铉作古拜切，见母。今甘谷话不用（或以为此即“艸不编狼藉”之本字。藉，祭藉也，与丯字义近。如是，则今甘谷话读［tɕ‘ie^{55}］、［tɕie^{55}］、［ɕi^{214}］三音）。

㓞，巧㓞也。从刀，丯聲。见母或溪母。徐铉作恪入切，溪母。今甘谷话读作［tɕ‘ia^{51}］，字用“恰”（新附：恰，用心也），如溪母。

齧，噬也。从齒，㓞聲。见母或疑母。徐铉作五结切，疑母。今甘谷话从书面语变读作［ȵiə^{214}］，少数人读作［tɕiə^{214}］。

丯（㓞）类共3字，涉及疑母的只一字。从谐声情况看，仍然是见系内部的关系，亦即见、溪、疑三母之间的关系。

40. 月类

月，闕也。大陰之精，象形。疑母。徐铉作鱼厥切，疑母。今甘谷话读作［yə^{214}］。

刖，断足也。从足，月聲。刖或从兀，作趴。疑母（兀亦疑母）。徐铉作鱼厥切，疑母。今甘谷话读作［yə²¹⁴］（书面语），字与“刖”合，用“刖”字。

刖，绝也。从刀，月聲。疑母，徐铉作鱼厥切，疑母。今甘谷话读作［yə²¹⁴］。

抈，折也。从手，月聲。疑母。徐铉作鱼厥切，疑母。今甘谷话读作［tɕyə²¹⁴］（或以为“撅”，非是。“撅，从手有所把也”，甘谷话谓折花为“［tɕyə²¹⁴］”花）。字用“撅”，误。由前所见，见母与疑母常通。又读作［uo³⁵］，如折花又称［uo³⁵］花，折树枝为［uo³⁵］树枝，则甘谷话疑母又读［u］开头音节之常态，［yə］与［uo］，音近（或以为字当“拗”非是。“拗，手拉也”），字用“拗”（不过“拗”之由［au］而［uo］，亦犹“凹”之读［au］与［uo］也，于音变规律切合）。

聉，墒耳也。从耳，月聲。疑母。徐铉作鱼厥切，疑母。今甘谷话不用。

䑝，船行不安也。从舟，从刖省，讀若兀。疑母（因从“刖”省，又疑母，故列此）。徐铉作五忽切，疑母。今甘谷话不用。

月类共6字，自许慎至徐铉皆为疑母，今甘谷话分读［y］、［u］开头的音节和辅音声母［tɕ］开头的音节，前两种为疑母在甘谷话中的常规状况，读作［tɕ］，则显示出见母与疑母在今甘谷话中的生存状况与相互关系。

41. 幵类

幵，平也。象二干对構，上平也。见母或疑母。徐铉作古贤切，见母。今甘谷话不用（今甘谷话中谓道路平坦，看似相近而到达不易之行路为［tɕiæ⁵⁵］，或以为即此）。

趼，獸足企也。从足，幵聲。见母或疑母。徐铉作五甸切，疑母。此义今甘谷话谓［tiə⁵⁵］，不知何字，或以为“垫”之变音，未详（或以为“蹀”字：蹀，蹀足也。《类篇》谓小步。徐铉引《唐韵》作徒叶切，拟为今普通话，正读如［tiə³⁵］）。

羿，羽之羿風，亦古诸侯也，一曰射師。从羽，幵聲。疑母。徐铉作五计切，疑母。今甘谷话读作［ji⁵¹］（书面语），字作羿，此字许慎或误。幵为阳声韵，羿为阴声韵，故其字不当从“幵声”。或当“从開省声”。《門部》：“開，張也，从門、从幵”，溪母。徐铉作若哀切，亦溪母。溪母谐声为疑母十分常见。但韵母不相符者少。

豜，獟犬也。从犬，幵聲。一曰逐虎犬也。见母或疑母。徐铉做五甸切，疑母。今甘谷话不用。

ⴹ，帝嚳䠶官，夏少康滅之。从弓，幵聲。《論語》曰：ⴹ善䠶。见母或疑母。徐铉作五计切，疑母。今甘谷话不用。

妍，技也。一曰不省録事。一曰難侵也。一曰惠也。一曰安也。从女幵聲。讀若研。疑母。徐铉作五坚切，疑母。今甘谷话读作［jan^{35}］。

幵类共 6 字。自许慎至徐铉皆分读为见、疑二母。今甘谷话中还存在的读作见（可能是）、疑二母继承下来的［tɕ］和［j］。

42. 臣类

臣，牵也，事君也。象屈服之形。禅母。徐铉作植邻切，禅母。今甘谷话读作［$tʂ‘ən^{35}$］。

嚚，語聲也。从㗊，臣聲。禅母或疑母。徐铉作语巾切，疑母。今甘谷话读作［$jaŋ^{51}$］、［$jəŋ^{51}$］或［$jiŋ^{51}$］（亦可读［jin^{51}］，甘谷话前后鼻韵尾不分），为应答之语声。

臣类共 2 字，作疑母的只 1 字，盖因韵同而谐，非关声也。

43. 各类

各，異辭也。从口、夂，夂者，有行而止之，不相聽也。见母。徐铉作古洛切，见母。今甘谷话读作［$k\tilde{i}^{214}$］。

詻，論訟也。《傳》曰：詻詻孔子容。从言，各聲。见母或疑母。徐铉作五陌切，疑母。今甘谷话不用。

頟，顙也。从頁，各聲。见母或疑母。徐铉作五陌切，疑母。今甘谷话读作［kaI^{214}］或［$ŋaI^{214}$］，字用“额”（徐铉曰：“今俗作额”）。如见母或疑母。

各类共 3 字，从许慎至徐铉分读见、疑二母；今甘谷话读为［k］、［ŋ］两个声母，亦见、疑二母之承绪，亦见见、疑二母关系之密切。

44. 多类

多，重也。从重夕。夕者，相繹也，故為多。重夕為多，重日為曡。端母。徐铉作得何切，端母。今甘谷话读为［$t\tilde{ə}^{214}$］。

宜，所安也。从宀之下，一之上，多省聲。端母或疑母。徐铉作鱼羁切，疑母。今甘谷话读作［$tɕi^{35}$］、［ji^{35}］二音。

誼，人所宜也。从言，从宜，宜亦聲。疑母。徐铉作仪寄切，疑母。今甘谷话读作［ji^{35}］。

多类共3字，“多”字自许慎至徐铉皆作端母，今甘谷话读作［t］，亦端母之承绪。其余二字自许慎至徐铉皆为疑母，今甘谷话读［tɕ］、［j］，则如见母和疑母。由“多”谐声而转读疑母，或在当时凭韵而谐，不关声母。而今甘谷话读疑母为见、疑二母。可见古时二者关系应很密切。

45. 厂类

厂，山石之厓巖，人可居，象形。晓母。徐铉作呼旱切，晓母。今甘谷话读作［$ɕiæn^{55}$］，字作“岘”或“现”，非是；又有读作［$tɕæn^{55}$］者，字亦作“岘”，亦非是。

彥，美士有文，人所言也。从彣，厂聲。晓母或疑母。徐铉作鱼变切，疑母，今甘谷话读作［$j\tilde{æ}^{55}$］。

諺，傳言也。从言，彥聲。疑母。徐铉作鱼变切，疑母。今甘谷话读作［$j\tilde{æ}^{55}$］。

雁，鳥也。从隹、从人，厂聲。讀若鴈。疑母。徐铉作五晏切，疑母。今甘谷话读作［$j\tilde{æ}^{55}$］。

鴈，鵝也。从鳥，厂聲。疑母。徐铉作五晏切，疑母。今甘谷话读与“雁”同。

顔，眉目之間也。从頁，彥聲。疑母。徐铉作五奸切，疑母。今甘谷话读作［$j\tilde{æ}^{55}$］。

厄，科厄木節也。从卩，厂聲。賈侍中説以為厄，裹也；一曰厄，盖也。见母或疑母（许氏引贾侍中说，“厄，裹也”，“厄，盖也”，当为声训，故在许慎，厄当见母，亦可读疑母。故“厄”从“厂声”，以声母相同谐声。至徐铉，不解谐声亦可由同声母——许慎之前见母、疑母感觉相同或极相近——而致，不必同韵，故疑曰：“厂非声，未详”）。徐铉作五果切，疑母。今甘谷话读作［kaI^{51}］，仍见母。

婐，婐妮也。一曰弱也。从女，厄声（“厄即厄字”）。疑母。徐铉作五果切，疑母。今甘谷话读作［luo^{35}］或［nuo^{35}］（［n］、［l］不分）。字作“娜”。

屵，岸高也。从山、厂，厂亦声。疑母。徐铉作五葛切，疑母。今甘谷话读作［kæ̃⁵⁵］，与“岸”同。

㷳，火色也。从火，雁聲。疑母。徐铉作五晏切，疑母。今甘谷话读［jæ̃²¹⁴］（谓火色曰“火［jæ̃²¹⁴］子”），字作“焰”（《火部》：“燄，火行微燄燄也”，由是知“火［jæ̃²¹⁴］子”之［jæ̃²¹⁴］当“㷳”义也）。

附：

广，因广為屋。象對剌高屋之形。讀若儼然之儼。疑母。段玉裁谓：“因厂为屋也，从厂，象對剌高之形，讀若儼然之儼”。徐铉作鱼俭切，疑母。今甘谷话不用（此字虽与“厂”不同，仅一字，今甘谷话又不用，附列于此）。

厂类共 10 字，除“厂”为晓母外，其余诸字自许慎至徐铉皆为疑母。今甘谷话“厂”读［ç］，为晓母之承绪。其余诸字分为［j］、［k］二类，则显示至今谷话中见、疑二母关系密切。

46. 匕类

匕，相與比叙也，从反人，匕亦所以用比取飯。一名柶。帮母。徐铉作卑履切，帮母，今甘谷话读作［pi⁵¹］，字作“比”“匕”二字。

旨，美也。从甘，匕聲。帮母或章（照三）母。徐铉做职雉切，章母（应为照母，为便于比较，我们仍用王力的划分名称）。今甘谷话读作［tsʅ²¹⁴］。

詣，候至也。从言，旨聲。章母或疑母。徐铉作五计切，疑母。今甘谷话读作［tsʅ²¹⁴］，读为章母。

匕类共 3 字，疑母字只有一个，当是谐声重韵轻声母的结果，今甘谷话甚至读“诣”仍为章母。

47. 為类

為，母猴也。其為禽好爪，爪，母猴象也，下腹母猴形。王育曰：爪，象形也。匣母。徐铉作薳支切，喻三母。今甘谷话读作［uaI⁵⁵］。

譌，譌言也。从言，為聲。《詩》曰：民之譌言。疑母。徐铉作五禾切，疑母。今甘谷话读作［kɪ̂²¹⁴］或［ŋɪ̂²¹⁴］。

僞，诈也。从人，為聲。疑母。徐铉作危睡切，疑母。今甘谷话读作［uaI⁵¹］。

為类共 3 字，自许慎至徐铉，分为匣（中古时分为匣、喻三二母）、疑二母。今甘谷话分读为［k］、［ŋ］和零声母，亦是见、疑二母关系密切的显现。

48. 業类

業，大版也，所以飾縣鍾鼓。捷業如鋸齒，以白畫之，象其鉏鋙相承也。从丵、从巾；巾，象版。《诗》曰：巨業維樅。疑母。徐铉作鱼怯切，疑母。今甘谷话读作［tɕiə²¹⁴］或［ȵiə²¹⁴］。

鄴，魏郡縣。从邑，業聲。疑母。徐铉作鱼怯切，疑母。今甘谷话读作［tɕiə²¹⁴］或［ȵiə²¹⁴］。

業类共2字。自许慎至徐铉皆为疑母。今甘谷话分读［tɕ］、［ȵ］二个声母，为见、泥（娘）母的余绪。

49. 支类

支，去竹之枝也。从手持半竹。端母。徐铉作章移切，章（照三）母（在徐氏，其时知、照或无别）。今甘谷话读作［tsɿ²¹⁴］，为知、照二母的承绪。

鬾，三足鍑也。一曰滫米器也。从鬲，支聲。端母或疑母。徐铉作鱼绮切，疑母。今甘谷话不用。

支类共2字，疑母仅1字，今甘谷话不用。无所比数。

50. 埶类

埶，種也。从坴，丮持種之（段玉裁作“从丮、坴，丮持種之）。《書》曰：我埶黍稷。疑母。徐铉作鱼祭切，疑母。今甘谷话读作［ji³⁵］，字用“藝”，简作“艺”。

槸，木相摩也。从木，埶聲，疑母。徐铉作鱼祭切，疑母。今甘谷话此义读作［kaŋ⁵¹］（疑母字甘谷话常读［k］），见母。未知是否即此字。后文“䖣，槸䖣不安也。”甘谷话读为“［tɕi⁵⁵］［tɕiə²¹⁴］不安”，又可谓“变［tɕi⁵⁵］［tɕiə²¹⁴］”，又读为“［ȵi⁵⁵］［ȵiə²¹⁴］，则当依此，义亦相通。

埶类共2字，自许慎至徐铉皆为疑母。今甘谷话确知之“埶”读［j］，为疑母之余绪。“槸”在今甘谷话中的存在状况不确定。

51. 圭类

圭，端玉也。上圜下方，公執桓圭，九寸；矦執信圭，伯執躬圭，皆七寸；子執穀璧，男執蒲璧，皆五寸，以封诸矦。从重土。楚爵有執圭。见母。徐铉作古畦切，见母。今甘谷话读作［kuaI⁵⁵］（书面语），亦见母。

厓，山邊也。从厂，圭聲。见母或疑母。徐铉作五佳切，疑母。今甘谷话读作［kaI³⁵］或［ŋaI³⁵］，如见母或疑母，字作“崖”。

［附］睚（新附），目際也。从目、厓。徐铉作五隘切，疑母。今甘谷话读作［ja³⁵］。

崖，高邊也。从屵，圭聲。见母或疑母。徐铉作五佳切，疑母。今甘谷话读作［kaI³⁵］或［ŋaI³⁵］，如见，疑二母。

圭类共 3 字，由见母谐声之“厓”“崖”二字，自许慎至徐铉皆为疑母，今甘谷话分为［k］或［ŋ］，为见、疑二母之余绪。

52. 皋类

皋，气皋白之進也。从夲、从白。禮祝曰皋，登謌曰奏，故皋、奏皆从夲。《周禮》曰：詔來鼓皋舞。皋，告之也。见母。徐铉作古劳切，见母。今甘谷话读作［kau⁵¹］，亦见母（或以为今甘谷话谓聊天、告白为“［kau⁵¹］话”，即此字。此为见母，“唠”为来母，或古同纽同源）。

翱，翱翔也。从羽，皋聲。见母或疑母。徐铉作五牢切，疑母。今甘谷话读作［kau³⁵］或［ŋau³⁵］。如见母或疑母。

皋类共 2 字，自许慎至徐铉，“翱”字由见母的“皋”得声，而读疑母，今甘谷话仍读见、疑两种声母。许慎曰“礼祝曰皋”，或即甘谷话聊天、相互告白之“［kau⁵¹］话”之本字，亦见母。

53. 犬类

犬，狗之有縣蹏者也。象形，孔子曰：視犬之字如畫狗也。溪母。徐铉作苦泫切，溪母。今甘话读作［tɕ‘yan⁵¹］，如溪母。

犽，鳥也。从隹，犬聲。睢陽有犽水。溪母或疑母。徐铉作五加切，疑母。今甘谷话不用。

犬类共 2 字，溪母“犬”谐声之字“犽”徐铉作疑母，许氏时未详，今甘谷话不用。

54. 獄类

獄，确也。从㹜、从言。二犬，所以守也。疑母，又溪母（獄，确也，属于声训，确为溪母或者彼时溪、疑二母相近难以区分）。徐铉作鱼欲切，疑母。今甘谷话读作［ɥy²¹⁴］，如疑母。

鸑，鸑鷟，鳳屬，神鳥也。从鳥，獄聲。《春秋》、《國語》曰：周之興也，鸑鷟鸣於岐山。江中有鸑鷟，似鳧而大，赤目。疑母，徐铉作五角切，疑母。今甘谷话不用。

嶽，東岱、南霍，西崋，北恒、中泰室，王者之所以巡狩所至。从山，獄聲。疑母。徐铉作五角切，疑母。今甘谷话读作［jə²¹⁴］。

獄类共3字。自许慎至徐铉皆为疑母。今甘谷话读为［ɥ］、［j］两种（一字不用），亦疑母之余绪。

55. 屮（㠯）类

屮，艸木初生也。象丨出形，有枝莖也。古文或以為艸字。讀若徹。透母。徐铉作丑列切，彻母。今甘谷话不用。

㠯，危高也。从𠂤，屮聲，讀若臬。疑母。徐铉作鱼列切，疑母。今甘谷话谓人从高处下看，或立于于高处为［liɛ⁵⁵］（甘谷话［l］、［n］不分，即如普通话读［nie⁵⁵］），不知是否即此字。

辥，辠也。从辛，㠯聲。疑母或心母。徐铉作私列切，心母。今甘谷话读作［tɕiə²¹⁴］或［ȵiə²¹⁴］。

鷨，鷞鷨也。从鳥，辥聲。心母或疑母。徐铉作鱼列切，疑母。今甘谷话不用。

糵，牙米也。从米，辥聲。疑母。徐铉作鱼列切，疑母。今甘谷话读作［tɕiə²¹⁴］或［ȵiə²¹⁴］。

蠥，衣服歌謡。艸木之怪谓之祅，禽獸蟲蝗之怪謂之蠥。从虫，辥聲。疑母。徐铉作鱼列切，疑母，今甘谷话读作［tɕiə²¹⁴］或［ȵiə²¹⁴］。

孽，庶子也。从子，辥聲。疑母。徐铉作鱼列切，疑母。今甘谷话不用其意而用其字，与“蠥”字意合，而用此字，读作［tɕiə²¹⁴］或［ȵiə²¹⁴］。

櫱，（巘之或体。）疑母。徐铉作五葛切，疑母。今甘谷话不用（或以为甘谷话谓木头余绪砍不烂为“顽［tɕiə²¹⁴］/［tɕin²¹⁴］子”即此字）。

屮类共7字，其中“屮”字为谐声，许慎为透母（“讀若徹”）。其余诸字自许慎至徐铉皆为疑母。今甘谷话中还使用的诸字读作［tɕ］或［ȵ］，是见母的疑（泥娘）母在甘谷话中的读法。

56. 歺类

歺，列骨之殘也。从半冎。讀若櫱岸之櫱。疑母。徐铉作五割切，疑母。今甘谷话谓敢于动刀刺人为［taI[51]］，字即用“歹”。

歺类仅此一字。

57. 臬类

臬，射準的也。从木、从自。疑母。徐铉作五结切，疑母。今甘谷话从书面语读作［tɕiə[214]］或［ȵiiə[214]］。

劓，刑鼻也。从刀，臬聲。《易》曰：天且刑。疑母。徐铉作鱼器切，疑母。今甘谷话从书面语读作［ji[51]］，字用或体“劓”。

𡰋，槷𡰋不安也。从出，臬聲。《易》曰：槷𡰋。疑母。徐铉作五结切，疑母。今甘谷话读作［tɕiə[214]］或［ȵiə[214]］，“槷𡰋”亦作为一词在今甘谷话中存在，指不安定、不安稳，故意捣乱、淘气等，如“变槷𡰋”，读作“变［tɕi[55]］［tɕiə[214]］/或［ȵi[55]］，［ȵiə[214]］。

寱，瞑言也。从㝱省，臬聲。疑母。徐铉作牛例切，疑母。今甘谷话从书面语作［ji[35]］，字作“呓”。

闑，門梱也。从門，臬聲。疑母。徐铉作鱼列切，疑母。今甘谷话不用（门梱、门橜、闑，一物三名，“谓当门中设木也”，“捆，门限也”，段氏所谓，今甘谷话皆不以“闑”名）。

甈，康瓠破罌。从瓦，臬聲。疑母。徐铉作鱼例切，疑母。今甘谷话读作［tɕiə[214]］或［ȵiə[214]］（今甘谷话中，烧器破伤谓之甈，水果木草中腐谓之康）。

臬类共 6 字，自许慎至徐铉皆为疑母。今甘谷话分为［tɕ］、［ȵ］、［j］，都是见、疑二母的余绪。

58. 虐类

虐，殘也。从虍，虎足反爪人也。疑母。徐铉作鱼约切，疑母。今甘谷话读作［je[214]］（今甘谷话“约”读作［je[214]］，“虐”亦读［je[214]］）。

瘧，熱寒休作。从疒，从虐，虐亦聲。疑母。徐铉作鱼约切，疑母。今甘谷话读作［je[214]］。

虐类共 2 字，自许慎至徐铉皆为疑母。今甘谷话读作［j］，亦源于疑母。

59. 虤类

虤，虎怒也。从二虎。疑母。徐铉作五闲切，疑母。今甘谷话不用。

虤类仅 1 字。

60. 䜌类

䜌，两虎爭聲。从虤、从曰。讀若慭。疑母。徐铉作语巾切，疑母。今甘谷话不用。

䜌类仅 1 字。

61. 㬎类

㬎，眾微杪也。从日中視絲。古文以為顯字。或曰眾口皃，讀若唫。唫，或以為繭。繭者，絮中往往有小繭也。见母（“唫”从“金声”，见母。“唫”为见母或疑母）或疑母。徐铉作五合切，疑母（“唫”字徐铉二音：一为巨锦切，群母；一为牛音切，疑母）。今甘谷话读作［ɕiæ^{51}］，字作“显（顯）”。

㬎类仅 1 字。㬎读若唫，唫从金声，见、疑本通。

62. 外类

外，遠也。卜尚平旦，今夕卜於事，外矣。疑母。徐铉作五会切，疑母。今甘谷话读作［uaɪ^{55}］。

外类仅 1 字。

63. 臾类

臾，束縛捽抴为臾。从申、从乙。余（喻四）母。徐铉作羊朱切，喻母。今甘谷话读作［ɥy^{35}］。

貴，物不賤也。从貝，臾聲。臾，古文蕢。余（喻四）或見母（“蕢”从貴声，既知与臾同韵，从“臾，古文蕢”，是否即知“臾”、“貴”同纽?）徐铉作居胃切，见母。今甘谷话读作［kuaɪ^{55}］。

僓，嫺也。从人，貴聲。一曰長皃。见母或透母、疑母。徐铉作吐猥切，又鱼罪切，分别为透母、疑母。今甘谷话读作［waɪ^{51}］（谓人慢慢而来为“［waɪ^{51}］上来”，正“嫺”之意）。

聵，聾也。从耳，貴聲。见母或疑母。徐铉作五怪切，疑母。今甘谷话读作［k ‘uaɪ^{51}］，如溪母。

臾类共 4 字，从许慎至徐铉，声纽俱不统一。可见此谐声组应以韵谐为主，似与声纽无关。今甘谷话读为［k］、［k ‘］、［ɥ］、［w］，亦可见其绪之相异不一也。不过四者尽可归入见系诸字在甘谷话中的遗留，却比较明确。

64. 垚（堯）类

垚，土高也。从三土。疑母。徐铉作吾聊切，疑母。今甘谷话读作

[jau^{35}]（人名），字作“垚”；因“土高”而得石的地名，字用“窑”，与“窑洞”义合，非，亦当用“垚”。

堯，高也。从垚在兀上，高遠也。疑母。徐铉作吾聊切，疑母。今甘谷话读作［jau^{35}］。

僥，南方有焦僥人，長三尺，短之極。从人，堯聲。疑母，徐铉用五聊切，疑母。今甘谷话不用。

顤，高長頭。从頁，堯聲。疑母。徐铉作五吊切，疑母。今甘谷话不用。

獟，狃犬也。从犬，堯聲。疑母。徐铉作五吊切，疑母。今甘谷话不用。

垚（堯）类共5字，自许慎至徐铉皆为疑母。今甘话中所用之字读为［j］，也是疑母在甘谷话中的遗留。

65. 卧类

卧，休也。从人、臣，取其伏也。疑母。徐铉作吾货切，疑母。今甘谷话读作［wə^{55}］。卧类仅1字。

66. 兀类

兀，高而上平也。从一在人上。讀若夐。茂陵有兀桑里。疑母（此处许说甚是可疑。《旻部》：“夐，营求也。从旻、从人在穴上。《商書》曰：高宗夢得说，使百工夐求，得之傅巖巖穴也。”“夐”为阳声韵（耕部）而“兀”为阴声韵（物部）。至徐铉时，“夐”作朽正切，晓母耕部，“兀”作五忽切，疑母物部，相去甚远，何以能够“读若”?）徐铉作五忽切，疑母。今甘谷话读作［v^{214}］，亦疑母之继承。

扤，動也。从手，兀聲。疑母。徐铉作五忽切，疑母。今甘谷话不用。

阢，石山戴土也。从𨸏、从兀，兀亦聲。疑母。徐铉作五忽切，疑母。今甘谷话不用（今甘谷话谓坡地、田野为［wo^{55}］，字作“凷”，或以为即“阢”之讹）。

兀类共3字，自许慎至徐铉皆为疑母（“兀”字“读若夐”，当晓母，不详）。今甘谷话中仍然存留之“兀”读［v］，亦疑母在甘谷话中的遗留。

67. 䀠类

䀠，目圍也。从䀠，丿，讀若書卷之卷。古文以為醜字。见母（“醜”

则昌（穿三）母）。徐铉作居倦切，见母。今甘谷话读作［tɕ‘yæ^55］，字作“圈”（今甘谷话读“牲口圈”之“圈”为［tɕ‘yæ^55］，亦犹读“啚”为［tɕ‘yæ^55］），又读［tɕ‘yæ̃^214］。

奰，大皃。从大，啚聲。或曰拳勇字。一曰讀若傿。见母、群母（拳）、影母（傿）。徐铉作乙献切，影母。今甘谷话分读为［jan^51］（大皃，如谓水多，水大为［p‘ə^214 jan^51］。［p‘ə^214］未详何字，或以为“波淹”，乃生造词，非是）、［tɕ‘yæ^35］（拳勇）、［jan^35］（傿）。

顓，顓頂也。从頁，奰聲。见母、群母、影母或疑母。徐铉作鱼怨切，疑母。今甘谷话不用。

啚类共3字。疑母仅1字。由见谐声，至“奰”而有多种读音，包括见母、群母和影母，而由“奰”再谐之字“顓”乃为疑母，又仅1字，则其谐声之由似与声母无关。

68. 岳类

岳，（嶽）古文，象高形。疑母。徐铉作五角切，疑母（许慎所列某字之古文，后世常有不同的音读，或分裂为不同的字（词），如“臾”与“蕢”，“啚”与“醜”等。故此类不并入“獄”（嶽）类）。今甘谷话读作［jə^214］。

頟，面前岳岳也。从頁，岳聲。疑母。徐铉作五角切，疑母。今甘谷话不用。

岳类共2字，实即1字。

69. 豕类

豕，彘也。竭其尾，故謂之豕。象毛、足，而後有尾。讀與豨同。桉：今世字誤以豕為彘，以彘為豕，何以明之？為啄、琢从豕，蠡从彘皆取其聲。以是明之。晓母（“读与豨同”）或书（审三）母（“豕”）（许慎此话甚不解。希、豨在晓母微部，豕在书（审三）母支部，声韵俱不同，而曰“读与豨同”。而从下文举例其自己主张来看，是说“啄、涿从豕”，而“啄、涿”却与“彘”音近；而“蠡从彘”，表明“蠡”与“彘”同，所以证明了“今世”将“豕”、“彘”二字互换，弄错了。但“豕”与“蠡——《说文》无此字，《正字通》同“蠡”——声、韵俱不同，“彘”与“啄琢”韵亦不同——彘在月部，啄、琢在屋部。反过来看，难道许慎时豕与豨声母相同？）。徐铉作丑六切，彻母。今甘谷话读作［Sʅ^214］。

㒸，从意也。从八，豕聲。晓母、书（审三）母或邪母。徐铉作徐醉切，邪母。今甘谷话读作［suaI[35]］（如满足心愿——“从意”——为［suaI[35]］了心愿了”），字作“遂”。

䫣，頭蔽䫣也。从頁，㒸聲。邪母或疑母。徐铉作五怪切，疑母。今甘谷话不用。

豖类共 3 字，疑母仅 1 字。

70. 氒𠯑（舌）类

氒，木本。从氏大於末。讀若厥。见母。徐铉作居月切，见母。今甘谷话不用（今甘谷话“木本”作［kən[214]］，字用“根”）。

𠯑，塞口也。从頁，氒省聲。见母。徐铉作古活切，见母。今甘谷话不用。

頢，短面也。从頁，𠯑聲。见母或疑母。徐铉作五活切，疑母；又下括切，匣母。今甘谷话不用。

氒𠯑类共 3 字，疑母仅 1 字。

71. 危类

危，在高而懼也。从厃，自卪止之。疑母。徐铉作鱼为切，疑母。今甘谷话读作［waI[214]］。

頠，頭閑習也。从頁，危聲。疑母。徐铉作语危切，疑母。今甘谷话不用（或以为“歪着头”之歪本当“頠”字）。

厃，仰也。从人在厂上。一曰屋梠也。秦謂之桷，齊謂之危。疑母（本字谐声，疑母只此一字，故附列于此）。徐铉作鱼毁切，疑母。今甘谷话不用（“屋梠”之义，正谓之“桷”）。

危（附“厃”）疑母字共 2 字，自许慎至徐铉皆为疑母，今甘谷话存者读作［w］，亦来自疑母。（“厃”亦同，今甘谷话不用）。

72. 鬼类

鬼，人所歸為鬼。从人，象鬼頭。鬼陰气賊害，从厶。见母，徐铉作居伟切，见母。今甘谷话读作［kuaI[51]］。

嵬，高不平也，从山，鬼聲。见母或疑母，徐铉作五灰切，疑母。今甘谷话读作［waI[51]］。

隗，隗隗也。从𨸏，鬼聲。见母或疑母。徐铉作五辠切，疑母。今甘谷话读作［waI[55]］（人名）。

鬼类共3字。见母谐声，而自许慎至徐铉皆分为见、疑二母。今甘谷话分为［k］、［w］，也来自见、疑二母。

73. 委类

委，委随也。从女，从禾。影母，徐铉作於诡切，影母。今甘谷话读作［waI^{51}］。

巍，高也。从嵬，委聲。影母或疑母。徐铉作牛威切，疑母。今甘谷话读作［waI^{214}］（“牛”字甘谷话读作［$\mathrm{tɕiəu}^{35}$］）。

委类共2字，疑母仅1字。

74. 喦类

喦，山巖也。从山、品。讀若吟。疑母（“吟”从“今声”，自见母谐而为疑母）。徐铉作五咸切，疑母。今甘谷话读作［$\mathrm{jæ̃}^{35}$］，字与“岩”合。

碞，磛喦也。从石、品。《周書》曰：畏于民碞。讀與巖同。疑母（碞、喦本不同。徐铉曰：“从品，与喦同意”。又仅1字，故列在一起）。徐铉作五衔切，疑母。今甘谷话不用。

喦（碞）类（各自）仅1字。

附、及类。

及，逮也，从又、从人。见母或群母。徐铉作巨立切，群母。今甘谷话读作［$\mathrm{tɕi}^{35}$］。

岌，山高皃。从山，及聲（新附字）。徐铉作鱼汲切，疑母。今甘谷话读作［$\mathrm{tɕi}^{35}$］。

及类“岌”为新附，附于此，疑母仅1字。

75. 見类

見，視也。从儿、从目。见母。徐铉作古甸切。见母。今甘谷话读作［$\mathrm{tɕiæ̃}^{35}$］。

硯，石滑也。从石，見聲。見母或疑母。徐铉作五甸切，疑母。今甘谷话读作［$\mathrm{jæ̃}^{55}$］。

見类共2字，疑母仅1字。

76. 示类

示，天垂象，見吉凶，所以示人也。从二，三垂：日、月、星也。觀乎天文以察時變，示神事也。船（床三）母。徐铉作神至切，床母。今甘谷话读作［sɿ55］。

狋，犬怒皃。从犬，示聲。一月犬難得。代郡有狋氏縣。讀又若銀。船（床三）母（示聲）或疑母（讀又若銀）。徐铉作语其切，疑母。今甘谷话从书面语读作［jin35］。

示类共 2 字。疑母仅 1 字。

77. 來类

來，周所受瑞麥來麰。一來二縫，象芒朿之形。天所來也，故為行來之來。《詩》曰：詒我來麰。来母。徐铉作络哀切，来母。今甘谷话读作［laɪ35］。

猌，犬張齗怒也。从犬，來聲。讀又若銀。来母或疑母（此字由“來”谐声，而许慎明曰“读又若銀”，是来母、疑母古通——或极相近）。徐铉作魚仅切，疑母。今甘谷话不用（我们因此认为，释守温三十字母将来母列入见系，可能是有根据的）。

憖，問也，谨敬也。从心，猌聲。一曰說也，一曰甘也。《春秋傳》曰：“昊天不憖。”又曰：“两君之士皆未憖。疑母。徐铉作鱼覲切，疑母。今甘谷话读［jin35］，字用“殷”。（今甘谷话谓人因敬人而积极跑动、服务为“殷勤”，重在表敬；表勤快之意用“脚勤”——脚读［tɕiɛ35］，如“接”）。

來类共 3 字。由来母谐声之字，为疑母，尤其是“猌”字，來声，而许慎明确说“读又若銀”，为疑母，其“又”者，或即针对“來聲”而言，由此，则来母与疑母古音极近，故见母与来母极易相通（因为见系内部四母互通为常）。如此，则疑母或为见系与来母最直接衔接之处。

78. 㹜类

㹜，两犬相齧也。从二犬。疑母。徐铉作语斤切，疑母。今甘谷话不用（“两犬相齧”，今甘谷话谓“［tʂ‘ɤ51］仗”，或以为“扯”字。不详）。

㹜类仅 1 字。

79. 云类

云，古文雲，省雨。匣母（喻三）。徐铉作王分切，喻母。今甘谷话读作［ɥən35］。

妘，大也。从大，云聲。匣母（喻三）或疑母。徐铉作鱼吻切，疑母。今甘谷话谓经怂恿使其自我膨大为“妘大”，后俗以为与土豆壅土使其大之意相合，用“壅大”字，又常谓“洋芋是壅大的”，故字用“壅”

（甘谷话［yn］［yŋ］不分），读作［ɥən^{214}］。

云类共 2 字，疑母仅 1 字。

80. 圉类

圉，囹圄，所以拘罪人。从幸、从囗。一曰：圉，垂也。一曰：圉人，掌馬者。疑母。徐铉作鱼举切，疑母。今甘谷话有地名“朱圉”，读作［ɥy^{55}］。

圉类仅 1 字。

81. 刀类

刀，兵也。象形。端母。徐铉作都牢切，端母。今甘谷话读作［tau^{214}］。

忍，怒也。从心，刀聲。讀若顡。端母或疑母（徐铉引李阳冰曰："刀非聲。当从刈省"。如是，则不属“刀”谐声）。徐铉作鱼既切。疑母。今甘谷话不用。

刀类共 2 字，疑母仅 1 字，谐声尚存疑。

82. 介类

介，畫也。从八、从人，人各有界。见母。徐铉作古拜切，见母。今甘谷话读作［tɕiə^{55}］，字作“界”。又有“介”为“绍介”，亦读作［tɕiə^{55}］。

忦，憂也。从心，介聲。见母或疑母。徐铉作五介切，疑母。今甘谷话不用。

介类共 2 字，疑母仅 1 字。

83. 冰类

冰，水堅也。从仌、从水。疑母或帮母。徐铉作鱼陵切，疑母。又曰："今作笔陵切，以为冰冻之冰，"为帮母。今甘谷话分作两字，一为“冰冻之冰”读作［pin^{214}］，如帮母；一为“俗冰从凝”之“凝”读作［tɕin^{35}］、［tɕ‘in^{55}］（脂凝如冰为“［tɕ‘in^{55}］住”）或［ȵin^{35}］，为见母或疑母。

冰类仅 1 字。

84. 魚类

魚，水蟲也。象形。魚尾與燕尾相似。疑母。徐铉作语居切，疑母。今甘谷话读作［ɥy^{35}］。

鱼类仅 1 字。

85. 𩺰类

𩺰，二魚也。疑母。徐铉作语居切，疑母。今甘谷话不用。

86. 亥类

亥，荄也。十月，微陽起接盛陰。从二。二，古文上字。一人男、一人女也。从乙，象裹子咳咳之形。《春秋傳》曰：亥有二首六身。匣母。徐铉作胡改切，匣母。今甘谷话读作［xaI^{55}］。

閡，外閉也。从門，亥聲。匣母或疑母。徐铉作五溉切，疑母。今甘谷话不用。

亥类共 2 字，疑母仅 1 字。

87. 出类

出，進也。象艸木益滋上出達也。昌（穿三）母。徐铉作尺律切，穿母。今甘谷话读作［tɕ‘jv^{214}］。

聉，無知意也。从耳，出聲。讀若孼。疑母（段玉裁注本作“读若孼，”孼为疑母）。徐铉作五滑切，疑母。今甘谷话“无知意也”有“［kua^{214}］子”一词，今人多以“瓜子”释之，或非是。“［kua^{214}］”为见母。与疑母古可通，故或即“聉”之今读。未详。

出类共 2 字，疑母仅 1 字。

88. 癸类

癸，冬時水土平，可揆度也。象水中四方流入地中之形。癸承壬，象人足。见母。徐铉作居诔切，见母。今甘谷话读作［kuaI^{51}］。

闋，事已閉門也。从門，癸聲。见母或溪母。徐铉作倾雪切，溪母，今甘谷话读［tɕ‘jε̂^{55}］，或从书面语读作［tɕ‘yə^{51}］（今甘话从里面关门、顶门、栓门总称为［tɕ‘iε̂^{55}］，如“把门［tɕ‘iε̂］住”，似溪母，正此意。）。

䎕，吴楚之外凡無耳者謂之䎕，言若斷耳為盟。从耳，闋聲。溪母或疑母。徐铉作五滑切，疑母。今甘谷话读作［wə^{35}］，字作“娃”，误（如被狼咬去耳朵谓之“狼咬［wə^{35}］”）。

癸类共 3 字。疑母仅 1 字。

89. 壬（𡈼）类

壬，善也。从人士，士，事也。一曰象形，物出地，挺生也。透母或定母（廷挺等在定母）。徐铉作他鼎切，透母。今甘谷话读作［tɕ‘in^{51}］，字作“挺”。

巠，水脈也。从川在一下；一，地也。壬省聲。一曰水冥巠也。见母。徐铉作古灵切，见母，今甘谷话读作［tɕin^{214}］，字作“经”。

娙，長好也。从女，巠聲。见母或疑母。徐铉作五茎切，疑母。今甘谷话不用。

壬类共3字，疑母仅1字。

90. 瓦类

瓦，土器已烧之总名。象形。疑母。徐铉作五寡切，疑母。今甘谷话读作［wo^{51}］。

瓦类仅1字。

91. 匃类

匃，气也。逯安説亡人為匃。见母。徐铉作古代切，见母。今甘谷话不用。

曷，何也。从曰，匃聲。见母或匣母。徐铉作胡葛切，匣母。今甘谷话读作［xê^{35}］。

堨，壁間隙也。从土，曷聲。讀若謁。匣母或影母。（“謁”在影母）。徐铉作鱼列切，疑母。今甘谷话不用。甘谷话谓“壁间隙”为［jin^{55}］或“谒”对转而来。

匃类共3字，徐铉疑母仅1字。“堨”字许慎以为“读若谒”，“谒”为影母字，而至徐铉读作疑母。是影母字有分裂入中古疑母抑或“谒”字上古亦疑母，而后人误入影母。

92. 所类

所，二斤也。从二斤。疑母。徐铉作语斤切，疑母。今甘谷话不用。

所类仅1字。

93. 君类

君，尊也。从尹發號，故从口。见母。徐铉作举云切，见母。今甘谷话读作［tɕyən^{214}］。

輑，軺車前横木也。从車，君聲。讀若帬，又讀若褌。见母（“君”、“褌”二字在见母）、群母（“帬”在群母）或疑母。徐铉作牛尹切，疑母。今甘谷话不用（“牛”字今甘谷话读作［tɕiəu^{35}］）。

君类共 2 字，疑母仅 1 字。以许慎“輑”作“君声”，“读若帬，又读若褌（幝）”来看，见、溪、群、疑一系内部在上古常可互通。

94. 隉类

隉，危也。从𠂤、从毁省。徐巡以為：隉，凶也。贾侍中說：隉，法度也。班固說：不安也。《周書》曰：邦之阢隉。讀若虹蜺之蜺。疑母。徐铉作五结切，疑母。今甘谷话不用（“蜺”字今甘谷话读作［tɕi³⁵］）。

隉类仅 1 字。

95. 𦥔类

𦥔，盛皃。从孨、从日。讀若薿薿，一曰若存。疑母（“薿”在疑母），或从母（“存”在从母）。徐铉作鱼纪切，疑母。今甘谷话读作［kî²¹⁴］或［ŋî²¹⁴］）（如庄稼茂盛、草木繁茂谓“长得𦥔［kî²¹⁴］）。”读见母或疑母（此音在甘谷话中实际上包括“薿”“莻”“𦥔”三字）。

𦥔类只 1 字。由今甘谷话来看，其内部源于上古见系的字，见母、疑母常可互通。

96. 午类

午，啎也。五月陰气午逆，陽冒地而出。此予矢同意。疑母。徐铉作疑古切，疑母。今甘谷话读作［V⁵¹］。

午类仅 1 字。

三　涉疑母谐声关系分析

上述疑母字，从谐声角度归类，共分为 96 个小类。为便于直接比较和分析，我们列谐声字与所谐字之间声母异同比较表如下。

谐声字			所谐字疑母情况		
序号	谐声字	声母	许慎	徐铉	今甘谷话
1	元	疑	疑$_9$	疑$_9$	ɥ　w
2	御	疑	疑$_3$	疑$_3$	ɥ
3	艮	见	疑$_5$	疑$_5$	k　tɕŋ。x　j　w
4	辛	溪	疑$_2$	疑$_2$	j　k

续表

谐声字			所谐字疑母情况		
序号	谐声字	声母	许慎	徐铉	今甘谷话
5	乂	疑	疑$_4$	疑$_5$	jŋk
6	昗	见	见$_1$疑$_1$	见$_1$疑$_1$	无
7	亂	来	疑$_1$来$_2$	来$_1$疑$_1$	l
8	卬	疑	疑$_8$	疑$_8$	tɕ　j　k　ŋ
9	禺	疑	疑$_{15}$	疑$_{15}$	ɥ　k　ŋ
10	我	疑	疑$_{13}$	疑$_{13}$	k　ŋ
11	義	疑	疑$_8$	疑$_8$	j
12	玉	疑	疑$_1$	疑$_1$	ɥ
13	牙	疑	疑$_5$	疑$_5$	tɕ　j
14	矢	书	疑$_{10}$书$_1$	疑$_{11}$	s　tɕ　j　k/ŋ
15	原	疑	疑$_7$	疑$_7$	ɥ　ø
16	斤	见	见$_6$疑$_5$	疑$_6$	tɕ　k　j　tɕ‘
17	豪	疑	疑$_4$	疑$_4$	j
18	五	疑	疑$_{17}$	疑$_{17}$	v　ø
19	牛	疑	疑$_1$	疑$_1$	tɕ/ȵ
20	雈	匣	匣$_1$　疑$_1$	匣$_1$疑$_1$	无
21	軍	见	见$_4$　疑$_3$	见$_1$疑$_3$	tɕ
22	今	见	见$_8$　疑$_6$	见$_2$疑$_6$	tɕ
23	敖	疑	疑$_{11}$　匣$_1$	疑$_{14}$	k
24	古	见	见$_5$疑$_3$	见$_2$　疑$_8$	k　j
25	乇	晓	晓$_5$　疑$_3$	晓$_2$　疑$_3$	x　k/ŋ　j
26	吴	疑	疑$_6$	疑$_6$	v　ɥ
27	僉	清	清$_5$　疑$_4$	清$_1$　疑$_5$	tɕ　j
28	屰	疑	疑$_8$	疑$_8$	tɕ　k
29	气	溪	溪$_5$疑$_4$	溪$_1$　疑$_4$	tɕ‘　j
30	䡾	疑	未详或疑母	疑$_1$	ɥ
31	御	疑	疑$_3$	疑$_3$	ɥ
32	兼	见	见$_3$　疑$_3$	见$_1$疑$_3$	tɕ j
33	虍	晓	晓$_3$　疑$_6$	晓$_1$疑$_6$	x　tɕ　j
34	兒	日	日$_6$　疑$_9$	日$_1$疑$_9$	z　ȵ　tɕ

续表

谐声字			所谐字疑母情况		
序号	谐声字	声母	许慎	徐铉	今甘谷话
35	奇	见/溪	见$_3$溪$_3$群$_2$疑$_2$	群$_1$疑$_2$	tɕ tɕʻ
36	干	见	见$_3$　疑$_4$	见$_1$疑$_4$	k　ŋ
37	交	见	见$_2$　疑$_1$	见$_1$疑$_1$	tɕ ȵ
38	豈	溪	溪$_9$明$_2$见$_1$疑$_7$	溪$_1$微$_2$疑$_8$	tɕʻ kʻ ø k/ŋ j
39	丯	见	见$_3$溪$_1$疑$_1$	见$_1$溪$_1$疑$_1$	tɕ tɕʻ ȵ
40	月	疑	疑$_6$	疑$_6$	ø　tɕ
41	幵	见/疑	见$_4$　疑$_6$	见$_1$疑$_5$	tɕ j　t（?）
42	臣	禅	禅$_2$　疑$_1$	禅$_1$疑$_1$	tʂʻ　j
43	各	见	见$_3$　疑$_2$	见$_1$疑$_2$	k/ŋ
44	多	端	端$_2$　疑$_2$	端$_1$疑$_2$	t　tɕ j
45	厂	晓	晓$_2$见$_1$疑$_9$	晓$_1$疑$_9$	ɕ/tɕ　j k l
46	匕	帮	帮$_2$章$_2$疑$_1$	帮$_2$章$_2$疑$_1$	P　ts
47	為	匣	匣$_1$疑$_2$	喻三$_1$疑$_2$	ø　k/ŋ
48	業	疑	疑$_2$	疑$_2$	tɕ/ȵ
49	支	端	端$_2$疑$_1$	章$_1$疑$_1$	ts
50	埶	疑	疑$_2$	疑$_2$	ø　k
51	圭	见	见$_3$疑$_2$	见$_1$疑$_2$	k/ŋ　ø
52	皋	见	见$_2$疑$_1$	见$_1$疑$_1$	k/ŋ
53	犬	溪	溪$_2$疑$_1$	溪$_1$疑$_1$	tɕʻ
54	獄	疑	疑$_3$	疑$_3$	ø
55	屮	透	透$_1$疑$_7$心$_1$	彻$_1$疑$_5$心$_1$	l /n　tɕ/ȵ
56	歺	疑	疑$_1$	疑$_1$	t
57	臬	疑	疑$_6$	疑$_6$	ø ȵ/ tɕ
58	虐	疑	疑$_2$	疑$_2$	j
59	虤	疑	疑$_1$	疑$_1$	无
60	𣌭	疑	疑$_1$	疑$_1$	无
61	縣	见/疑	见$_1$疑$_1$	疑$_1$	无
62	外	疑	疑$_1$	疑$_1$	ø
63	臾	余	余$_2$见$_3$透$_1$疑$_2$	喻$_1$见$_1$疑$_2$透$_2$	w k kʻ
64	垚	疑	疑$_5$	疑$_5$	ø

续表

谐声字			所谐字疑母情况		
序号	谐声字	声母	许慎	徐铉	今甘谷话
65	卧	疑	疑$_1$	疑$_1$	ø
66	兀	疑	疑$_3$	疑$_3$	v
67	敫	见/昌	见$_3$昌$_1$群$_2$影$_1$疑$_1$	见$_1$影$_1$疑$_1$	tɕ ‘ j
68	岳	疑	疑$_1$	疑$_1$	j
69	豖	晓/书	晓$_2$书$_2$邪$_2$疑$_1$	彻$_1$邪$_1$疑$_1$	s
70	乖	见	见$_3$疑$_1$	见$_2$疑$_1$匣$_1$	无
71	危（户）	疑	疑$_3$	疑$_3$	w
72	鬼	见	见$_3$疑$_2$	见$_1$疑$_2$	k w
73	委	影	影$_2$疑$_1$	影$_1$疑$_1$	w
74	咢	疑	疑$_2$	疑$_2$	j
75	见	见	见$_2$疑$_1$	见$_1$疑$_1$	tɕ j
76	示	船	船$_2$ 疑$_1$	床$_1$ 疑$_1$	s j
77	來	来	来$_2$ 疑$_2$	来$_1$ 疑$_2$	l j
78	㹜	疑	疑$_1$	疑$_1$	无
79	云	匣	匣$_2$ 疑$_1$	喻$_1$ 疑$_1$	ɥ
80	圉	疑	疑$_1$	疑$_1$	ɥ
81	刀	端	端$_2$ 疑$_1$	端$_1$ 疑$_1$	t
82	介	见	见$_2$ 疑$_1$	见$_1$ 疑$_1$	tɕ
83	冰	疑/帮	帮$_1$ 疑$_1$	帮$_1$ 疑$_1$	p tɕ/ȵ
84	魚	疑	疑$_1$	疑$_1$	ɥ
85	鱻	疑	疑$_1$	疑$_1$	无
86	亥	匣	匣$_2$ 疑$_1$	匣$_1$ 疑$_1$	×
87	出	昌	昌$_1$ 疑$_1$	穿$_1$ 疑$_1$	tɕ ‘jv
88	癸	见	见$_2$ 溪$_2$ 疑$_1$	见$_1$ 溪$_1$ 疑$_1$	k tɕ ‘ ø
89	壬（𡈼）	透/定	透/定$_1$见$_2$ 疑$_1$	透$_1$ 见$_1$ 疑$_1$	tɕ ‘ tɕ
90	瓦	疑	疑$_1$	疑$_1$	w
91	匃	见	见$_2$ 匣$_2$影$_1$	见$_1$ 匣$_1$ 疑$_1$	×
92	所	疑	疑$_1$	疑$_1$	无
93	君	见	见$_2$ 群$_1$ 疑$_1$	见$_1$ 疑$_1$	tɕ
94	隉	疑	疑$_1$	疑$_1$	无

续表

谐声字			所谐字疑母情况		
序号	谐声字	声母	许慎	徐铉	今甘谷话
95	沓	疑/从	疑$_1$　从$_1$	疑$_1$	k/ŋ
96	午	疑	疑$_1$	疑$_1$	v

由表中信息可以看出，96类疑母谐声字，由疑母字谐声的48类，正好一半，占50%；由见母字谐声的22类，占23%；由溪母字谐声的4类，占4%；来母字谐声的1类，占1%；书母字谐声的2类，占2%；匣母字谐声的4类，占4%；晓母字为谐声的4类，占4%；清母字谐声的1类，占1%；日母字为谐声的1类，占1%；禅母字为谐声的1类，占1%；端母字为谐声的2类，占2%；帮母字为谐声的2类，占2%；透母字为谐声的2类，占2%；余母字为谐声的1类，占1%；昌母字为谐声的2类，占2%；影母字为谐声的1类，占1%；船母字为谐声的1类，占1%；定母字为谐声的1类，占1%；从母字为谐声的1类，占1%。

以同部位归类情况如下：

见系75类，占78%；

章系5类，占5%；

影系10类，占10%；

精系2类，占2%；

照系1类，占1%；

端系5类，占5%；

帮系2类，占2%；

来母1类，占1%；

日母1类，占1%。

这种搜检与统计结果，对于说明来母与见系之间的关系本身没有多少意义。虽然“来”字本身为谐声的有作为疑母的字，但因为只有1例，不能说明来母与疑母关系亲密的证据。但上述统计表明，至少到了许慎时代，谐声字与所谐字之间仍然是要声母相同或相近的——而不仅仅是韵母相同或相近。正因为如此，疑母字到许慎时代，78%仍然保持了谐声的相同（都是疑母）或相近（见母或溪母）。而这种情况至少保持到徐铉所引用的《唐韵》时代。考虑到《唐韵》与《切韵》的关系（而《切韵》又以魏晋南北朝音为主，存古意识突出），我们至少可以说从汉至南北朝，汉字谐声与所谐声之间的声母基本上是相同或相近的，至少，疑母字的情况就是如此。

这一点十分重要，因为它可以为我们提供理由，认为前边从谐声来考察见母（见系）与来母之间的关系是可靠的。至少其主要部分是可靠的（当然，这一结论不是我们才首次发现的，但因为我们要考察下述内容而对疑母谐声关系进行的考察，再一次证明了这一点。更何况我们本身在考察来母与包括疑母在内的整个见系的关系，从而使这一工作仍然具有突出的意义）。

但是，上述结果也表明，疑母字谐声与所谐之间，其声母方面也存在两方面突出的问题：一是在见系内部，除了疑母谐疑母外，为什么见母要比溪母、群母更广泛呢？其中见母 22 类，溪母只有 4 类，而群母索性不出现？难道四者之间，见、疑之间更密切吗？难道那时候见母与疑母更像吗？二是仍然有 22% 的谐声来自其他声母，它们之间纯粹是只考虑韵母相同（同声必同部，既是同部，那主要元音应该是相同的）而忽略了声母的相同要求吗？还是有一些谐声也展示了声母的相近呢？比如影系中晓母 4 类、匣母 4 类，都是偶然吗？

这些问题的解释尝试，可能有益于进一步说明来母字的谐声为什么和我们前边所证明的那样，与见母（见系）有那样密切的关系。

当然，想要说明、弄清这些问题是不易的，因为最大的障碍是古人不能复苏张口说话，因此无法找到直接的证据和材料。不仅如此，古人连一些声音的记录也没留下。

但是，这一问题并非没有办法可想。语言总是继承的，所以，我们还可以从活着的语言入手，去寻找可能的有用的材料。这活的语言，就是方言。前边我们汇报过，在做这一工作之前，我们对自己所在地的方言做了调查，发现今甘谷话中保存了一批与秦汉时期一样的语音材料。证明今甘谷话中“古音犹存”（例如“检”与“敛”，“吕”与“拒”的同声母）。所以我们将引入今甘谷话中一些相关声母的音读，来寻找可以对照用的蛛丝马迹。

我们从上述归纳总结中发现，在见系内部，群母与疑母读音（如果拟测的话）区别最大，其次是溪母，而见母和疑母应该最像，最接近。加以猜测，由于见母是全清，自然与次清的溪母关系最密切，而疑母为次浊，浊音特质自然不如群母那样强烈，就有与见母靠近的可能，但是是不是说与同为浊音的群母反而远呢？那么什么样的音素可以这样呢？学者们多拟疑母为［ŋ］，见为［k］，溪为［k‘］，群为［g］，能不能对此有解释功能呢？［ŋ］与［k］近，与［g］远吗？这一中古情况与上古相近吗？

另一个可以参考的是影系的晓母和匣母，学者拟晓为［x］，匣为［ɣ］。［ŋ］与此二者也相对接近吗？

而表中归纳的结果，要求疑母与见、溪、晓、匣四母相近，那么，这五者中间是放散式的相近——即没有递系关系——呢，还是有一个传递过程——即相近程度表现为甲——乙——丙——丁——戊——呢，抑或是以某为“桥”呢？比如是否可以设想：这些相近的音都以见母为桥梁呢？而这些猜测，都可能会影响到我们的拟测和理解。

第二节　《说文》涉疑母谐声字在今甘谷话中的发展

一　96类字在今甘谷话中的声母

前列96类疑母谐声字组，整体上，今甘谷话分读为（国际音标符号，为节省篇幅，集中陈列时不加方括号）：k、k‘、x、tɕ、tɕ‘、ɕ、ȵ、ŋ、s、z、l、tʂ‘、ts、v、j、w、ɥ、t、p、ø。

这些声母是今甘谷话中还存在的字（词）的声母，当然还有相当一些字在今甘谷话中不用，或者由于我们能力有限未能确认。

下边，我们利用前人的研究成果，对古疑母字和今甘谷话中的读音展示如下（我们利用王力先生所归纳的上古声母字表与今甘谷话作一比较）：

（1）［tɕ］：牙芽业倪霓拟逆疑咬凝眼（其中一些字文白异读，凡异读者，重复列出。后同）

（2）［j］：牙芽衙涯崖讶业虐疟岳乐宜仪疑嶷蚁艺刈羿谊义议劓屹岩严颜言研妍俨眼验雁彦谚啃砚吟银垠龈凝迎

（3）［tɕ‘］：屹凝

(4) [k]：蛾鹅俄娥峨讹额饿愕萼噩鳄我皑碍艾敖熬獒翱傲岸卬昂耦藕

(5) [ȵ]：牙芽虐倪霓麑猊拟逆眼

(6) [ŋ]：蛾鹅俄娥峨讹额饿愕萼鄂噩鳄我皑碍艾敖熬獒翱傲偶耦藕岸卬昂

(7) [w]：瓦卧外危桅嵬巍伪魏玩顽

(8) [v]：吴蜈吾梧鼯五伍午仵忤误悟晤寤兀娱

(9) [ч]：月刖魚漁禺隅愚虞语御驭遇玉狱元沅原源愿

(10) [jv]：阮

(11) [ø]：牙芽衙月岳仪艺谊义议屹魚愚禺隅虞娱语御驭遇寓玉狱外危嵬巍伪魏颜言研妍俨眼验雁彦谚唁砚玩顽元原源愿吟银垠迎

古疑母字在今甘谷话中的这种存在状况，最突出的特点是有相当一批古疑母字在今甘谷话中读如见母（即 [tç] 与 [k]）。而这一特点与前边列表中展示出的许慎时代语音特征相合。也与《唐韵》时代（即徐弦反切）相合。

正因为这种相合，尤其是在今天活着的语言（方言）仍然存在，就证明这一继承是可靠的。当这一状况出现这种实质时，前面我们所发现的见母、来母关系古今相合的特征，也应当是可靠的。

但是，疑母与见母同部位，关系密切，自然容易理解，但见母与来母之间却比较难以解释其密切关系（很明显，那些谐声字之间，并不仅仅是韵母同“部”，也强烈地表达出声母的一致）。

那么，这种疑母字大量出现见母谐声关系的现象，会不会是不同的声、韵配合的不同呢？下面，我们也看看古疑母字与不同韵母配合字在今甘谷话中的生存状况（不论声调，只标声母）。

二　古疑母字声韵配合及甘谷话读音分析

果摄

(1) 开口一等（歌部。举平以赅上去，下同）字读作 [k] 或 [ŋ]：蛾鹅俄我饿。

(2) 合口一等（戈部）字读作 [k] 或 [ŋ]：讹；[w]：卧。

假摄

（1）开口二等（麻部）字读作［tɕ］或［ȵ］：牙芽；［j］：衙伢雅。

（2）合口二等（麻部）字读做［w］：瓦。

遇摄

（1）合口一等（模部）字读作［v］：吴蜈吾梧五伍午误悟。

（2）合口三等(鱼部)、（虞部）字读作［ɥ］或［ø］：鱼渔语御、愚虞娱遇寓（鱼、虞不分，但虞部“娱”又读［v］）。

蟹摄

（1）开口一等(咍部）字读作［t］：呆；［k］：碍艾（偶有读零声母的，显系普通话影响）。

（2）开口二等(佳部）字读作［j］：涯；［k］：崖捱（部分读作［ŋ］）。

（3）开口三等(祭部）、(废部）字读作［j］：艺刈；（齐部）字读作［tɕ］或［ȵ］：倪（部分读作［l］，因为［ȵ］、［n］、［l］不区别）。

（4）合口一等(灰部）字读作［k‘］：桅；（泰部）字读作［w］：外。

止摄

（1）开口三等(支部)、（微部）字读作［j］：宜仪蚁谊义议沂毅；（之部）字读作［tɕ］或［ȵ］：疑拟（有部分人读作［j］，显系普通话影响）。

（2）合口三等（支部)、(微部）字读作［w］：危伪魏。

效摄

（1）开口二等（肴部）字读作［tɕ］或［ȵ］：咬。

（2）开口四等（萧部）字读作［j］：尧。

流摄

（1）开口一等（侯部）字读作［k］或［ŋ］：藕偶。

（2）开口三等（尤部）字读作［tɕ］或［ȵ］：牛。

咸摄

（1）开口二等（衔部）字读作［j］：岩。

（2）开口三等（盐部)、(严部）字读作［j］：验严俨酽。

（3）开口三等（业部）字读作［tɕ］或［ȵ］：业。

深摄

（1）开口三等（侵部）字读作［j］：吟。

山摄

（1）开口一等（翰部）字读［k］或［ŋ］：岸。

（2）开口二等（山部）字读作［tɕ］或［ȵ］：眼；（删部）字读作［j］：颜雁。

（3）开口三等（线部）、（元部）字读作［j］：谚、言；（薛部）字读作［tɕ］或［ȵ］：孽。

（4）开口四等（先部）字读作［j］：研砚。

（5）合口一等（桓部）、合口二等（山部）字读作［w］：玩、顽。

（6）合口三等（元部）、（月部）字读作［ɥ］：元原源愿、月；（元部）上声字“阮”读作［jv］（我们认为，今甘谷话中的［jv］是［i］+［u］凝结为［y］的中间环节，如“瘀”“榆”读［jv］，即此类）。

臻摄

（1）开口三等（真部）字读作［j］：银。

（2）合口一等（没部）字读作［v］：杌。

宕摄

（1）开口一等（唐部）、（铎部）字读作［k］：昂、鄂。

（2）开口三等（阳部）、（药部）字读作［tɕ］或［ȵ］：仰（又读［jaŋ］，系普通话影响所致）、虐疟（二字又可读作［j］）。

江摄

（1）开口二等（觉部）字读作［j］：岳乐（读作［jə²¹⁴］，不读［yə²¹⁴］。乐，这里指音乐字）。

曾摄

（1）开口三等（蒸部）字读作［tɕ］或［ȵ］：凝，或［tɕ‘］：凝（脂油汤凝成冻字，读作［tɕ‘in⁵⁵］）。

梗摄

（1）开口二等（庚部）字读作［tɕ］或［ȵ］：硬；（陌部）字读作［k］或［ŋ］：额。

（2）开口三等(庚部）字读作［j］：迎；（陌部）字读作［tɕ］或［ȵ］：逆。

通摄

（1）合口三等（烛部）字读作［ɥ］：玉狱。

上述调查我们采用中国社会科学院语言研究所《方言调查字表》。这个字表设计能够简洁明了地反映方言音系古今演变的主要特点。我们据此对于今甘谷话中疑母字的存在及声韵配合作了描述。可得出如下结论：

（1）古疑母在今甘谷话中分读为：k/ŋ、k‘、tɕ/ȵ、tɕ‘、w、j、ɥ、v、t、jv。其中［t］只有“呆”一字，当属发展过程中的偶然现象，将此结果与前两种考察结果比较，其共同部分是：k/ŋ、k‘、tɕ/ȵ、tɕ‘、w、v、j、y（零声母在今甘谷话中也存在，但显属普通话影响，原本则读 w、v、j、ɥ。将其与普通话（北京语音）相比较，突出的特点是 k、k‘、tɕ、tɕ‘四种，而这四种之中，又以 k、tɕ 最多最常见，即古疑母字在今甘谷话中读如见、疑两类。

（2）古疑母字在今甘谷话中演变为不同声母时，其与韵母配合表现为：(由于读［k］或［ŋ］、［tɕ］或［ȵ］前者为主流，后者是向今天水话靠近所后出的，故只列前之［k］与［tɕ］)

k：果摄开口一等歌部、合口一等戈部，

蟹摄开口一等咍部，

流摄开口一等侯部，

山摄开口一等翰部，

宕摄开口一等唐部、铎部，

梗摄开口二等陌部。

k‘：蟹摄合口一等灰部。

tɕ：假摄开口二等麻部之半，

蟹摄开口三等齐部，

止摄开口三等之部，

效摄开口二等肴部，

流摄开口三等尤部，

咸摄开口三等业部，

山摄开口二等山部、开口三等薛部，

宕摄开口三等阳部、药部，

曾摄开口三等蒸部，

梗摄开口二等庚部、开口三等陌部。

tɕʻ：曾摄开口三等蒸部。

w：果摄合口一等戈部，

假摄合口二等麻部，

蟹摄合口一等泰部，

止摄合口三等支部、微部，

山摄合口一等桓部、二等山部。

v：遇摄合口一等模部，三等虞部之“娱”字，

臻摄合口一等没部。

jv：山摄合口三等元部之“阮”字。

j：假摄开口二等麻部之半，

蟹摄开口二等佳部之“涯”字、开口三等祭部、废部，

止摄开口三等支部、微部，

效摄开口四等萧部，

咸摄开口二等街部，三等盐部、严部，

深摄开口三等侵部，

山摄开口二等删部、四等先部，

臻摄开口三等真部，

宕摄开口三等药部之半，

江摄开口二等觉部，

梗摄开口三等庚部。

ч：遇摄合口三等鱼部、虞部，

山摄合口三等元部（除“阮”字）、月部，

通摄合口三等烛部。

简单予以归纳，从今甘谷话声母角度去看古疑母字和韵母相配情况，可以看出：w、v、jv、ч四母自然是合口，其特点是：

（1）w和v：时或可互通，如将“吾、五、伍”等读［w］，但“卧、外”绝不读［v］，是由于两类面对的韵摄不同，处于互补状态，表明“吾、五、伍”等字读［w］，是受了普通话的影响。

（2）y：是［i］＋［u］式介音凝聚的结果，所以自然属合口，和 w 比起来，w 多为一二等，而 y 为三等，符合一般规律。

（3）jv：最为奇特，它的出现，是韵头［i］＋［u］向［y］进发的未成品，因而既不是两个音素［i］和［u］，也未成为一个音素［y］，而是一个过渡状态，是难得一见的语音变化过程标本，当然，它属于合口是自然而然的（今甘谷话内部同时存在［y］、［jv］、［u］三种介音，如醋在西北部读［tɕ ‘y］，在西部读［ts ‘u⁵⁵］，中东部读［tɕ ‘jv⁵⁵］，反映出语音内部发展的不同进展和不平衡性。这是极有价值的标本）。

（4）j：本可能是在开口呼或合口呼前面出现的［i］介音而来，因此，随着语音的发展，韵母在开口、合口的基础上分为四类：开口呼前没有［i］的仍为开口呼，有了［i］的演变为齐齿呼；合口呼前没有［i］的仍为合口呼，有了［i］的慢慢将［i］和［u］凝结成一个［y］，这就是后来的撮口呼（正在凝结过程中的［jv］是最明显的标志）。正因为这样，原合口呼实际上在今甘谷话中就裂变为［w］、［v］、［jv］、［y］（其中普通话以［u］、［y］开头的音节，今甘谷话读为［w］、［v］、［jv］、［ɥ］，但也有读为零声母者，是学说普通话的结果）。而开口呼中，［i］就二分天下，除了后世所谓的开口呼，就是后世所谓的齐齿呼，而甘谷话中与疑母相配的齐齿呼，就分为两大类：一类是［i］开头的，读作［j］，另一类也是［i］开头的，却读成［tɕ］（或［ȵ］）。再进一步讲，疑母在和韵母拼合过程中，普通话（北京语音）裂变为［n］和零声母两类，由于读［n］的字很少，因此我们认为北京地区将古次浊音声母疑母大规模零声母化。而甘谷话不是，疑母字在今甘谷话中很少有零声。

（5）k：只出现在开口呼韵母前，基本上是开口一等。从语音学角度看，今甘谷话中的疑母字，凡是属于开口呼（主要是［a］［e］开头或单独为韵母）的，都带有辅音声母［k］（普通话是零声母）。而这种情况，更多地表现出疑母与见母在今甘谷话中仍然保留着极密切的关系，更深切地表现着二者历史上关系密切的事实（北京话就很难看到这种痕迹了），因此今甘谷话更加继承了上古疑母字的语音情况——虽然不是一致的音读，却有一致的关系，我们由此相信今甘谷话中见母和来母特殊关系的存古性，因为今甘谷话中［k］（还有［tɕ］）是主要由见母继承而来的，所以我们将今甘谷话中读作［k］（后边还有介绍［tɕ］）的，都视作古见母或与古见母同源的声母。而疑母字在今甘谷话中有读如见母的，因此我们在讨论见母、来母关系时，不得不设专节讨论疑母的生存状况。

(6)［tɕ］与［k］互补，一般出现在二三等，用现代语音学原理解释，主要是普通话声母［n］与齐齿呼韵母相拼的字，或者齐齿呼韵母单独成音节的个别字。

通过上述分析我们看到，［k］［tɕ］［j］［w］（v、jv）相互处于补充状态，因此，应当是同一音位（同一声母）。而另一方面，这种互补分布，也说明了它们在历史上——还是同一声母时期的相互音近或语音相似。

小 结

上述这一结论对我们很有意义，一是表明古声母同系（同部位）之间可以互相介入，而能够相互介入是因为相互很“像”（接近），这一点使得见母与来母之间的关系有了异乎寻常的特点（所以古人将来母与见系并为一类）；二是今甘谷话中确保留了不同寻常的古代语音现象（规律、痕迹），在与许慎时代、《唐韵》（徐铉）时期的比较过程中具有重要价值和优越性。

由此我们可以重新认识甘谷话下列声母的成体系保存以及相互之间的关系：

1.［tɕ］、［tɕ ‘］、［ɕ］、［j］；

2.［tʂ］、［tʂ ‘］、［ʂ］、［ʐ］；

3.［ts］、［ts ‘］、［s］、［z］。

这三组声母对比性很好，［j］、［z］的保存是甘谷话的一大特点。同时，各组内部可以互通，也很有特点，如“滕”——［tɕ ‘］/［ɕ］，直——［tʂ］/［tʂ ‘］/［ʂ］（甘谷话中“笔直”之“直”读［tʂ ‘ʅ^{35}］“直起腰”，“直”读［ʂʅ^{35}］）；辞—［ts ‘］/［s］（甘谷话中“说辞”，“辞”读［sɿ^{35}］，“辞职”之“辞”读［ts ‘ɿ^{35}］，亦读［sɿ^{35}］）。其他系列如［k］、［k ‘］、［x］内部亦常有这类现象，如合——［k］/［x］（小于容器升的一种量器“合”读［k ə̃^{214}］）等，应是难得的继承（甘谷近邻亦多有此类，如岷县有地名“禾驼”，字作“禾”，却读作［k ‘uo^{214}］，也很能说明问题）。

第五章　古见母、来母、泥母在今甘谷话中的存在状况

虽然，我们在考察大徐本《说文解字》中来母谐声字时，对那些谐声字在今甘谷话中的存在进行了描述，并以此活的语言与许慎时代、徐铉(《唐韵》）时代进行了比较，将三者相合的地方抽象出来予以说明，但仍然未能全面地展示古见母、来母字在今甘谷话中的生存状态，因而还不能最终确定今甘谷话继承古见母、来母的实际情况。

现在，我们将用王力先生《上古声母及常用字归类表》为一种依据（其特点是可用的标本字多，考察就更全面）进行考察；另一种依据是中国社会科学院语言研究所《方言调查字表》（其特点是声母、韵母、调的配合关系清晰），然后将二方结果综合比较，就可以看出自上古而《广韵》（《唐韵》）至今甘谷话声母变化的情况（后来母、泥母同此）。得出结论后再与大徐本《说文解字》中的情况进行比较。

第一节　古见母字在今甘谷话中的存在

一　古见母字在今甘谷话中的声母

1. 以王力《上古声母及常用字归类表》收字为依据

[tɕ]：家加枷嘉豭佳夹荚颊假贾椵甲稼架驾价皆阶稭揭结劫孑羯洁解（又读 [kaI^{51}]）介界芥（又读 [kaI^{55}]）疥届戒诫厥蹶（又读 [tɕ ‘y^{35}]）蕨决诀抉攫觉珏鸡稽笄羁畸饥肌几基朞（又读 [tɕ ‘i^{35}]）姬机讥激击急汲级伋吉棘亟殛麂己给（读 [$tɕin^{55}$]、[$tɕi^{55}$]、[kaI^{55}] 三音。）戟计继系（又读 [$ɕi^{55}$]）蓟髻寄冀骥纪记既暨季居车裾拘驹俱橘菊鞠掬举莒矩据锯倨踞句屦绞狡佼姣矫皎缴脚角（又读 [k ə̂]）教较叫鸠纠究

赳纠九久玖韭灸救厩疚缄监兼蒹艰间奸（姦）肩坚豜减碱检简柬拣蹇茧鉴监剑谏涧建见涓鹃蠲捲卷眷今金襟巾斤筋矜锦紧劲均钧君军疆僵殭薑缰姜江讲降绛兢京荆惊经泾景警儆颈刭境敬竟镜劲径扃炯。

［tɕ ‘］：荚劫（又读［tɕ］，见上），厥蹶畸（又读［tɕ］）眷亟缣眷（又读［tɕ］）畎僵（又读［tɕ］）禨龟（龟兹）。

［ɕ］：谐决校枭。

［k］：瓜刮剐寡挂（又读［k ‘ua55］）卦歌哥戈鸽割葛阁格骼隔革个各柯锅郭国虢馘果裹过刮街芥界（只“满世界”一词中读作［kaI219］，其余读［tɕ］）觉（只在“觉着”一词中读作［kê214］，其余读作［tɕ］）姑沽辜蛄孤觚古估牯股瞽贾（“商贾”书面语读作［k］）蛊骨汩谷（粮谷）毂谷（山谷）故固锢雇顾该垓赅改概溉盖丐乖拐怪夬瑰圭闺龟归诡轨晷簋癸鬼桂贵高膏篙皋羔糕稿缟杲搞告诰角（牛角、角落，读作［kə̂214］）勾钩沟狗苟垢够搆购媾姤甘柑泔干肝干（干湿）竿感敢赣干（干事）旰官棺观冠鳏关管贯灌罐盥惯跟根艮亘衮鲧滚冈刚纲钢缸肛港岗光广更庚羹耕梗骾耿埂肱公工功攻弓躬宫恭供龚巩（又读［k ‘un51］）贡共。

［k ‘］：挂（将某物挂在树上）柯括会（会计）侩（市侩）脍规刽昆琨鲲矿巩（地名“巩昌”）。

［x］：忽惚会侩浍桧绘姤捍。

以“常用字表”为依据考察，今甘谷话中的古见母字分读为 tɕ、tɕ ‘、ɕ、k、k ‘、x 等6类声母。从字数看，最集中的是 tɕ 与 k 两类。

2. 以《方言调查字表》为依据

果摄

（1）开口一等（歌部——举平以赅上、去，下同）：歌哥个（戈部）：过锅戈果裹读作［k］。

假摄

（1）开口二等（麻部）：家加痂嘉傢假贾架驾嫁稼价读作［tɕ］。

（2）合口二等（麻部）：瓜蜗（蜗牛作“［kuo51］［kuo51］牛”）寡剐读作［k］。

遇摄

（1）合口一等（模部）：姑孤箍古估盬牯股鼓故固锢雇顾读作［k］。

（2）合口三等（鱼部）：居车举据锯（虞部）：拘驹俱矩句读作［tɕ］。

蟹摄

（1）开口一等（咍部）（泰部）该改概溉、盖、丐，二等（皆部）的“界、芥、尬”（凡字加引号者表示属于某部的个别字，后同），（佳部）“街、解”，合口二等（皆部）：乖怪拐卦，合口三等（祭部）：鳜，合口四等（齐部）：圭闺桂等读作［k］。

（2）开口二等（皆部）：皆阶秸介界（又读［k］，如“满世界”）芥（又读［k］）疥届戒，（佳部）“佳、街（又读［k］）、解（又读［k］）”，开口四等（齐部）字：鸡稽计继系（又读［ɕi^{55}］）髻等读作［tɕ］。

（3）合口一等（泰部）：会侩，合口二等（佳部）“挂”等读作［k‘］。

（4）合口一等（泰部）“会、桧”等读作［x］。

（5）开口二等（佳部）“懈”读作［ɕ］。

止摄

（1）开口三等（支部）：寄，（脂部）：饥肌几冀，（之部）：基己纪记，（微部）：几（几乎）机讥饥（饥荒）几（几个）既，合口三等（脂部）：“季”等读作［tɕ］。

（2）合口三等（支部）：诡，（脂部）：龟轨癸，（微部）：归鬼贵等读作［k］。

（3）合口三等（支部）“规”，（脂部）“愧”等读作［k‘］。

效摄

（1）开口一等（豪部）：高膏篙羔糕稿告等读作［k］。

（2）开口二等（肴部）：交郊胶教绞狡铰搅教较酵窖觉（睡觉），开口三等（宵部）：骄娇，开口四等（萧部）：浇缴侥叫等读作［tɕ］。

（3）开口二等（肴部）“校（校对）”“酵（发酵）”等读作［ɕ］。

流摄

（1）开口一等（侯部）：勾钩沟狗苟够（望上够）够构购勾（勾当）等读作［k］。

（2）开口三等（尤部）：鸠阄纠九久韭灸救究，（幽部）："纠"等字读作［tɕ］。

咸摄

（1）开口一等（覃部）：感，（合部）：合（十合一升）蛤鸽，（谈部）：甘柑泔敢橄，开口二等（咸部）"尴"等读作［k］。

（2）开口二等（咸部）：减醎，（洽部）：夹袂，（衔部）：监鑑，（狎部）：甲胛，开口三等（盐部）：检脸，（严部）：剑，开口四等（添部）：兼搛，（帖部）：挟（挟菜）等读作［tɕ］。

（3）开口三等（业部）：劫读作［tɕ '］。

深摄

（1）开口三等（侵部）：今金禁襟锦，（缉部）：急级给（供给，读［tɕiŋ⁵⁵］）等读作［tɕ］。

山摄

（1）开口一等（寒部）：干肝竿干（干湿）桿秆擀赶干（干事），（曷部）：割葛；合口一等（桓部）：官棺观（参观）冠管贯灌罐观（寺观），（末部）："聒（耳聒）"；合口二等（山部）：鳏，（删部）：关惯，（辖部）：刮等读作［k］。

（2）开口二等（山部）：艰间简柬拣，（删部）：奸谏涧锏；开口三等（元部）：犍建，（月部）：揭；开口四等（先部）：肩坚茧趼见，（屑部）：结洁；合口三等（仙部）：捲眷卷绢，（月部）：厥蹷（脾气蹷）；合口四等（屑部）：决诀等读作［tɕ］。

（3）合口一等（末部）："括（包括）"读作［k '］。

臻摄

（1）开口一等（痕部）：跟根，合口一等（魂部）："滚、棍"，（没部）：骨等读作［k］。

（2）开口三等（真部）：巾紧，（质部）：吉，（殷部）：斤筋谨劲；合口三等（谆部）：均钧，（术部）：橘，（文部）：君军等读作［tɕ］。

（3）开口三等（迄部）：讫读作［tɕ‘］。

（4）合口一等（魂部）："昆、崑"等读作［k‘］。

宕摄

（1）开口一等（唐部）：冈岗刚纲钢缸杠，（铎部）：各阁搁胳；合口一等（唐部）：光广桄（一桄线），（铎部）：郭；合口三等（阳部）：逛等读作［k］。

（2）开口三等（阳部）：疆僵薑缰姜，（药部）：脚；合口三等（药部）：镢等读作［tɕ］。

江摄

（1）开口二等（江部）："江豇讲降（下降）虹（天上的虹，又读［xun³⁵］）"，（觉部）："觉（知觉）、角饺（饺子）"等读作［tɕ］。

（2）开口二等（江部）："扛"读作［k‘］。

（3）开口二等（江部）："港"，（觉部）："觉（知觉而觉得）角（角落）"等读作［k］。

曾摄

（1）合口一等（德部）：国读作［k］。

梗摄

（1）开口二等（庚部）："更（更换）、粳、庚、羹、哽、埂、更"，（陌部）：格，（耕部）：耕耿，（麦部）：革隔；合口二等（陌部）：虢等读作［k］。

（2）开口二等（庚部）：更（深更半夜）；开口三等（庚部）：京荆惊境景警敬竟镜，（陌部）：戟，（清部）：颈劲；开口四等（青部）：经径经，（锡部）：击激等读作［tɕ］。

（3）合口二等（庚部）：矿读作［k‘］。

通摄

（1）合口一等（东部）：公蚣工功攻贡，（屋部）：谷（五谷）谷（山谷）；合口三等（东部）：弓躬宫，（钟部）：恭供拱巩供等读作［k］。

（2）合口三等（屋部）：菊掬读作［tɕ］。

(3) 合口三等（烛部）：锔读作［tɕ‘］。

二　古见母字的声韵关系及与今甘谷话声母对比

由上述考察，可以看出古见母字今甘谷话读音与上古见母与各韵部及等呼配合关系的渊源：

［tɕ］

(1) 假摄开口二等麻部（举平赅上、去）；

(2) 遇摄合口三等鱼部、虞部；

(3) 蟹摄开口二等皆部、佳部之半，开口四等齐部；

(4) 止摄开口三等支部、脂部、之部、微部；

(5) 效摄开口二等肴部，开口三等宵部，开口四等萧部；

(6) 流摄开口三等尤部、幽部；

(7) 咸摄开口二等咸部、洽部、衔部、狎部，开口三等盐部、严部，开口四等添部、帖部；

(8) 深摄开口三等侵部、缉部；

(9) 山摄开口二等山部、删部，开口三等元部、月部，开口四等先部、屑部，合口三等仙部、月部，合口四等屑部；

(10) 臻摄开口三等真部、质部、殷部，合口三等谆部、术部、文部；

(11) 宕摄开口三等阳部、药部，合口三等药部；

(12) 江摄开口二等江部之半、觉部之半；

(13) 梗摄开口二等庚部，开口三等庚部、陌部、清部，开口四等青部、锡部；

(14) 通摄合口三等屋部。

由此可见，古见母字中今甘谷话声母是［tɕ］的，主要是开口二、三、四等和合口三、四等字。

［k］

(1) 果摄开口一等歌部、戈部；

(2) 假摄合口二等麻部；

(3) 遇摄合口一等模部；

(4) 蟹摄开口一等咍部、二等皆部之半、佳部之半，合口二等皆部、三等祭部；

（5）止摄合口三等支部、脂部、微部；

（6）效摄开口一等豪部；

（7）流摄开口一等侯部；

（8）咸摄开口一等覃部、合部、谈部，二等咸部之半；

（9）山摄开口一等寒部、曷部，合口一等桓部、末部之半，合口二等山部、删部、锗部；

（10）宕摄开口一等唐部、铎部，合口一等、三等阳部；

（11）江摄开口二等江部之半、觉部之半；

（12）曾摄合口一等德部；

（13）梗摄开口二等庚部之半、陌部，麦部；合口二等陌部；

（14）通摄合口一等东部、屋部，三等东部、钟部。

由此可见，古见母字中今甘谷话声母是［k］的，主要是开口一等、部分开口二等字，以及合口一、二、三等字。

［tɕ ‘］

（1）咸摄开口三等业部；

（2）臻摄开口三等迄部；

（3）通摄合口三等烛部。

由此可见，古见母字中今甘谷话声母是［tɕ ‘］的，主要是开口或合口三等中的部分韵部字。

［k ‘］

（1）蟹摄合口一等泰部、二等佳部之半；

（2）止摄合口三等支部之半、脂部之半；

（3）山摄合口一等末部之半；

（4）臻摄合口一等魂部之半；

（5）江摄开口二等江部之半；

（6）梗摄合口二等庚部。

由此可见，古见母中今甘谷话声母是［k ‘］的，主要是合口一、二、三等字和部分开口二等字。

［ɕ］

（1）蟹摄开口二等佳部之半；

（2）效摄开口二等肴部之半。

由此可见，古见母字中今甘谷话声母是［ɕ］的，主要是开口二等部分字。

［x］

蟹摄合口一等泰部之半。

由此可见，古见母字中今甘谷话声母是［x］的，主要是合口一等的部分字。

为了让我们的考察得到更直观的展示，我们将古见母字中今甘谷话不同声母与开口、合口及四等之间的关系图示如下（连线上的数字为出现次数，少于3次未标注）。

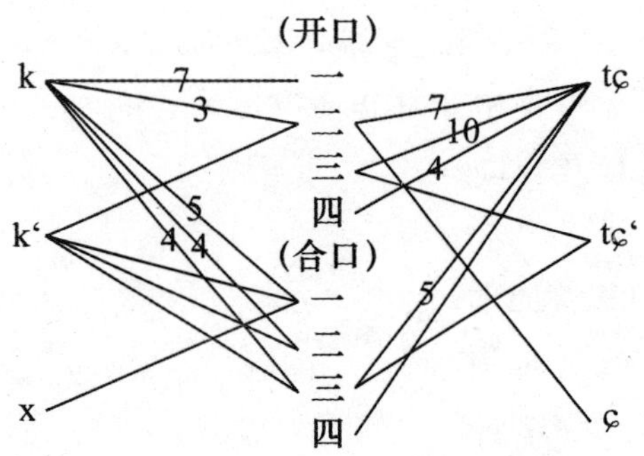

很明显，古见母字在今甘谷话中析为两类：一类以［k］为代表，包括［k ‘］、［x］；一类以［tɕ］为代表，包括［tɕ ‘］、［ɕ］。图示说明，［k］一类主要是古见母与开、合一、二等韵相拼的字。有一些三等字，当是偶变；［tɕ］一类主要是古见母与开、合三、四等韵相拼的字，有一些开口二等字，当是偶变。这两组声母的分布，清晰地表明处于互补状态，在古代自当是同一声母，这与古汉语声母嬗变规律保持十分统一的对应关系，证明今甘谷话声母是直接继承而来，中间接受其他语言影响的可能性小，从而表明以今甘谷话的活语言为例去探索古汉语声母的存在状态，是可行的，也是可靠的。这对证明我们前面工作成果的真实性意义重大。

同时，我们还可以看到，古见母字在今甘谷话中主要是［k］与［tɕ］，但由于语音的相近，一些［k］声母字又转变出［k ‘］、［x］，而一些［tɕ］声母字又转变出［tɕ‘］、［ɕ］，这从它们两组各自内部关系（即开、合等呼的分布重叠）上，可以充分显示出来，而这一现象也与我们前边考察来母谐声关系所得的结果相吻合，即与见、溪、群三者可互通情况相吻合，同样说明今甘谷话与继承对象之间没有第三方的干扰，表现出与许慎时代的密切关系。

小　结

我们利用王力先生所归纳的上古汉语声母常用字归类表中的古见母字与今甘谷话作了对照，发现这些字在今甘谷话中分别为［tɕ］、［tɕ‘］、［ɕ］、［k］、［k‘］、［x］六个，也可以描述为舌面音和舌根音两组。其中读［tɕ］的202字，读［tɕ‘］的13字，读［ɕ］的4字；读［k］的170字，读［k‘］的14字，读［x］的10字。显然，古见母字在今甘谷话中主要析为［k］与［tɕ］两个，同时，在发展过程中，由于音近而转出［k‘］、［x］与［tɕ‘］、［ɕ］，于是表现为舌根音［k］、［k‘］、［x］与舌面音［tɕ］、［tɕ‘］、［ɕ］两组。这一结果与来母谐声关系考察中见系的表现相一致。

我们利用中国社会科学院语言研究所《方言调查字表》，考察了古见母字声、韵配合情况及与今甘谷话的对应关系，着重分析了古见母字与不同韵部配合过程中的等呼分布，证明古见母字在今甘谷话中的存在，分为舌根与舌面两组，两组之间处于互补状态，因而证明两组古属同组。这与古汉语声母发展规律一致，今甘谷话对古见母的继承之间，没有受到第三方（如少数民族语言）的干扰，继承关系直接明确。

上述两方面的结果，使我们用今甘谷话为例去研究上古许慎时代，中古汉语（唐韵时代）表现得真实可靠。

同时这一结果也表明，如果见母、来母关系密切，其可能性是：来母源于见母，或者见母一部分字并入来母，而不是相反。因为见母字中今甘谷话没有读［l］的，而来母字中今甘谷话有读作［tɕ］的。

第二节 古来母字在今甘谷话中的存在

一 古来母字在今甘谷话中的声母

1. 以王力《上古声母及常用字归类表》收字为依据

[l]：拉邋臘蜡辣剌乐勒仂罗萝锣箩逻骡螺腡（手指纹）裸摞洛落骆络猎鬣烈列裂劣略掠犁黎藜离篱漓蘺缡罹骊鹂梨蠡狸嫠氂犛礼澧醴蠡李里裹理鲤俚例厉励砺蛎丽俪隶戾唳荔詈利痢蒞吏立粒笠苙栗傈力历沥枥砾栎鬲卢炉颅滤芦鲈垆鸬轳庐胪鲁卤虏掳路赂露潞璐辂鹭禄碌鹿麓簏辘陆戮录缕褛绿来莱徕涞睐赉诔赖癞籁濑勒雷擂累嫘蕾磊垒耒诔酹类泪肋捞劳痨牢醪唠（又读［kau^{51}］）老涝烙酪落燎尞辽撩缭疗聊寥蓼了廖料镣楼耧娄蝼搂篓漏陋镂瘘流硫旒刘浏留榴瘤琉柳绺馏溜霤六蒌岚蓝篮褴阑兰拦澜览揽懒滥缆烂廉镰帘奁濂连涟鲢联怜莲殓练炼楝恋銮鸾峦栾卵乱林琳淋霖临邻嶙鳞麟嶙辚璘凛廪懔赁吝蔺遴论峇轮伦纶（涤纶，又读［k］）仑抡郎廊狼琅榔瑯莨朗浪凉量粮梁粱两亮谅辆冷陵凌菱绫灵铃伶零龄玲聆翎羚囹领岭令龙笼笼聋胧珑隆窿陇垅弄（个别字今甘谷话不用，如咙、瓴等不用字不列，后同）

[tɕ]：捋驴闾侣旅膂屡履虑律敛脸（又可读［ȵ］今甘谷话中，[l]、[n] 不分，[n] 与［ȵ］近，[ȵ] 又与［tɕ］近）。

[k]：纶唠。

[k ‘]：悝。

以“常用字表”为依据考察，今甘谷话中的古来母字分读为 l、tɕ、k、k ‘等 4 类声母。从字数来看，最集中的是 l 与 tɕ 两类。也就是说古来母字在今甘谷话中分为来、见两母。

2. 以《方言调查字表》为依据

果摄

（1）开口一等歌部：罗锣箩读作 [l]。

（2）合口一等戈部（举平赅上、去，下同）：骡螺腡、裸摞读作 [l]。

遇摄

（1）合口一等模部：卢炉芦鸬鲁虏卤路赂露鹭，三等鱼部之半：庐稆、虞部之半：缕读作［l］。

（2）合口三等鱼部之半：驴吕旅虑滤、虞部之半：屡读作［tɕ］。

蟹摄

（1）开口一等咍部：来、泰部：赖癞，三等祭部：例厉励，四等齐部：犁黎礼丽隶；合口一等灰部：雷儡累（此三字今甘谷话读作［luaI］，正合口一等读，与北京话读［leI］为开口一等不同，很见今甘谷话与唐韵的关系）读作［l］。

止摄

（1）开口三等支部：离篱璃荔、脂部之半：梨利痢、之部：釐狸李里理鲤吏，合口三等支部：累，脂部：垒类泪读作［l］。

（2）开口三等脂部之半：履读作［tɕ］。

效摄

（1）开口一等豪部：劳捞牢唠（又读［kau51］）老涝，三等宵部：燎疗，四等萧部：聊辽撩寥了瞭料尥读作［l］。

流摄

（1）开口一等侯部：楼搂耧篓漏陋，三等尤部：流刘留榴硫琉柳溜馏廖读作［l］。

咸摄

（1）开口一等合部：拉，谈部：蓝篮览揽榄滥缆、盍部：腊蜡；三等盐部之半：廉镰帘殓、叶部：猎读作［l］。

（2）开口三等盐部之半：敛读作［tɕ］。

深摄

（1）开口三等侵部：林淋临檩赁、缉部：立笠粒读作［l］。

山摄

（1）开口一等寒部：兰拦栏懒烂、曷部：辣瘌，三等仙部之半：连联、薛部：列烈裂，四等先部：怜莲练炼楝；合口一等桓部：鸾卵乱，三等仙部：恋、薛部：劣读作［l］。

（2）开口三等仙部之半：辇，合口一等末部：捋读作［tɕ］（“撵”字在泥母，与“辇”谐声，当同母。今甘谷话二字俱读［tɕ］，与古和。不过，今甘谷话中，［l］与［n］不分，故古泥母字在今甘谷话中主要读为［l］与［tɕ］，要么是古见母、来母关系密切，从而拓展到泥母，要么是古泥、来二母不分，后世才分离开来。从《说文》谐声情况泥母字中少有来母谐声看，前一种可能性大。大概情况是：甘谷话中［l］、［n］、［ȵ］不分，［tɕ］、［ŋ］相混，所以古来母字和古泥母字读来无别，所以来母字在今甘谷话中的情况就拓展到了泥母身上。详见后泥母字在今甘谷话中生存状况考察）。

臻摄

（1）开口三等真（臻）部：邻鳞燐吝、质（栉）部：栗，合口一等魂部：论岺、三等谆部：伦沦轮读作［l］。

（2）合口三等术部：律率（速率）读作［tɕ］。

宕摄

（1）开口一等唐部：郎廊狼螂朗浪、铎部：落烙骆酪洛络乐，三等阳部：良凉量粮梁粱两亮谅辆量、药部：略掠读作［l］。

曾摄

（1）开口一等登部：楞，德部：肋勒，三等蒸部：陵凌菱，职部：力读作［l］。

梗摄

（1）开口二等庚部：冷，三等清部：领岭令，四等青部：灵零铃伶拎翎另、锡部：历（经历）历（历法）读作［l］。

通摄

（1）合口一等东部：笼聋拢弄、屋部：鹿禄，三等东部：隆、屋部：六陆，钟部：龙陇垅、烛部：绿录读作［l］。

二　古来母字声韵关系及与今甘谷话声韵对比

由上述考察，可以看出古来母字今甘谷话读音与上古来母与各韵部等呼配合关系的渊源：

[l]：

（1）果摄开口一等歌部、合口一等戈部；

（2）遇摄合口一等模部、三等鱼部之半；

（3）蟹摄开口一等咍部，三等祭部、四等齐部，合口一等灰部；

（4）止摄开口三等支部、脂部之半、之部，合口三等支部；

（5）效摄开口一等豪部、三等宵部、四等萧部；

（6）流摄开口一等侯部、三等尤部；

（7）咸摄开口一等合部、三等盐部之半；

（8）深摄开口三等侵部、缉部；

（9）山摄开口一等寒部、曷部，三等仙部之半，四等先部；合口一等桓部，三等仙部、薛部；

（10）臻摄开口三等真（臻）部、质部；合口一等魂部，三等谆部；

（11）宕摄开口一等唐部、铎部，三等阳部、药部；

（12）曾摄开口一等登部、德部，三等蒸部、职部；

（13）梗摄开口二等庚部，三等清部，四等青部、锡部；

（14）通摄合口一等东部、屋部，三等东部，屋部，钟部、烛部。

由此可见，古来母字在今甘谷话中声母是［l］的，以开、合口一、三等字为主，四等次之，二等字最少，而其中合口二等、四等不见。

[tɕ]：

（1）遇摄合口三等鱼部之半、虞部之半；

（2）止摄开口三等脂部之半；

（3）咸摄开口三等盐部之半；

（4）山摄开口三等仙部之半；合口一等末部；

（5）臻摄合口三等术部。

由此可以看到，古来母字今甘谷话声母是［tɕ］的，主要是开、合口三等字，和极少数合口一等字。

为了能更加简洁明了地表现古来母字在今甘谷话中的存在情况，我们图示如下：

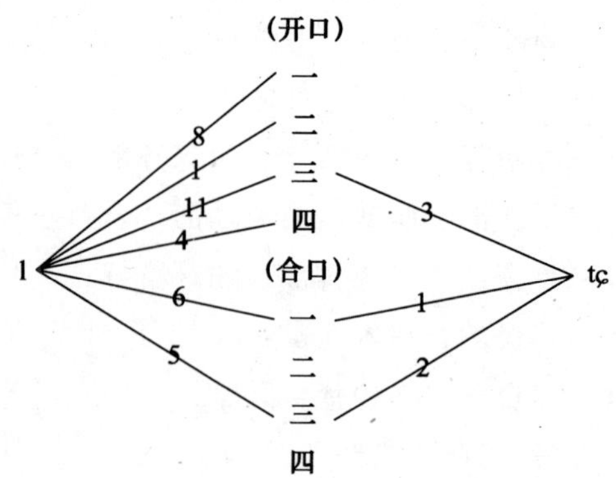

从表中我们可以看到，古来母字在今甘谷话中分读为 tç、l 两类，与韵部配合时，不存在互补，可以同时出现，说明二者曾经是同一声母完全没有区别，所以可以同时出现。后来分裂成两个；或者从一开始二者是两个完全不同的声母，所以可以出现在同一环境之中。显然，由《调查字表》字数的限制，古来母字中今甘谷话声母是［k］、［k‘］的没有出现，但即使如此，古来母字在今甘古话中分读 l、tç 两类，仍显示出见、来两母关系的密切：古来母字在今甘古话主要分为 l 与 tç，读［l］的主要是开、合一三等，读［tç］的也是一三等（主要是三等），说明在《唐韵》时代，两类字要么是同一个声母，所以出现在同一个环境中，用现代语言学观念来看，就是二者自由出现在同一语音环境中，即同一音位的自由变体；要么是两个不同的声母，所以出现在同一语音环境中区别意义。但毫无疑问的是，它们在当时明确为同一个声母——那么，这种状况就有了特别的意义，这表明，今甘谷话中区别为两个不同声母的来母字，即使在《唐韵》时代作为同一个声母存在，其内部仍有较明显的不同，表现为语言历史变化过程中残留的某种痕迹，即《唐韵》时代的来母内部，有见、来二母的痕迹，而活的语言与此相呼应！

今甘谷话的现实之所以可以作为一种有力证明，就在于它与《唐韵》时代语言的大量一致性。即以本部分为例，我们可以看到，来母字在《唐韵》时代与二等韵相配的极少，只有梗摄一部，《调查字表》中只列一字。按王力先生的拟测，二等字的主要元音应该是较前的元音［a］，一等字则是［ɑ］，而与北京话相比，今甘谷话中相应的来母字，就读一等，如“雷擂”等字读作［luɑI］（北京话已读开口呼），仍是合口一等。有时有意向普通话靠拢的，读［luaI］，但仍保留合口呼。同样，“累”字今北京话读作［leI］，属开口呼，而今甘谷话则读为［luaI51］，也与古来母字属合口一等情形相符。而这“相符”就表明了今甘谷话与古汉语继承关系上的密切，反过来也就让我们对其将古来母字分为 tɕ、l（近似于见、来）两个声母的原因，有了强烈的想法（因为这可能是古汉语实际状况的继承）：难道古见母、来母同源？抑或来母晚成，有一部分来自见母？至于古来母如何区分出来母，有人认为是介音在起作用，比如介音 r。但现在看来，既然今甘谷话中古来母字分读为 tɕ 与 l 的可以出现在同韵同等，就表明这种拟音仍缺乏说服力。

小　结

经过对古来母字在今甘谷话中存在状况的考察，我们得到如下结论：（1）今甘谷话中来母与韵母及等呼配合情况和今天的甘谷话语音实际相吻合，今甘谷话声母［l］继承于古来母、并与唐宋情况吻合，显示中间没有其他语言的干扰；（2）古来母字在今甘谷话中析为 l、tɕ 两个声母（《方言调查字表》由于字少，［k］、［k‘］没有出现。《常用字表》中出现［k］［k‘］，也是又音且只是个别字，故忽略不计），其中 tɕ 集中在古来母与三等韵相配合的情况下，规整明朗，显然不是偶然现象；（3）有鉴于古来母字在今甘谷话中的生存状况与《唐韵》时代的一致性（虽然韵、摄比《切韵》《广韵》要晚，但体现的核心是继承，展示着历史上的联系），所以古来母字在今甘谷话中分为 l、tɕ 两类，应该是历史上见、来二母密切关联的遗存。至于音理上如何解释它们的分裂，现在看来，仍需继续寻找新材料、新途径，复辅音构拟、介音变异等观点，都还有不足之处；（4）今甘谷话中古来母字分读为 l、tɕ、tɕ‘、k、k‘，说明中古时将来母列入见系，应该是某种古音事实；（5）同系声母之间经常互通的情形，证明了我们将整个见系与来母进行对比的合理性。

第三节　古泥（娘）母字在今甘谷话中的存在

对古泥（娘）母字在今甘谷话中的存在状况的考察，是一个扩展内容。其内在动力是：由于今甘谷话中 n、l 不分，所以它们在今甘谷话中的存在情况，可能会成为古来母字在今甘谷话中分裂情况的补充和旁证（因为甘谷话中的 tɕ 与 n、l 是严格对立的，所以如果泥（娘）母在甘谷话中有类似的情况，就可以作为我们对古见、来二母关系考察的补充和旁证）。

一　古泥母字在今甘谷话中的声母

1. 以王力《上古声母及常用字归类表》收字为依据

[l－n]：（以 [l] 为常，下同）纳衲那讷挪糯诺腻（读作 [li55]，如“腻人”读“[li 55] 人”）暱（书面语）匿（书面语）溺努拏驽努弩怒乃奶耐鼐奈柰馁内猱铙呶脑恼闹淖男南楠喃难赧暖嫩囊曩能侬农侬脓浓。

[tɕ]：捏聂镊涅泥尼昵怩你女忸尿纽扭钮年碾撚撵念娘宁泞。

[ʐ]：黏醲。

以“常用字表”为依据考察，今甘谷话中的古泥（娘）母字分读为 l－n、tɕ、ʐ 等 3 类声母。从字数上看，最集中的是 l－n 与 tɕ 两类。

2. 以《方言调查字表》为依据

果摄

（1）开口一等歌部：挪（读作 [lə35]）哪那，合口一等戈部：啰糯读作 [l－n]。

假摄

（1）开口二等麻部：拿读作 [l－n]。

遇摄

（1）合口一等模部：奴努怒读作 [l－n]。

（2）合口三等鱼部：女读作 [tɕ]。

蟹摄

（1）开口一等咍部：乃耐，泰部：奈，二等佳部：奶；合口一等灰部：内读作 [l－n]。

（2）开口四等齐部：泥读作 [tɕ]。

止摄

（1）开口三等脂部之半：腻读作 [l－n]。

（2）开口三等脂部之半：尼、之部：你读作［tɕ］。

效摄

（1）开口一等豪部：脑恼，二等肴部：挠闹读作［l－n］。

（2）开口四等萧部：尿读作［tɕ］。

流摄

（1）开口三等尤部：纽扭读作［tɕ］。

咸摄

（1）开口一等合部：纳读作［l－n］。

（2）开口三等叶部：聂镊蹑，四等添部：念，帖部：苶（发苶，读作［tɕian^{214}］）如“孩子乏，苶苶个”）。读作［tɕ］。

（3）开口三等盐部：黏读作［ʐ］。

深摄

（1）开口三等侵部：赁读作［l－n］。

山摄

（1）开口一等寒部：难、曷部：捺；合口一等桓部：暖读作［l－n］；

（2）开口三等仙部：碾，四等先部：年捻（撚）、撵、屑部：捏读作［tɕ］。

臻摄

（1）合口一等魂部：嫩（今甘谷话读作 lu ə n^{55}］，亦合口，与北京话不同）读作［l－n］。

宕摄

（1）开口一等唐部：囊曩、铎部：诺读作［l－n］。

（2）开口三等阳部：　醸读作［ʐ］。

江摄

（1）开口二等汉部：攮读作［l－n］。

曾摄

（1）开口一等登部：能，三等职部：匿（也读［tɕ］）读作［l－n］。

梗摄

（1）开口四等青部之半：佞、锡部：溺读作［l－n］。

（2）开口四等青部之半：宁读作［tɕ］。

通摄

(1) 合口一等东部：觼、冬部：农脓侬读作［l－n］。

二　古泥母字声韵关系及与今甘谷话声母对比

由上述考察，可以看出古泥（娘）母字今甘谷话读音与上古泥（娘）母与各韵部等呼配合关系的渊源：

［l－n］（以［l］为常，［n］偶然出现）：

(1) 果摄开口一等歌部，合口一等戈部；

(2) 假摄开口二等麻部；

(3) 遇摄合口一等模部；

(4) 蟹摄开口一等咍部、泰部，二等佳部；合口一等灰部；

(5) 止摄开口三等脂部之半；

(6) 效摄开口一等豪部，二等肴部；

(7) 咸摄开口一等合部；

(8) 深摄开口三等侵部；

(9) 山摄开口一等寒部、曷部，合口一等桓部；

(10) 臻摄合口一等魂部；

(11) 宕摄开口一等唐部、铎部；

(12) 江摄开口二等江部；

(13) 曾摄开口一等登部、三等职部；

(14) 梗部开口四等青部之半、锡部；

(15) 通摄合口一等东部、冬部。

由此可见，古泥（娘）母字今甘谷话中声母是［l－n］的，以开、合口一等、开口三等为主，开口二等次之，四等少见（仅开口四等青部之半一见）。

［tɕ］

(1) 遇摄合口三等鱼部；

(2) 蟹摄开口四等齐部；

(3) 止摄开口三等脂部之半、之部；

(4) 效摄开口四等萧部；

(5) 流摄开口三等尤部；

（6）咸摄开口三等叶部，四等添部，帖部；

（7）山摄开口三等仙部，四等先部、屑部；

（8）梗摄开口四等青部之半。

由此可见，古泥（娘）母字今甘谷话中声母是［tɕ］的，以开口三、四等为主，合口三等只有遇摄一部。

［ʐ］

（1）咸摄开口三等盐部。

（2）宕摄开口三等阳部。

由此可以看出，古泥（娘）母字今甘谷话中声母是［ʐ］的，比较少见，主要是开口三等。

下面，我们将古泥（娘）母字今甘谷话不同声母与开、合及四等之间的关系予以图示，便于观察（连线上的数字表示出现的次数）。

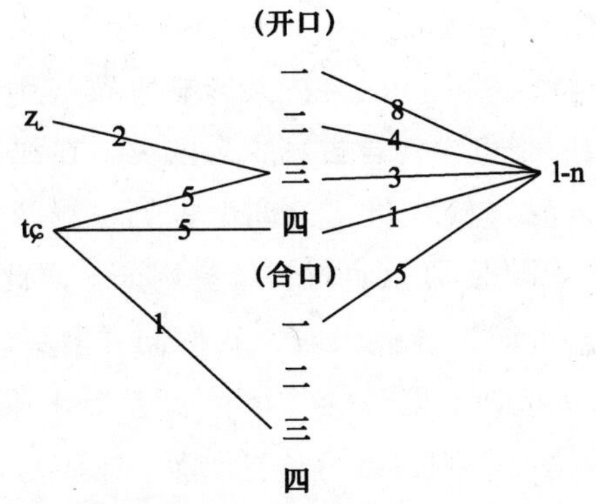

图示表明，古泥（娘）母字今甘谷话中声母是［l］的，主要是开、合口一等和开口二等，三、四等字少，合口二、三、四等不见；声母是［tɕ］的，主要是开口三、四等字，合口一等一见，其余各呼等不见；声母是［ʐ］的，主要是开口三等字。

这种分布表明，从《调查字表》为准来看，今甘谷话中，古泥（娘）母字声母为［ʐ］的与声母为［tɕ］的，可以同时出现于同一种语音环境中，表明二者要么曾是同一个声母，所以可以自由出现（后人以为娘、日二母归泥，这种情况似乎就是一种残留）；要么是完全不同的声母，所以可以同时出现。后者可能性较小，因为没有别的证据表明这两类字分属两个声母，因此，这种情况表明，它们应该曾是同一个声母，这与后世研究成果吻合：[ʐ]（似日母）与［tɕ］（泥母字一部分的今甘谷话读音）在今甘谷话中同时存在于古泥（娘）母字中，应是古代娘、日、泥三母同源的遗留，这些字在《唐韵》中的等呼分布证明了这一点。

而图示表明的另一种情况是，［tɕ］（包括［ʐ］）与［l－n］处于互补状态，则证明在宋代，这两类泥（娘）母字在音位学上显示为同一音位的条件变体，也就是说，在《唐韵》时代，这两类字拥有同一个音位声母。但从音素的角度去看，这两类可能存在着语音差异——即各自是不同的音素，犹如今甘谷话中泥（娘）母中的［l］与［tɕ］，读音不同，却不区别意义（这种情况使今甘谷话声母系统显得复杂，一种情况是，迥然不同的两个音素，在一个范围内互不区别意义，如泥母中的［tɕ］与［l－n］，而在另一范围里却是对立的两个音位，如见母中的［tɕ］与泥母中的［l－n］；而另一种情况是，相同的一个音素却需要分属于不同的音位）。而这种情况表明，要么泥（娘）母中的［tɕ］与［l－n］因来母字在今甘谷话中分为［tɕ］与［l］而扩大影响所致（因为甘谷话中泥、来不分），这种可能表明来母中包含古见、来两类，在泥（娘）母字今甘谷话中得到旁证；要么泥（娘）母本身亦由古见、泥两类构成。我们觉得后一种可能性较小。因为各种语言材料鲜有例证。因此，前一种可能性就突出出来了。当这一可能性被放大时，我们同样看到，泥（娘）母中的字在今甘谷话中分为近似于见母的［tɕ］和近似于来母的［l－n］，泥（娘）母字出现这种情况，则是因为甘谷话泥、来不分。但泥（娘）母字内部出现这种十分规整的区分，却不能不令人思考古见母和来母的关系。因此，泥（娘）母字在今甘谷话中显示为见、来两类，旁证了古见、来二母的密切关系。

小　结

经过对古泥（娘）母字在今甘谷话中存在状况的考察，我们得出如下结论：（1）今甘谷话中［n］、［l］不分，甚至泥（娘）与来母不分；（这已经在许慎时代有所露头，例如尼怩柅泥秜五字，俱从尼声而秜为来母，其余为泥（娘）母，准确地说，至少在《唐韵》时代如此）。（2）由于上述两方面的不分，泥（娘）母在今甘谷话中的生存状况与来母一样，主要表现为［tɕ］与［l］（［n］、［l］不分，以［l］为常）两类。(3) 泥（娘）母字在今甘谷话中区别为［tɕ］、［l］两类，由于今甘谷话中的［tɕ］主要源自古见母，是该方言声母继承中见母的代表，所以旁证了见、来二母古同源的可能性。(4) 同时，也证明了古人将“来”母列在见系一组，也不是没有根据的。只可惜，后来被轻而易举地从中分离出去了，从而割断了来母与见系的血肉联系！后人将其剥离可能性有二：一是古来母产生了分裂，一部分成为新来母，一部分留在见系之中；二是宋以后的来母与古来母不同，人们误以今赅古。

第六章　古音见、来二母或同纽（结论）

现在，我们考察了见母、来母在今甘谷话中的生存状况，并连带考察了泥（娘）母的生存状况，事实证明，这种考察对于说明古见母、来母的关系异常重要，因为这是活的语言。王力先生在评论钱大昕古音学时曾说："单凭异文的比较，还不能证明古无轻唇音和古无舌上音。因为异文只能证明轻唇和重唇相混。单凭异文也可以得出相反的结论，也可以说古无重唇音、古无舌头音。必须以现代方言为证，才有坚强的说服力。"（王力《清代古音学》中华书局。1992 年 8 月第一版）我们十分同意这一主张，也正是在这样的思想指导下，全力在今甘谷方言中寻找证据（因为精力有限，故先从自己的方言开始。今后应尽可能拓展范围寻找）。

经过努力，我们弄清了古见母、来母和泥母字在今甘谷话中的生存情况，尤其重要的是在这一过程中发现了这一方言中所保留的与古汉语声母材料相吻合的特殊现象——这些现象的存在十分珍贵，它使学者们的一些揣测得到证实，比如见母、来母古代关系密切的猜想。

我们对古见母字在今甘谷话中生存状况的考察结果说明，今甘谷话对古见母字的继承和保存完好，古见母在今甘谷话中生存状况良好。这表明今甘谷话对古汉语声母的继承直接而完好，学者们的研究成果在该方言中得到完整体现。古见母字在今甘谷话中分成 tɕ、tɕ‘、ɕ、k、k‘、x 六个声母，完整地表现了该声明的发展历程，内部规律清晰规整，除本系声母之外，不受其他系声母的干扰。这种情况证明，古见母是比较原始、且十分成熟的声母之一。这种情况同时证明，今甘谷话对古见母的继承是直接的，以此为例去证明我们对古汉语声母状况的揣测，是可靠的。

对古来母字在今甘谷话中的生存状况进行考察后，我们发现，古来母字在今甘谷话中分为［tɕ］与［l］两类，且两类处于同样的语言环境中，表明如果不是同一声母的分裂（如互补状态），就是来源不同的两个声母归并到一起后的遗留，二者必居其一。也就是说，今来母字中包含了见母（今甘谷话中的［tɕ］是见母的继承标志）、来母两类，今甘谷话中还有保留。这一点与《说文》谐音系统显示的情况相符：见母、来母上古可能同纽（当然也可以理解为有一部分见母字后来并入来母，而不是见、来同纽。但是这样的解释不能说明来母字谐音关系中见、来互谐的情况，如监为见母，谐音蓝为来母；翏为来母，谐音膠字为见母，因此唯一理想的解释是二者上古同纽。关键是，活的语言中还保留着这种情形）。

由于今甘谷话中泥（娘）母与来母不分，我们因此还考察了泥（娘）母在今甘谷话中的生存状况。结果表明，泥（娘）母字在今甘谷话中同样分为［tɕ］与［l］两类，由此间接的证明了见母、来母上古属于同纽。但细究其内部关系，今甘谷话中泥（娘）母字分为［tɕ］与［l］时，二者却处于互补状态，表明泥（娘）母字虽然在今甘谷话中分为两类，但二者属于同一个声母，源于同一个声母。之所以分为［tɕ］与［l］，那完全是受了来母在今甘谷话中读音的影响：因为在今甘谷话中泥（娘）不分，读泥（娘）母时就“仿照”来母的读法。但因为只是“仿照”，就不会改变其本质，所以同样是［tɕ］与［l］，其在泥（娘）母内部的分布，就与来母内部分布不同。

所以，今甘谷方言的语音实际，进一步证明见母、来母古同纽。同时也证明，守温以见溪群疑来为一组，可能反映了一种语言实际，来母确与见系关系特别。至于来母与其他声纽的谐音关系，应该是见、来关系之外的关系。其实前人拟出 kl、pl、ml 的时候，隐隐地透露出中古来母在上古可能没有独立的意思——尽管同时拟测出一个 l（来母），或者至少认为中古来母由上古的 l、pl、ml、kl 等发展而来。

当然，在拟音时，见母、来母合一时的上古音值是什么，仍然没有明确的依据，因此，拟作 kl 也未尝不可——仅在说明一种关系而已。

同样，我们也面临一个重要问题：那个分裂成中古见、来二母的同纽是什么原因促成了分裂？这一点，我们没有答案。如果现在要一个说法，大概和前人的方法没什么两样：或许如董同龢，或许如施向东——或许用介音 r 更理想（见《叙论》部分）。——klâk：lâk 与 kram：ram→lam→

lan，只要能予以说明就可以。

当然，也可能如张永言，刘又辛先生的研究那样，各自是不同的声母，来母与非来母的谐音，或许是复音词演化的结果。

不过，既然是发现了现实方言中来母分为tɕ与l两类，我们也不妨作以下假设，来说明其原因：

前面我们介绍过施向东先生的统计，表明从甲骨文、金文，到《说文解字》，来母字由少到多。施先生统计，到许慎时，来母字已占总字数的6.2%；我们在搜检完《说文解字》中的来母字后，统计出来母字占其总字数的6.6%。虽然略有不同，但来母字到《说文解字》时激增，却是一样的肯定。更为重要的是，这种统计还反映出一个现象，即到《说文解字》时，来母不光总量增加，而且它在所有声母中的相对规模大幅增加，即在总数中所占的比例明显提高，也就是说，它的影响力比以前大多了。

为什么会这样？施向东先生认为“汉代形声字大量产生是来纽字增加的明显原因”（见前），这只回答了来母字至汉代总量增加的原因，却不能回答为什么来母的相对规模——即“市场”占有率（份额）也明显增加的问题。

显然，后一个问题，最直接的答案是，到了汉代，来母字更加适应人们交流的需要。什么是更适应人们交流的需要？换成语言学的语言，那必然是人们口头上用来母音节更方便更愉悦，因此以来母为声母的音节突然大量增加了，然后才出现大量生产新来母字的现象。

更加明显的是，来母音节大量增加，说明当时的人说来母更轻松愉悦，因此新增的概念（词）更愿意也更容易使用来母音节。倒过来说，汉时的来母音值要比更早时候的来母音值容易发出声来，方便和愉悦的感觉明显增强。为什么会这样呢？我们觉得究其原因，一种可能是，更早人们原先使用的那个“来”母和汉时“来”母发音很不相同，更早的那个发音可能比较艰涩；第二种可能是，秦汉时期人们物质充盈，生活水平提高，一些发音器官——尤其是舌头——更加灵巧，使来母发音变得更易发出；第三种可能是，来母的音值得到改变，人们更易于发出（这一可能与第一种可能归并，只是考虑角度不同）。

这三种可能，当然是假设，但又完全可能。从来母产生来看，如果更早时与见母同纽，那它的音值在现在看来比较奇特，因为它要在后来分裂为 k－、tɕ－、l－三种声母，它就一定不是三者中的任何一个，但肯定也不是三者的综合——汉语言中还没有那样的音，如果是多辅音，那得是 ktɕl－（前人只拟为 kl－，因为他们没有见到来母字分为 tɕ、l 两类的甘谷话）才行，恐怕也不可靠，汉语自己的各方言并无多辅音尤其是三个辅音连缀出现的例子。我们曾经撰文，认为甘谷话中的“竹助书如”等都是多辅音（我们拟为 tɕv、tɕ‘v、ɕv、jv），但又觉得，应该是介音（或韵腹，u 单独为韵时）u 为迁就声母向唇齿位置靠近了，还不至于辅音化为 v，因此还曾设想过是 ø，因为如果拟成复辅音，在甘谷话中没有系统的照应。同时我们知道，如果是承认复辅音，见母、来母相谐时拟为 kl－，比 tɕl－更好，可 kl－模式对甘谷话来母字分读为 tɕ－、l－不能很好地予以解释。因此依照我们的设想，还是以见、来二母古同纽为好，那样可以较好的照顾后来单辅音声母 k－、tɕ－、l－的存在。至于来母与非来母之间的谐音，可视为韵母相同或相近的原因，我们所做的考察基本说明这一点。也有一些是声母相近的原因，但却不是同纽的分化。这一点有今甘谷话来母分为 tɕ－、l－两类为证明，证明显示见、来之间的关系不同于别的声母与来母之间的关系。如果是这样，来母应该是晚出，所以上古的见（来）母可拟为 g－。因为照我们的意思，当人类物质生活匮乏，不能保证大量人口存在时，人们的语言交流的迫切性远不如后世强烈；同时，由于营养和交流频率两方面的低下，声带、舌头可能都比较厚重，所以浊音比较多，汉语后来去浊存清，清声母渐渐占优势，就说明了这一点。我们不太同意张永言上古音m̥－、l̥－的拟音就是缘于这样的观点。

由浊音而清化，是合理的。g－变为 k－，k－与 tɕ－之间随介音互变，tɕ－随介音的变化出现 l－也是可能的。相应的，其他上古声母多拟浊音，也是可以的（关于不同声纽之间声音关系及其转化条件，前辈学者也多有讨论，其中戴震的“同位为正转，位同为变转”[①] 说，以及黄侃“凡古音同类者，互相变；凡古音同位者，或相变”[②] 的影响最大。虽然

① 见《戴震文集·转语二十章序》，转引自郭晋稀先生《声类疏证》，上海古籍版社 1993 年版，郭先生对此作了详尽讨论。

② 见《黄侃论学杂著·声韵通例》，转引自崔枢华《〈说文解字〉声训研究》，北京师范大学出版社 2000 年版，第 28 页。

这些观点还有一些缺陷，但发音方法相同或发音部位相近，都可以引发互谐式声训，却基本上可以确立）。当然，一定要拟为 kl－，或分拟为lh－、k－、l̥－或别的什么，作为假说，也未尝不可，只是越能与现在的活的汉语方言形成照应就越好。因为今甘谷话来母字分读为 tɕ－与 l－，所以我们觉得还是主张拟成 g－的。

我们知道，将来母与见母统在一起拟音，前提是承认见母、来母古同纽。而我们认为同纽的根本原因有两条：一条是《说文解字》谐声关系中，来母与非来母谐声的，以与见母相谐的数量最多；另一条是今甘谷话将来母分读为 tɕ－与 l－，似乎与上一条相合。但我们也知道有些方言中，将来母分读为 s（ʃ）－与 l－①，那是不是要承认来母要与心母相合呢？我们认为二者不同，一是从谐声数量上看，见、来相谐的次数最多，二是今甘谷话方言中来母字读 tɕ－是成系列出现的，很规整，字数也多，不是零星出现。在这种情况下，我们主张见母、来母古同纽。

如果是这样，我们认为，后世看来不同声纽相谐关系中，见母、来母是同纽谐声，其他涉来母谐声是音近相谐。今甘谷境内来母字本身的读音差异，也给了我们这方面的启示：脸 tɕ－（磐安）→ȵ－（渭阳）→n－（安远、渭水山谷），而 n－与 l 不分；另一些非来母字也有这种情况。如疑 tɕ（磐安）→ȵ－（渭阳）↗n ↘j 与 l 不分，n 与 l 不分，而 tɕ 与 l 区别很大。

这样我们的模拟模式就是（其虚线表示声音相近）：

这种模型表示，原始古音 G 分裂为上古音*g 与 l，上古声＊g－后来分为 k、g 和 l，其中 g 随着清音化进程而消亡。而本来不同时的 ŋ、ȵ、n、l、tɕ 却因声音相近，而在今甘谷话中相互靠拢，而只剩下 tɕ 和 l，而 ŋ 又与 k 相合为一。而不是本纽的 ȵ、n 因为音相近，而在晚些时候与 l、

① 李如龙先生有《闽西北方言“来”母字读 s 的研究》一文，其中列举了永安、沙县、明溪等 12 个县区方言中一些来母字读 s 的例子，认为“来母 s 声字是早期闽语的特点”；“来母 s 声字是前上古的语音的留存”；“来母 s 声字可能与壮侗语有同源关系”，最后为之拟为 lh，并设想其变化过程 lh～s～h。同文还介绍了张永言先生的观点，以及梅祖麟、罗杰瑞先生用*lh < s/l 模式的研究。见李如龙《汉语方言研究论文集》商务印书馆 2007 年版，第 164—179 页。

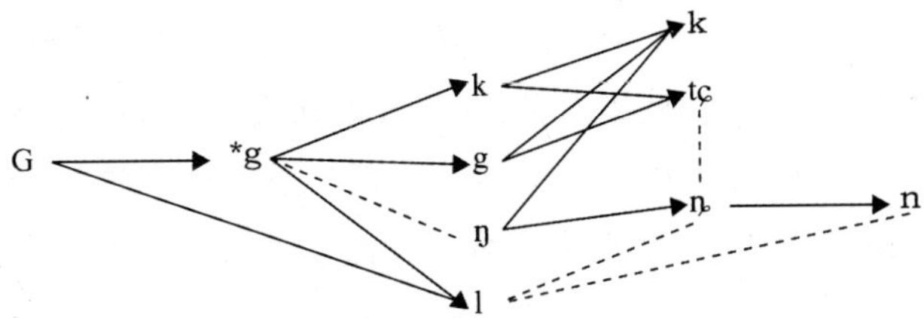

tɕ 归并，所以出现泥、女等字的声母在今甘谷话中也读作 tɕ－（如见母），而这一切，其源头在于 g 与 ŋ 近，然后顺着 ŋ 与 ȵ、n 近，n、ŋ 与 l 不分的方向归并，终于构成了现代甘谷话这方面的现状。

来母字到汉代突然大增，又诱使我们产生另一个假设。那就是语言环境和发音器官的变化。

这一点是纯粹意义上的假设。不过我们知道，秦汉时期中国农业取得重大的成就，首先，“秦王朝的建立，是中国农业第一次进入整体发展时期的重要标志”①，倒过来说，在夏、商、周三代农业的发展基础上，经过秦人的努力，终于打破“局限于黄河中下游的汾涑、济泗、泾渭地带……分散割据”的区域性农业局限，“真正做到了着眼全国范围，进一步统筹规划农业发展；颁行统一的农业政策法令；全面加强农业生产管理；普遍推行先进的农业科学技术；致力于周边农牧区开发；促进农业经济、文化交流。这对于促进中国农业的全面发展与进步，具有划时代的意义。统一的秦王朝翻开了中国农业历史新的一页。”② 虽然，秦末战争摧毁了秦王朝，耗掉了大量的物力，但生产力水平和生产能力，以及农业科学技术仍然得到保留，这就为后来汉代的富足和强盛打下了基础。也就是说，从此，生活在这块土地上的人们，已经有能力创造更多的财富，人们的饮食起居发生了巨大变化，得到了很大改善。据吕思勉先生《秦汉史》③，“汉人饮食，渐较古代而奢，而视后世则犹俭”。“今民间酒食，殽旅重叠，燔炙满案。……今熟食遍列，殽施成市。”④ 虽不一定到处如

① 樊志民《秦农业历史研究》（第四章），三秦出版社 1992 年版。

② 樊志民《秦农业历史研究》，第 90 页。

③ 吕思勉《秦汉史》，中国友谊出版社 2009 年版。

④ 吕思勉引《盐铁记·散不足》文。

此，人人如此，但社会财富比以前充盈，却也可见一斑。而秦末楚、汉相争，“沛公入关，军霸上，亲民多持牛羊、酒食，献享军士。沛公让不受，曰：‘仓粟多，不欲费民。’可见秦人藏粟之富。”物品丰足，人民生活水平提高，必然有助于身体、生理的改善，或者就在这种过程中，发音器官，特别是舌头，在品尝各种不同的食品过程中，可能变得更加灵活，从而使来母的广泛应用具有了生理基础。

同时，人口迁移和人口增加，又使语言交流更为迫切，而不同人群因迁徙重新组合在同一区域，不同方言（甚或有不同语言）突然相遇，相互融合、相互影响就不可避免。在这样的机遇面前，来母找到快速发展的道路。根据樊志民先生考证，“秦统一后，先后向各地移民约在二百万左右，几乎占当时人口的1/10，这种在国家统一计划下的大规模迁徙活动，深刻的影响了当时农业的发展。”当然也深刻的影响了语言，加速了语言的变化。这种情况，到了汉代仍在继续，仅汉武帝元朔二年，即“募民徙朔方十万口”。[①] 在人口迁徙的同时，随着国家大一统的形成和人口总量的提升，人际交往的频率更高，范围更大，这就客观地需要增加大量词汇，大量给新事物、新现象命名，来母（也包括其他幸运者）迅速发展的机会来了（从地域上看，秦统一后，北面到达河套，西南直抵巴蜀及西南夷，到达今云南剑川。西汉的疆域更大。从人口看，秦时2000多万，到西汉时达到近6000万人口）。在这样的背景和客观要求下，大量的新概念获得了语音方式的命名。在命名时，来母被大家共同认可（大约是舌头更灵便的结果），因此来母字大量增加了。可是，同时用文字来记录这些来母音节时，却没有足够的来（见）母字去使用谐声，于是凡听起来“像”的字都被动员了来，有些可能仅仅韵母相同而声母不同而“像”，有些声母相近韵母相同而“像”，这就最终形成了大量的来母字与非来母字谐声的现象。这里有一点我们不得不说，就是在这一形势下，作为秦人先祖主要活动区域之一的甘谷县，很可能更多地保留了秦人的语言风格，所以才有如此奇特的有关来母的语音现象。关于甘谷话中保留秦汉古音的情况，我们已着手寻找和研究且取得了一些进展，例如存在tɕjv、tɕ‘jv、ɕjv、jv音读标本的区域，与秦人早期生活区域是同一的，而甘谷话是这

① 见吕思勉《秦汉史》，第370页。

一标本的核心保留区。（参《天水师范学院学报》2013 年第 4 期）当然客观地说，到目前为止，这还是一种推测。

现在，让我们站在来母的角度看过去：当我们完成上述工作时，就会发现，中古以至今天的来母，已远远不是上古时候的样子了，自它独立以来（或者也可以像王力先生那样，认为古来母从一开始即是独立的）便得到强力发展，等到用文字来记录自己时，它又从别的声母那里吸收了一大批字充实到自己队伍中来，这使得来母字总量和相对数都得以明显增加，从而根本地保障了自己的存在和发展权。正是通过这样的努力，它使自己充满活力，影响力也不断提高！

一句话，来母生存状态良好，且已成为汉语本质表现最具代表性的要素之一。

主要参考文献

许　慎：《说文解字》，中华书局1963年版。
郭晋稀：《声类疏证》，上海古籍出版社1993年版。
高本汉：《汉语的本质和历史》，聂鸿飞译，商务印书馆2010年版。
李新魁：《汉语等韵学》，中华书局1983年版。
方孝岳：《广韵韵图》，中华书局1988年版。
王　力：《清代古音学》，中华书局1992年版。
王　力：《汉语音韵》，中华书局1963年版。
王　力：《汉语史稿》，中华书局1980年版。
王　力：《龙虫并雕斋文集》，中华书局1980年版。
王　力：《古代汉语》，中华书局1999年版。
吕思勉：《秦汉史》，中国友谊出版公司2009年版。
樊志民：《秦农业历史研究》，三秦出版社1992年版。
崔枢华：《〈说文解字〉声训研究》，北京师范大学出版社2000年版。
李如龙：《汉语方言研究论文集》，商务印书馆2007年版。
史存直：《汉语音韵学论文集》，华东师范大学出版社1997年版。
钱玄同：《钱玄同文集》》，中国人民大学出版社1999年版。
曾运乾：《音韵学讲义》》，中华书局1996年版。
唐作藩：《音韵学教程》，北京大学出版社2002年版。
李无未：《汉语音韵学通论》，高等教育出版社2006年版。
段玉裁：《说文解字注》，上海古籍出版社1981年版。
朱骏声：《说文通训定声》，武汉市古籍书店影印1963年版。
张燕娣：《南昌方言研究》，北京文化艺术出版社2007年版。
马建东：《天水方言音系》，甘肃人民出版社2003年版。

中国音韵学研究会：《音韵学研究第一辑》，中华书局 1984 年版。
中国音韵学研究会：《音韵学研究第三辑》，中华书局 1994 年版。
中国音韵学研究会：《中国音韵学》，南京大学出版社 2006 年版。
李新魁：《韵镜校证》，中华书局 1982 年版。
董同龢：《上古音韵表稿》，中研院历史语言研究所 1997 年版。
吴福熙：《古代汉语》，甘肃人民出版社 1980 年版。
陈福华：《汉语音韵学基础》，中国人民大学出版社 1983 年版。
刑澍：《金石文字辨异》，甘肃人民出版社 2000 年版。
彭铎：《彭铎文选》，甘肃人民出版社 1994 年版。

后　记

在无边无际的灾难里，一个人仰望天空，茫然不知所措。当妻儿在异地，期望着平安来临，而在故乡，需要不断筹措钱粮的我，却在想方设法要找到一种占有时间和精力、能够分散注意力的事情，否则就会疯掉。于是我找到了这个课题。

我这样的心态，不会是对学术的不恭吧！我这样安慰自己。

但即使是对学术的不恭，我也顾不得了。我需要活着，为我的妻儿，为我一家的坚持，我首先得坚持住。

每天，我在期待里坚持着，也在恐惧与痛苦中守望，我在守望着希望，守望着生命，守望着幸福，也，守望着守望！是我的这点儿东西帮助我坚持着，帮助我守望着。我不知道，没有这样一个让心沉下去的事，我会是什么样子？

这样的坚守和努力，便得到了这样一个东西。我自己不知道它有无价值、有无意义，但对我的生存，对我的坚持，它是无以取代的重要事物，我不能没有它！是它让我先活了下来，然后，坚持住了。于是，我也就有了这样一个东西。当我把它奉献给大家的时候，我其实一点儿也没有所谓学术上的自信心。我不能告诉大家它是什么东西，有什么成就。我只知道它是我一种特殊意义上的生命。因为我知道，这里的每一个字，每一个音节，它是安静的，无索取的，它给了我无以言表的安慰。它让我暂时地不想，暂时地不苦，暂时地忘记恐惧。

每天，当太阳升起，或者，当月亮沉下，我会长叹一声，将恐惧尽可能地埋进心底，然后取出草稿，一字一字地进行自己的淘漉和研究，就有了些许的心里稳定：我在另外一个世界里，还活着。

然而，上苍不给我丝毫的安慰，它用最残酷、最极端的方式，宣告了我一家坚守的失败。它用最直接的方式，抹去了我的幸福！甚至是连幸福最微小的元素，都没有给我留下！

天，是血色的！地，是血色的！我的心，我一家的幸福，终于，彻底地在血色中坠入万劫不复的境地！

可是，这本书，却固执地存在着！我该怎么对待它呢？它曾经的安慰，曾经的温情，现在都失去了曾经的热度和颜色，只剩下冷冷的线条，令我在窒息里残喘，借以维持呼吸和移动的力量！

可是，我知道我还必须活下去。必须！

于是，我开始挣扎，挣扎着寻找活着的理由，也挣扎着寻找活下去的方法！

居然，它又成为我活着的理由！

在一个没有月的夜晚，窗外，是寒冷的冬，窗内，是凝固的空气。我在一张旧椅上静坐。曾经的幸福，在泪水里淌去，直淌入记忆的深处。那年轻的笑脸，年轻的身影，还有年轻的思想，都从我身体里出来，又从身体里回去。我千百万遍的呼唤，都消失在无边的寂静中！我的心在抖，人也在抖。一点一点，我的泪水开始干涸！

我，不会哭了。

我知道我麻木了。我也知道，我能活下去了！虽然是行尸走肉般，但我能活下去了！

我不知道自己该用什么心情去描述这种状态，但我知道，我能够活下去了。那夜以后，我活下来了。后来的日子，有很长的时间，我总在机械地挪动着身躯，辗转于书架和书桌，将它当作我的生活，将它当作另外一个人和他对话，也将它，当作我活着的理由。一如我和我的孩子絮絮地交谈，时间就可以在生的气息中流淌。

现在，我准备出版这本小册子了。可是在我，它不是什么学术著作，它是我生命的另外一种表达，也是另外一个年轻生命的延续，因为在这里面，我能够找到那个身影，那张笑脸。在这里面，我能够和他在一起。

孩子啊，你问起过这个东西，不是你懂得它，而是你懂得父亲，我到今天才知道！孩子啊，天气多有变化，你在那里保重！我想你！

我从来没有想到我会在自己的学术著作中用这样的话题来作后记，也从未想过我会有这样的生命待遇！是上苍的不公啊！

但现在只有这样的话题和这样的语言。这是我的苦难。

我就拿这个作为后记吧，希望读者能够原谅一个末路人的自言自语……